"龙椅之侧"系列

棋局中的世家

张 程 —— 著

覆巢之下

中国文联出版社

图书在版编目（CIP）数据

倾巢之下：棋局中的世家/张程著.-- 北京：中国文联出版社，2024.1
ISBN 978-7-5190-5329-1

Ⅰ.①倾… Ⅱ.①张… Ⅲ.①政治人物—生平事迹—中国—古代 Ⅳ.① K827=2

中国国家版本馆 CIP 数据核字 (2023) 第 211940 号

倾巢之下：棋局中的世家

著　　者：张　程
责任编辑：张超琪　黄雪彬
责任校对：仲济云
封面设计：汤　妮
版式设计：高　洁

出版发行：中国文联出版社有限公司
社　　址：北京市朝阳区农展馆南里 10 号　　邮编：100125
网　　址：http://www.clapnet.cn
电　　话：010-85923091（总编室）　010-85923058（编辑部）
　　　　　010-85923025（发行部）
经　　销：全国新华书店等
印　　刷：三河市龙大印装有限公司

开　　本：880 毫米 ×1230 毫米　　1/32
印　　张：10
字　　数：203 千字
版　　次：2024 年 1 月第 1 版
　　　　　2024 年 1 月第 1 次印刷
书　　号：ISBN 978-7-5190-5329-1
定　　价：65.00 元

版权所有　侵权必究
如有印装质量问题，请与本社发行部联系调换

前言

中国历史上的政治世家

在古代中国，权力是荣华富贵的等价物，加之权力来之不易，拥有者难免自私，想长期把持它，传之子孙万代。于是乎，中国历史上出现了不少"世代公卿"的权力家族。本书就是一本聚焦这些家族的历史读物。

本章《权力传承的秘密》，简要列举了权力家族把持权力的秘密。需要强调的是，世家子孙自身的强素质、高能力，是他们继承父辈权势的一大主因。常年在政治环境中耳濡目染，世家子孙的政治素质往往高于平民子弟。其中，家族教育的作用不可小觑。纵观历史，但凡牢靠的权力家族，但凡有远见的政治人物，无不重视家教和子弟学业。他们的子孙，"生于书香世家，延名师，择良友，父兄饱学，从而提命讲解，子弟资质聪明，又好读书，自然直上云霄，乃顺境也"（《白公家训》）。

从政治史的纵向来看，权力家族构成了对皇权的持续威胁。看看东晋南朝政治，门阀大家把皇帝欺负成什么样了？专制帝王要扼杀一切权力威胁，权力家族自然也在打击的范围内。所以，帝王设计了诸多制度，推行了很多措施来打压门阀势力。从唐朝开始，门阀势力开始土崩瓦解，尤其是科举盛行对门阀的冲击极大。选贤用能，渐渐成了社会共识。这个时候，家庭教育对权力传承就更重要了。子孙学富五车，权力才能留在自家；子弟不学无术，家族就是权力场的过客。

唐宋之后，不仅是世家大族重视家庭教育，一般的温饱之家也节衣缩食，供养子弟读书考试。宗族结构广泛推开，出面承接了很大一部分家教任务，举全族之力供养子孙读书考试。家塾、宗学遍布乡间。书声琅琅，见证了家庭教育是宗族的主要职责之一。

先贤把教育和权力的关系，看得很透。遍览清代政治、阅历丰富的汪辉祖就警告权力家族切勿放松子弟教育，"富厚之家，不论子弟资禀，强令读书，丰其衣食，逸其肢体，至壮岁无成，而强者气骄，弱者性懒，更无他业可就，流为废材"（《双节堂庸训》）。康熙帝在《庭训格言》中强调，王公大臣"若小儿过于娇养，不但饮食之失节，抑且不耐寒暑之相侵，即长大成人，非愚则痴"。可惜，很多达官显贵这回没把皇帝的话放在心中，没有贯彻执行，结果培养出了不少纨绔子弟和"高衙内"，害人又害己。

这里就牵涉到一个进一步的问题：达官显贵应该留给子孙什么？是权贵，还是品行？

曾国藩把这个问题分析得很透："盖儿子若贤，则不靠宦囊，亦能自觅衣饭；儿子若不肖，则多积一钱，渠将多造一孽，后来淫佚作恶，必且大玷家声。故立定此志，决不肯以做官发财，决不肯留银钱与后人。"（《千家训》）如果子孙贤能，在选贤用能的社会中不愁没有出头之日；如果子孙为恶，权贵遗产恰恰是助纣为虐的毒药。所以，留子孙高官显爵，不如抓紧教育，树德培优。

同样，一个人要想实现理想，不要寄希望有个"好爸爸"，而应通过自己的努力，朝着梦想奋斗。遭遇困难，不要要求家庭对自己的帮助，而要自问自己是不是有足够的才能，是不是足够坚持。

高社会流动性是中国历史的一个特征。秦汉之后的中国就不是一个贵族社会，彼时开始，中国就没有一个贵族阶层。贤能者居位，不肖者去之。

只要社会保持流动，权力就不可能被垄断，品行和教育就有用武之地。我们讨论权力家族，就有现实意义。

张程

2023 年 3 月

目录

前　言　中国历史上的政治世家 / 1

政坛草根神话——西汉卫青、霍去病、霍光、霍禹家族 / 1
卫家兴起的两大支柱 3 　/　功高震主卫青避祸 15
受株连满门抄斩 25 　/　霍光：皇帝的心病 36
霍禹：富不过三代 47

将门虎父无犬子——李广、李蔡民、李陵、李暠家族 / 61
但使龙城飞将在 63 　/　走投无路的"叛国者"75
割据陇西成一霸 84 　/　迟到的黄金时代 87

忠君爱国的楷模——诸葛亮、诸葛瑾、诸葛诞、诸葛恪、诸葛瞻家族 / 91
诸葛亮的权力之路 93 　/　炼成千古楷模 102
三个阵营的一家人 114 　/　不可复制的权路 124
除了殉国别无选择 133

江东大族首望之家——江东陆逊、陆抗、陆机、

陆云家族 / 139
东吴政坛的黑马 141 / 王朝的割据支柱 151
文人不合时宜 164

从权术走向艺术——东晋王导、王敦、王羲之、王献之家族 / 175
王与马不敢共天下 177 / 王敦是豪杰，不是政治家 188
王家的华丽转身 196 / 书法重于政治 205

旧时王谢堂前燕——东晋谢衡、谢安、谢玄、谢灵运家族 / 211
在乱世寻找支点 213 / 走出东山去淝水 225
名将之花凋谢 236 / 无奈的另类天才 245

开眼看世界的父子——晚清曾国藩、曾国荃、曾纪泽家族 / 253
精神的力量 255 / 天京：权力的风口浪尖 267
只开风气之先 277 / 悍匪与儒臣 285
一口英语与一场谈判 292

后　记　权力传承的秘密 / 306
参考文献举要 / 311

政坛草根神话

——西汉卫青、霍去病、霍光、霍禹家族

在世袭政治的大环境中，一户社会最底层的人家要跃升到上流社会，是非常困难的事情。奴隶出身的家族通过自身努力成为高官显贵，把持国家大权超过半个世纪，不能说完全没有可能，也是极端罕见的现象。但是在西汉时期就有一户贵族的家奴奋斗成了帝国最荣耀的政治世家，创造了一个草根神话。

卫家兴起的两大支柱

一

话说在汉武帝时期，世袭贵族、平阳侯曹家有一个女仆。这个女仆没有姓氏，因为曾嫁给一个姓卫的男子，大家都唤她为卫媪。

卫媪就是我们要说的这个政治世家有据可查的第一代祖先。

贵族家的仆人，其实和奴隶差不多，干的是牛马活，不仅没有丝毫收入，还没有人身自由，是整个社会最底层的人群。而卫媪的日子过得比一般的家奴还要艰苦，因为她要一个人拉扯一男三女四个孩子。他们分别是长子卫长君，长女卫君孺，次女卫少儿，三女卫子夫。即便是这样，卫媪还不安分，在平阳侯家与在府中办事的县吏郑季私通，生下了一个私生子，取名郑青。当然，也有人考证说，卫媪长得很漂亮，很有可能是郑季仗势"逼欢"的。不管父母如何相识，郑青和另一个同母异父、同样是私生子的弟弟卫步的地位无形中又比一般的家奴子女要低。这么算下来，卫媪一个人要拉扯六个孩子，已经够不容易了，偏偏二女儿卫少儿又重复了母亲的悲剧，和同样在平阳侯家办事的县吏霍仲孺私通，生下了一个儿子，取名霍去病。从卫媪母女两代人的不幸中，我们也可以发现西汉时期私通和非婚生子现象的泛滥。这些私生子是不会被有身份的父亲家族接受的，命运注定很可怜。

4

卫媪一个人拉扯六个子女再加刚出生的外孙，喂饱一家老少八张嘴，实在是没有这个能力。眼看一家人就要饿死了，卫媪想来想去，只能忍受屈辱、硬着头皮把二儿子郑青送到他的亲生父亲郑季家里，乞求郑家人看在郑青身上有一半郑家血液的分上，抚养这个孩子。郑季良心未泯，把郑青留了下来。

郑青是个私生子，而且还是家奴的私生子。他在郑家受到了郑季夫人和族人的排斥，日子很不好过。郑家让年幼的郑青成天在山上放羊，让他自生自灭。郑家的几个兄弟毫不顾及手足之情，对郑青随意责骂。郑青就是在这样恶劣的环境中顽强地成长了起来，并且形成了谨慎小心、善于忍耐的个性。他很清楚自己的地位，很有自知之明，而且学会了保护自己，让那些时刻找碴的郑家人抓不住责骂他的把柄。日后，这样的性格对郑青的政治发展起到了很大的帮助。

郑青慢慢长大了。郑家越来越不能接受成年的郑青，郑青也知道家奴的儿子世代都是家奴，加上不愿再受郑家的奴役，就毅然回到了母亲卫媪身边。因为和郑家没有一点感情，郑青决定冒姓为卫，改名卫青，与郑家断绝关系。

卫媪给儿子找了一份"工作"——在平阳侯曹家当家奴。卫青这个人很奇怪，尽管常年忍饥挨饿，却长得高高大大、相貌堂堂，于是就做了主人家的骑奴。汉景帝的女儿、汉武帝的姐姐平阳公主嫁到了曹家，卫青被分配给公主当差，工作的主要内容是在公主出行的时候骑马在后面跟着，充当众多杂役兼保镖中的一个。有一次，卫青去汉武帝的离宫甘泉宫干活，一位囚徒端详卫青后断言他面相大贵，将来肯定能封侯拜将。卫青哈哈一笑，说我身为家奴，不受主人的鞭打责骂就是万幸了，哪里谈得上封侯拜将啊。周围的奴隶、囚徒们也都哈哈大笑，把它当作是一个调节苦难生活的小笑话。

客观地说，卫青当上了骑奴，身份待遇有了很大的提高。加上卫青这个年轻人，头脑聪明，长期跟着主人家见识了上流社会的活动，默默记下了许多不属于自己阶层的知识。卫青的三姐卫子夫也和弟弟一样，没有被常年的饥饿折磨得面黄肌瘦，反而出落得美艳动人，被主人家选中，当了名歌女。主人家来客人的时候，卫子夫就在厅堂里献唱赔笑，弟弟卫青则在堂下随时听候使唤。

我们刚才说过，平阳公主嫁到了曹家。这个平阳公主不是一般的人物，她对西汉王朝朝堂之上的政治斗争很关注。她知道弟弟、汉武帝刘彻和弟媳陈阿娇表面和睦，其实感情并不好。当初刘彻是为了得到陈阿娇的母亲馆陶长公主的支持，才上演了"金屋藏娇"的把戏，娶了陈阿娇。结婚多年，陈阿娇个性蛮悍、独霸后宫，又没有生育，刘彻早就厌恶她了。平阳公主脑子很灵活，觉得自己可以从中谋利，于是就挑选了邻近大户人家的女子，在家中培养，准备让弟弟来选妃。恰好有一天，汉武帝去霸上祭扫，路过曹家。平阳公主就开始实行自己的计划了。可惜，汉武帝对那些盛装打扮的大家闺秀都不满意，却对歌女卫子夫一见钟情。随后，汉武帝以"更衣"为名找个房间"临幸"了卫子夫。事后，汉武帝安排卫子夫入宫。平阳公主的如意算盘眼看就成功了，很高兴，赶忙安排卫子夫进宫。临行前，平阳公主还嘱咐卫子夫："进宫后就全靠你自己了，日后富贵了，别忘了我这个旧主人啊。"

谁料到，卫子夫进宫后就音信全无，下落不明。有人说，汉武帝回宫后很快就忘了卫子夫；还有人说，那时因为后宫佳丽三千，卫子夫并不出众；多数人则认为，卫子夫突然入宫，引起了皇后陈阿娇和馆陶长公主的妒忌和排斥，被贬为宫婢。卫子夫在冷宫中干着最苦最累的活，饱受折磨。日子长了，汉武帝也就淡忘她了，更别说宠幸了。

说到这里，卫子夫的命可真是苦啊，冷宫的日子还不如平阳侯家的家奴岁月呢。

两年后，后宫要释放一批没用的宫女。卫子夫也在名单中。定期释放宫女是朝廷的一项"德政"，但好色的皇帝还要对宫女一一过目，免得有些平时没有注意到的美女被不小心放了出去。结果，卫子夫重新站在了汉武帝的面前。刘彻又一次被卫子夫吸引，拥她入怀。有人说，刘彻再次被卫子夫的美貌所吸引，想起了前番的恩爱，截留下了卫子夫。也有人反对说两年的劳役多多少少消磨了卫子夫的美貌，卫子夫吸引刘彻的注意是因为她急于出宫，面对出宫前的刁难和挑选，哭哭啼啼，很不配合，反而引起了刘彻的注意。不管怎么说，这一回卫子夫两年的委屈都得到了刘彻的补偿。在原本要出宫的日子里，卫子夫的命运发生了改变，被完全逆转了。

没多久，卫子夫就怀孕了。刘彻喜出望外，选卫子夫的二弟卫青入宫，在建章宫办事。卫青的命运也由此顺带着得到了逆转。

卫家姐弟的崛起引起了皇后陈阿娇的仇视和恐慌。丈夫刘彻已经移情别恋，喜欢上了卫子夫，现在卫子夫又怀孕了，如果生下个皇子来，陈阿娇怕自己的皇后地位不保。皇后的母亲馆陶长公主也很生气，怕卫子夫和卫家人取代了自己母女的地位。母女俩咬牙切齿，很快就制订了报复计划。卫子夫深受刘彻喜爱，而且怀着龙种，动弹她不得；卫青就不一样了，家奴出身，初入宫廷，就像水上的浮萍一样，脆弱得很。馆陶长公主和陈皇后决定好好"修理"卫青，出口恶气。她们指使人捉了卫青，准备囚禁起来好好折磨。卫青的好朋友、骑郎公孙敖看到了，招呼几名同伴奋力营救，竟然中途将卫青救了下来。

卫家姐弟俩终于知道了宫廷斗争的险恶。卫子夫很愤慨也很无奈，只能向汉武帝哭诉。刘彻一听，这还了得。他早就对馆陶长公主母女俩作威作福看不惯了，现在她们竟然对爱妃姐弟下黑手，太过分了。是可忍孰不可忍！刘彻原本就喜欢卫青这个相貌堂堂、英武沉稳的小舅子，现在干脆公开召见卫青，升他为侍中兼建章宫总管。卫青平地一声雷，几天之间坐着直升机，从家奴成为近侍重臣，让人目瞪口呆，就是馆陶长公主和陈皇后也拿他没办法了。不久，卫子夫生下了一个女儿，汉武帝封她做了地位仅次于皇后的夫人。卫青水涨船高，升任了太中大夫。

卫子夫受到刘彻的热宠，卫青成为政坛的新星，彻底改变了卫家的地位和处境。高官们纷纷和卫青攀亲，公孙贺迎娶了卫家的大姐卫君孺；世袭贵族、开国元勋陈平的曾孙陈掌迎娶了拖着私生子霍去病的二姐卫少儿。以前对卫媪祖孙三代恶语相向的人无不笑脸相迎，恭敬有加。什么叫作飞黄腾达，什么叫作麻雀变凤凰，这就是。

有人说：卫家不就因为侥幸出了一个卫子夫，让一家子靠着裙带关系，鸡犬升天了吗？的确，卫青是典型的"裙带官员"。在世袭制盛行、社会上下层之间缺乏流动性的西汉时期，底层百姓要跃升政治高层，依靠裙带关系是最常见、最有效的方法，也几乎是唯一的方法。问题的关键不是指责卫青一家人依靠这种方法提升社会地位，而是要看他们身居高位之后的所作所为。那些胡作非为的暴发户、外戚贵族，让后人唾弃，但是如果政治暴发户能够救国济民、治国安邦，就值得后人的赞誉。

二

卫青也知道自己没有尺寸之功，仅仅靠姐姐受宠得来的地位是不稳的。好在卫青是一个能力出众的国舅，又遇到刘彻这个雄才大略的皇帝，不怕没有建功立业的机会。当时，北方的匈奴人经常杀入长城，抢劫汉朝的人口和财富，甚至一度逼近西汉的首都长安，构成了西汉王朝的最大威胁。刘彻自即位以后就筹备反击匈奴，挑选能人干将，准备大干一场。卫青恰巧进入了刘彻的视野。

匈奴人在公元前129年又一次大规模侵略、抢劫西汉州县。这一回，刘彻决定不再忍让，要坚决反击残暴的匈奴人。他挑选了四位将军，分别是已经升任车骑将军的卫青、骑将军公孙敖、轻车将军公孙贺和三朝名将骁骑将军李广，给他们每人一万骑兵，让他们兵分四路迎击匈奴。卫青第一次带兵出征，就直捣匈奴祭扫天地祖先的龙城，虽然杀敌有限，但政治意义巨大，率军凯旋。而另外三位将军两路失败，一路无功而返，更衬托出了卫青的能干。汉武帝刘彻非常高兴，加封卫青为关内侯。此后在公元前128年、公元前127年，汉武帝多次派卫青带兵反击南下的匈奴大军。卫青不负厚望，奋勇作战，每次都打得匈奴大败而逃。在公元前127年的战斗中，卫青率军收复了秦朝末年之后就被匈奴人占领的黄河河套地区。河套地区水草肥美，形势险要，汉朝收复后在此设置朔方郡、五原郡，从内地迁徙十万人到那里定居，还修复了秦时蒙恬所筑的防御工事。从此，长安解决了匈奴的威胁，汉朝和匈奴的战争局势得到逆转。卫青立下了大功，被封为长平侯，食邑三千八百户。

此后，卫青活跃在汉匈战争前线。刘彻越来越信任他，给卫青调拨了越来越多的军队，赋予卫青越来越大的指挥权。公元前124年春，汉武帝命卫青节制汉朝大军十几万人进攻匈奴。卫青急行军六七百里，在夜幕中包围了匈奴右贤王的营帐，俘虏匈奴王爷十余人，男女一万五千余口和数百万头牲畜。汉武帝接到捷报，喜出望外，派特使捧着印信在军中升卫青为汉朝的最高军职——大将军，指挥前线所有部队和将领，加封食邑八千七百户。卫青的三个儿子都还在襁褓之中，也被汉武帝封为列侯。其中卫伉为宜春侯，卫不疑为阴安侯，卫登为发干侯。指挥全线部队、父子四人封侯，这在西汉王朝历史上还是首例。卫家创造了这样的殊荣。

那一边，匈奴人被打得伤了元气，可依然猖獗。公元前123年，刘彻命令大将军卫青统率六路大军，寻找匈奴主力决战，希望彻底解决边患。

卫青的外甥霍去病当年十八岁了，因为家族的荣耀，正担任侍中。霍去病这个小伙子善骑射，死缠着舅舅要从军出征。卫青就任命霍去病为剽姚校尉，调拨给他八百名骑兵。霍去病初生牛犊不怕虎，竟然率领本部八百人，甩开卫青率领的大军，深入敌后数百里去蛮干。看到外甥这样无组织无纪律，卫青忧心忡忡。没想到，霍去病带着八百壮士急风暴雨般扫荡匈奴后方，歼敌二千零二十八人，其中包括匈奴相国和单于祖父辈贵族等重要人物，俘虏单于叔父罗姑比等人，一战成名！返回内地短暂休整后，霍去病再次深入敌后，又歼敌上万人。

公元前 123 年的西汉王朝，霍去病是最耀眼的明星，而其他将领不是大败而归就是无功而返。汉武帝封霍去病为冠军侯，食邑两千五百户。卫家又多了一位侯爵！

到现在为止，卫青的地位相当稳固了。虽然这一回，他率领朝廷大军，耗费大量军需物资，没有取得实质性的进展，但是因为霍去病的狂飙猛进，本次军事行动还不算失败。卫青没有受到指责，也没有得到封赏。其实，卫青也不需要这一次的封赏和地位的提高。他的家族权势已经如日中天了。卫青和霍去病两个人掌握着帝国的军队，声望显赫；卫子夫已经生下了皇长子刘据，取代了陈阿娇的皇后地位，成为国母，掌管着后宫，是他们的坚强后盾。他们三人是卫家主要的权势人物，也是家族权势的主要来源。卫家还通过联姻等手段，以自己为中心聚集了一批显贵的亲戚朋友，俨然是西汉王朝无人可及的政治家族了。

卫家显赫后，长安城中有歌谣说："生男无喜，生女无怨，独不见卫子夫霸天下。"言下之意是说卫家的显贵全靠了卫子夫。的确，两汉时期多数左右朝政的外戚都是靠裙带关系窃据高位的，但卫家的情况不同。卫家的兴起有两大支柱。一个是外戚的身份，一个是卫青和霍去病建立的军功。如果一家人仅仅靠女儿嫁给皇帝，突然显贵起来，权力的基础总是不那么坚固。万一女儿不受宠了，万一朝野大臣反对自己，怎么办？而卫家则用外戚的身份作为建功立业的基础，和汉武帝刘彻的亲密关系为卫青、霍去病提供了便捷的舞台，可以比较没有拘束地施展拳脚。等他们建立旷世奇功后，外戚的身份就不那么重要了。就算只看在卫青、霍去病舅甥两个人浴血奋战、杀敌无数的分上，卫家也应该获得那么高的地位。战功比皇亲国戚的身份更有用，姐妹再受皇帝的宠爱也有失宠的那一天，但战功是实实在在摆在那里，不会失去的。这就好像一个巨人有两条腿走路，一条腿是外戚身份（卫子夫受宠），一条腿是军功（卫青、霍去病前线统兵杀敌）。两条腿都很健壮，这个巨人走起路来就稳稳当当的。这就是卫家能够超越之前历史上的外戚家族，惊羡天下的原因。

可是还有人对卫家不满，认为卫青只是运气比较好，英勇善战而已。谁处在卫青的角色，上有皇帝姐夫的信任，内有汉朝积累了五十多年的物资储备，都能建立一番功业。这样的观点把卫青这个人物看得太简单了。卫青绝对不是一个只知道打仗，不懂权谋的政治人物。我来举两个例子，说明卫青的政治智慧。

在霍去病崭露头角的那次征战中，右将军苏建和前将军赵信的主力部队被匈奴大军打得死伤惨重。赵信本来就是匈奴的降将，战败后投降了匈奴；苏建杀出重围，只身逃回来向卫青请罪。这是一次非常严重的战败。有人就要求追究苏建的责任，认为他"弃军而逃"；有人建议将苏建斩首示众，树立大将军卫青的威严；也有人认为苏建尽力后才战败的，不应斩首。如果把苏建杀了，不就是逼着战败的将领有家不敢回，反过去投降匈奴吗？大家争来争去，需要卫青拍板定夺。卫青有权力处斩部将，但他没有杀苏建。杀苏建的坏处很明白，会寒了一部分将士的心，而且容易给人专横的感觉，得罪一批人。但是苏建的确对战败负有责任，于是卫青把苏建用囚车送回长安，交由刘彻处理。结果，刘彻非常满意卫青有权不专权的举动，更加宠信卫青了；同时赦免了苏建的死罪，让苏家用钱给苏建赎罪。苏建被贬为了平民百姓，但对卫青感激不尽。

卫青处置苏建的手腕，表现出了成熟政治家的风范。卫青发达了，一直保持着谦虚稳重、行事谨慎的作风。当汉武帝要分封他那三个年幼的儿子为侯时，卫青曾坚决推辞说："我的功劳是全体将士拼死奋战的结果。我的儿子年纪尚幼，毫无功劳，陛下却要分割土地封他们为侯，我们父子怎么敢接受封赏。还是请陛下分赏众位将士，激励大家更好地杀敌吧。"汉武帝知道了，封赏了卫青部将公孙敖、公孙贺等人，犒赏将士，同时坚持封卫伉等三人为侯爵。结果，皆大欢喜。

由此可见，卫青绝对不是平面化的普通将领。他能够在短短几年中威震四海，位极人臣，是有道理的。

三

有一天，卫青的好朋友宁乘来访，提醒卫青说："大将军之所以食邑万户，三个儿子都封侯，主要还是靠皇后的功劳。"接着，宁乘慢慢说来，"任何事情都物极必反。没有一个家族能够永远保持富贵，就好像月亮不会永远圆满，海水不会永远停留在浪尖一样，卫家迟早也会走向衰落。"

卫青在家族处于权力巅峰的时刻，也还保持了清醒的头脑。他隐约感觉到，自家人名扬四海，部将亲属遍布朝野，如此辉煌之下总有哪里不太对劲。现在，宁乘给他点破了："要防止皇上猜忌啊！"卫青恍然大悟，忙讨教如何应对。

宁乘说："现在内宫之中，王夫人是皇上的新宠。但是王夫人出身卑微，她的家人依然生活在贫苦之中，希望大将军能够向王家赠送重金，联络感情。"卫青依计而行。

原来，随着岁月的推移，卫子夫美貌不再。越来越多的美女进入了刘彻的床榻。在众多新进的美女中，刘彻最喜欢赵国王夫人。王夫人为刘彻生下了后来的齐王刘闳。这个王夫人和卫子夫一样出身卑微，可她不像卫子夫一样有弟弟卫青和外甥霍去病，王夫人找不出一两个拿得出手的亲戚来。她的亲戚实在不成器。刘彻就是想提拔王家，都找不到合适的提拔对象。所以王家依然生活在穷困之中。现在，王家突然收到了大将军、长平侯卫青送来的五百斤黄金，惊喜若狂，忙告诉了王夫人。

王夫人高兴得心花怒放，兴冲冲地告诉了刘彻。

刘彻却陷入了沉思。

卫青为什么这么做？他完全没有必要这么做。刘彻了解卫青，知道卫青个性耿直，不会主动巴结贿赂他人。刘彻找了一个机会，当面问卫青送黄金的事情。卫青一五一十地将来龙去脉告诉了刘彻。听了卫青转述的宁乘的提醒，刘彻明白，卫青这么做，是自降身份，表明要继续谦虚、团结他人的姿态。刘彻松了一口气，也高兴了起来。一来卫青替自己照顾了新宠王家。二来卫青厚道正直，对皇权敬畏如初，不敢专权跋扈，看来是不会威胁到自己的权威。刘彻对第二点尤其感到高兴，对卫青和卫家的防范之心放松了好多。那个提醒卫青的宁乘被刘彻任命当了东海都尉。

这是元朔六年（前123年）的事情。第二年（元狩元年，前122年）四月，刘彻正式册立卫子夫所生的皇长子、年仅七岁的刘据为太子。

卫家出了一位太子！未来的皇帝将会是卫青的外甥，是霍去病的表弟，卫家的权势更上了一层楼。现如今，谁还敢来找卫家的麻烦？敢来找卫家的麻烦，那是自找麻烦啊。

功高震主卫青避祸

一

事情发展到这里,卫家的权势还能再进一步吗?能。

当时,平阳公主已经守寡多年,想要再嫁。她召集家臣门客商议到底嫁给哪个王公显贵比较好。大家想都没想,异口同声地说:"卫青!"平阳公主一听,心中产生了顾虑。卫家之前是平阳侯家的家奴,跟在公主屁股后面听从使唤,现在要平阳公主反过来嫁给卫青,伺候卫青,平阳公主的心里一时接受不了。而且,平阳公主也怕这桩婚事招来非议。

家臣门客们开导公主说:"卫青是大将军,拥有万户侯的爵位,他姐姐是皇后,他的一个外甥是太子,另一个外甥是冠军侯。卫青是有三个儿子,但那也是三位侯爷啊。如果不算公孙家、陈家等卫家的亲戚,卫家现在是军权在握、一门五侯。这样的人不嫁,公主您还有谁值得嫁呢?"

平阳公主觉得很有道理,就羞答答地将这个想法告诉了卫子夫,托她转告汉武帝刘彻,希望弟弟为自己和卫青赐婚。当年卫子夫入宫的时候,平阳公主嘱托她显贵之后不要相忘。卫子夫果然没有忘记,也很愿意帮这个忙,就告诉了刘彻。刘彻心想,好嘛,我娶了卫青的姐姐,现在卫青要娶我的姐姐,亲上加亲,是好事。皇帝认可了这门亲事后，卫青和平阳公主两人举办了盛大豪华的婚礼。同时，平阳公主还让自己和前夫生的儿子平阳侯曹襄娶了卫子夫和刘彻生的女儿卫长公主，死心塌地地要和卫家拴在一起。

大臣迎娶昔日的主人、当今皇上的姐姐，汉朝开国以来，还从来没有一个家族获得如此尊荣。让我们一起来盘点一下卫家的权贵网络：户主卫青的姐夫是皇帝，姐姐是皇后，外甥是太子，老婆是公主，继子是驸马，亲戚不是世袭贵族，就是实权将领。当时卫青上下朝，公卿大臣远远看见就要下车让路，立在道旁相迎相送。卫家的富贵荣华算是达到了顶点。

把姐姐嫁给卫青后，汉武帝刘彻内心开始不安了。

准确地说，是卫青家族显贵了以后，刘彻心中就开始有了不安的情绪。

因为刘彻是一个对权力特别敏感，权力欲望强烈的皇帝。一般雄才大略的人，权力欲就强，疑心也重，刘彻也不例外。刘彻即位后对威胁自身权威的人和事情很敏感。他创办了内朝，开始把权力集中到宫廷，就是对朝堂衮衮诸公的不信任。卫青一家的势力遍布朝野，手握兵权的卫青自然也受到了刘彻的猜忌。之前，卫青采纳宁乘的低姿态，让刘彻多少放心了一点。这也是刘彻同意姐姐改嫁卫青的原因之一。姐姐嫁入卫家后，卫青的权势熏天，仿佛是"天下第二人"了，刘彻的猜忌心理重新泛起，开始不信任卫家了。他想，即使卫青没有不臣谋逆的心理，也保不齐被野心家利用啊。

刘彻开始疏远卫青，主要采取了两种方法。第一是让卫青离开前线军队，召到长安来居住议政，等于是将卫青高高挂起；第二是重用霍去病，让霍去病牵制卫青。刘彻的第二招很毒辣，等于是分化卫青家人，"拉拢一派，打击一派"。小伙子霍去病虽然是卫青的外甥，毕竟不姓卫，和卫家人的关系不那么密切。刘彻更看中的是霍去病的头脑相对简单。霍去病"为人少言不泄，有气敢往"，只知道行军作战，消灭匈奴，在政治上很幼稚。刘彻曾经劝霍去病学点吴起、孙子的兵法，霍去病回答说行军打仗不拘泥于古代兵法，学那些玩意儿没用。刘彻发自内心地，同时也是有目的地，更加宠爱霍去病这个青年俊才了，着意培养，委以军事重用。一次，刘彻御驾亲临霍去病的府邸，见到霍家凌乱，就让霍去病多留心点家里。霍去病慷慨回答："匈奴不灭，无以家为也。"这句话迅速传开，成为千古名言。霍去病的声望随之节节攀升。

而对卫青来说，宁乘提醒的"物极必反"的危险终于到来了。

二

汉朝和匈奴的战争在继续，但卫青失去了对前线部队的直接指挥权，主要是发挥着名义主帅的作用。相反，霍去病上场表现的机会更多了。

元狩二年（前121年）春天，霍去病升任骠骑将军，率一万骑兵出陇西，在六天时间里再次将长途奔袭战术发挥到了极致。霍去病的军队飞奔上千里后，遭遇匈奴军队，歼敌近万人，杀死匈奴王爷多人，俘虏王子、相国等贵族。霍去病因功被加封两千户食邑。同年夏，汉武帝命令霍去病与公孙敖兵分两路攻打匈奴。霍去病率军深入，很快就甩开公孙敖，越过居延泽，到达祁连山，一举斩杀三万多匈奴人，捕获匈奴王族和大臣、贵族上百人。这场大败摧毁了匈奴人的自信心。他们悲伤地唱道："亡我祁连山，使我六畜不蕃息；失我焉支山，使我妇女无颜色。"相反，刘彻非常高兴，又给霍去病增加了五千户食邑。

当年秋天，匈奴内讧，引出了一桩突发事件。匈奴的浑邪王和休屠王派人来到边境约期投降。敌情不明，西汉朝野不知道匈奴人是不是真心投降。日期马上就到了，如果不去，人家又是真心投降的话，就白白错过了机会；如果去了，匈奴大军埋伏在那里等着你的话，岂不是成了自取灭亡？左右为难之后，汉武帝把"迎降"这个高难度任务交给霍去病来完成。霍去病领兵渡过黄河，朝约定地进发。汉朝军队还没到，休屠王反悔，不愿投降，已经被浑邪王杀了。可浑邪王的部将看到汉军到来，许多人也开始反悔，不想投降了，纷纷逃遁。局势有失控的危险。关键时刻，霍去病飞马跑进匈奴军营，与浑邪王相见，斩杀正在逃散的士兵数千人，稳定局面。接着，他派部分军队先护送浑邪王去面见武帝——这样做可以让剩下的匈奴人群龙无首，又亲率余部督促着数万投降的匈奴大军，缓缓向内地前进，返回长安。此次，霍去病兵不血刃，迫降匈奴近十万军民，肃清了河西走廊，打通了东西交通，因功被加封食邑一万零七百户。

当时霍去病只有二十岁，就立下了并不比舅舅卫青逊色的功绩，简直就是"自古英雄出少年"的榜样。分析霍去病每战必胜的原因，除了霍去病本人艺高胆大，擅长长途奔袭、敌后作战外，汉武帝刘彻的支持是另一个重要原因。霍去病部队的军官、士兵、武器装备和马匹战前都精挑细选，都是一流的，要远远好于其他将领的部队。朝廷把最好的家当都拨付给了霍去病，如果没有刘彻的允许，下面具体办事的官员哪里敢这么做，其他的将领怎么可能不闹意见？

汉武帝为什么要这么做？为了扶持霍去病，抗衡卫青的声望，抑制卫青家族的权势。到了公元前119年春，朝廷为了彻底击溃匈奴主力，集中全国的财力、物力大举征讨匈奴的时候，刘彻干脆将卫青名义上的主帅也给撤掉了。他命令大将军卫青、骠骑将军霍去病分别率领五万精骑，兵分东西两路，远征漠北。双方互不节制，分头行动。

卫青的运气也实在不好。匈奴大军将卫青的部队当作了主要防范对象。卫青的大军翻越大沙漠，奔波上千里之后，遭遇了以逸待劳、严阵以待的匈奴军队主力。好在卫青经验丰富，临危不惧，抓紧构筑防御阵地，然后派出骑兵反击。双方的骑兵在草原上激战，杀得天昏地暗，不分上下。一直打到黄昏，草原上突然刮起沙尘暴，飞沙走石，遮蔽了天日，双方根本就看不清敌我，就在黑暗中继续乱杀一气。卫青毕竟是个久经沙场的将军了，很会利用战场上的新变化。他派出预备队，从左右两翼迂回到匈奴军队的背后，包围了单于的大营。卫青的这一着妙棋，使得战场的形势朝着有利于汉军的方向发展了。激战中，匈奴单于首先丧失了信心，认为无法取胜，慌忙跨马突围逃跑。卫青率大军乘夜突击，向北一直打到现在的蒙古首都乌兰巴托地区，烧毁匈奴辎重，胜利班师。

另外一边的霍去病，因为有舅舅的部队缠住了匈奴军队的主力，进展非常顺利。他一路高歌猛进两千多里地后才看到匈奴军队。一经战斗，霍去病的部队歼灭匈奴七万多人，俘虏匈奴王爷、将军等近百人。霍去病的运气真的很好，没有像舅舅那么吃力，就立下了比舅舅大得多的功劳。

经过这么多年汉朝军队连续不断的打击，匈奴人元气大伤，已经对西汉王朝构成不了威胁了。而且，匈奴人被卫青、霍去病这两舅甥给打怕了，惹不起躲得起，开始向西北迁徙。历史记载之后"漠南无王庭"，也就是说汉朝那些梦想通过战争建功立业的年轻人在蒙古高原以南连匈奴人的影子都找不着了，更不用说继续汉匈战争了。

天下终于太平了。这是卫青和霍去病等人的功劳。但是换个思路思考一下，外部的敌人没有了，汉武帝和朝廷还需要声望超群、领兵驰骋的卫青、霍去病等人吗？卫青家族的权势越来越依靠在汉匈前线的军功，现在军功不可能再有了，只剩下皇帝的猜忌和防范。所谓"飞鸟尽，良弓藏；狡兔死，走狗烹"，说的就是这个微妙的时刻。

三

刘彻在这个敏感事件上的做法就是继续捧霍去病压制卫青，防止卫青家族团结一致，威胁皇权。等卫青、霍去病凯旋，刘彻很客气地不让他们继续掌握军队。卫青是大将军，霍去病是骠骑将军，又是万户侯，没办法再提拔他们了。刘彻很有创意，新增了"大司马"的官职，让卫青、霍去病并列为大司马。卫青是大司马兼大将军，霍去病是大司马兼骠骑将军，待遇相同。骠骑将军军职低于大将军，刘彻这么做，就把霍去病置于和卫青同等的地位。

这是一个很明显的信号。那些墙头草和势利小人纷纷给霍去病拍马屁，有事没事往霍去病家里跑，套近乎。其中就有很多原来经常在卫青家里出现的面孔。霍去病家里热闹了起来，卫青家门口一下子就冷清了。好在卫青是一个厚道恬静的人，将这一切已经看开了。他家里人有时候也会感叹世态炎凉，卫青不以为然，认为这也是人之常情，心甘情愿地过着恬淡平静的生活。他一声不响地过着恬淡平静的"寓公"生活，毫无怨言，和平阳公主相敬如宾，对刘彻毕恭毕敬。卫青有一个一以贯之的优点，就是为人谦让仁和，就是在权势最显赫的时候也从不以势压人，更不结党干预政事。因此，虽然卫青已经没有了实权，威势不如以前了，但人缘还不算差。起码汉武帝刘彻还很给这个小舅子面子，形式上应该照顾到的地方都给卫青照顾到了。

霍去病的人缘就没有舅舅那么好了。《汉书》说"青仁，喜士退让"，而霍去病很早就在宫廷中当官，富贵来得容易，所以"贵不省士"，带着很明显的贵族公子哥的味道，给人的感觉不太好。出征打仗的时候，刘彻照顾他，派人给他送去了数十车的好东西。霍去病看重姨父送来的车，把车里的粮食和肉都给扔了。要知道，许多从军的士兵平时都吃不饱饭。霍去病却从来不注意官兵们缺衣少粮的情况，自顾自地穿戴整齐华丽。你说，这样的人就算有皇帝的垂青，在下面的人缘也好不到什么地方去。

不过话又说回来了，皇帝喜欢的就是霍去病这样只知道打仗、头脑简单、人缘差的功臣。

可惜，霍去病大胜归来没几年，就在元狩六年（前117年）英年早逝了，只活了二十四岁。

刘彻很伤心，把霍去病的葬礼办得风风光光，给霍去病定谥号为"景桓侯"。因此霍去病的官方称呼就变为了"冠军景桓侯"。刘彻让霍去病给自己陪葬，将坟墓修建在自己的陵寝茂陵的旁边，造得像祁连山一样，纪念他的战功。出殡的时候，朝廷调拨了天下的甲士，列队在长安到茂陵（刘彻给自己修的陵寝）的路上，护送霍去病入葬，场面很壮观。近千年之后，唐朝大诗人李白用华丽的辞藻追记了霍去病的英武形象。他用一句诗，非常恰当地概括了霍去病一生的功绩："胡无人，汉道昌。"

霍去病的儿子霍嬗继承了冠军侯的爵位。刘彻很喜欢这个小家伙，夸奖他长得精壮，常常带在身边。但是霍嬗明显不能取代霍去病的位置，肯定不能成为刘彻抗衡卫青的工具。刘彻很着急，不知道之后怎么压制住卫青的势力。他宁愿让许多军事行动所用非人，也不愿起用卫青重掌军权。卫青很聪明，干脆请病假，之后不怎么上朝了，进一步地韬光养晦。刘彻还不怎么放心，在第二年（元鼎元年，前116年），以卫青的儿子宜春侯卫伉犯法为名，削去卫伉的爵位。几年后，卫青的另两个儿子阴安侯卫不疑和发干侯卫登因为献给朝廷的助祭金的分量不足、成色不够，被汉武帝削去爵位。至此，卫家"一门五侯"事实上只剩下卫青孤零零的一个长平侯了。卫青的"病情"随之越来越重,不怎么过问家门之外的事情。

元封五年(前106年),一代名将卫青去世。汉武帝也为卫青举办了风光隆重的葬礼,命人在茂陵东边为卫青修建了一座像庐山(匈奴境内的一座山)的坟墓,让他陪葬,给予和霍去病同样的待遇。朝廷给卫青定的谥号是"烈",卫青的官方称呼就是"长平烈侯"。他和外甥霍去病从此成为名将的代表。上千年后,岳飞评价说:"卫青、霍去病,将之典范,吾当效之。"实际上,卫青比霍去病要内涵丰富深厚得多,但当皇帝的更喜欢霍去病那样的名将。

卫青死后,长子卫伉继承了长平侯的爵位,但卫家的权势完全不能与十多年前相提并论了。

早在卫青死前的九年,当时担任奉车都尉的霍嬗,跟随刘彻去泰山封禅时,离奇地死在了山里。冠军侯的封爵被取消了。从卫家分离出来的霍家人才凋零,似乎是走到了家族消亡的边缘。这里需要交代的是,霍去病还有一个同父异母的弟弟——霍光。霍光是霍仲孺正儿八经生下的孩子。霍去病成人之后才知道自己的身世,一次征讨匈奴路过霍仲孺的家乡,就认了霍仲孺这个父亲。霍仲孺原本很担心霍去病惩罚自己当年对卫少儿始乱终弃的恶行,第一次见霍去病时胆战心惊的,没想到霍去病送给他许多田地、房产和奴婢,千恩万谢。霍去病认父后,顺便把弟弟霍光带走了。当时霍光年纪十岁出头,就因为卫家和霍家的荫庇,担任了郎官,马上又升为侍中、奉车都尉、光禄大夫,伺候在汉武帝刘彻身边。霍光的性格和霍去病完全不同,得到了县吏出身的生父的遗传,只顾埋头做事,小心谨慎,在服侍汉武帝的二十多年时间里,竟然连一丁点的小错误都没有犯过，创造了一个奇迹。汉武帝晚年喜怒无常，极难伺候，却很赏识霍光，把自己的安全保卫工作交给了霍光负责。所以，别看霍光地位不是太高，只是个宫廷近臣，但终日和刘彻"出则奉车，入侍左右"，是个隐藏着的"潜力股"，不可小瞧。

受株连满门抄斩

一

卫青、霍去病死了,冠军侯的爵位被取消了,卫家和霍家的势力受到了很大的挫折。但这个家族依然是西汉王朝权势最旺盛的大家族。因为这个家族崛起的另一大支柱:皇后卫子夫和太子刘据的地位岿然不动。卫家在后宫地位的巩固就是卫家地位的巩固。更值得一提的是,卫子夫和卫青的姐夫公孙贺在卫青死后出任了丞相。这就给卫家的权势增添了不少的光芒。

刘据是卫青的外甥。卫青、霍去病死后,刘据就是卫家最重要的权势人物了,更是卫家的最大希望。因为只要刘据登基做了皇帝,卫家的权势起码能继续几十年。汉武帝刘彻很喜欢刘据。原因有两点。第一,刘彻二十九岁的时候好不容易才有了第一个皇子,也就是刘据。所以刘彻格外珍惜刘据,努力将刘据培养成合格的接班人。刘据到了读书的年纪,汉武帝就给他组织了当时最好的师资力量,教授他《春秋公羊传》《春秋穀梁传》。刘据加冠后建立了东宫。汉武帝还专门为刘据建筑了博望苑,让他有交通宾客的场所,希望他多长见识,多学习。第二,刘据没有辜负刘彻的期望,学习认真,能力出众,表现出了一个接班人的合格品质。

刘据一天天长大,卫家的权势也一直如日中天,但情况却发生了变化。汉武帝对自己的太子不像原来那么喜欢了。为什么？原因有三点：

第一，刘据的政治行情"看涨"就意味着卫家的政治行情"看涨"。卫家势力随着卫子夫的失宠和卫青、霍去病的逝世而大为衰落，但只要太子刘据存在，卫家势力就不会受到实质性的削弱。刘彻终生致力于巩固皇权，对于外戚家族与太子的紧密联系打心底里没有好感。所以，他对于要传位给刘据，心中有了一丝阴影。有人说，刘据是卫家的外甥没错，可也是刘家的儿子啊，儿子总比外甥要亲。刘据会向着刘家，不会向着卫家的。汉武帝刘彻也这么希望，可他渐渐地发现刘据这个儿子并不怎么向着自己，反而是在许多问题上和自己唱反调，这便是刘据第二个不招汉武帝喜欢的点了。做父亲的很恼火，开始怀疑儿子胳膊肘往外拐了。我们知道，汉武帝时期独尊儒术，刘彻给儿子找的老师都是儒生，教学的内容是儒家思想，结果认真学习的刘据精通儒家知识，性格仁恕温谨。而刘彻只是表面推崇儒学，内心只是将儒家作为统治工具。刘彻真正崇尚的是绝对的权威和强法，对待儒学的态度是：有用的时候拿来装点门面，没用的时候毅然弃之不用。小小的刘据没能真正体会父亲的苦心，严格按照儒家理论观察周围事物，父子俩在政治理念上产生了不可调和的矛盾。汉武帝连年用兵、对外征战，运用强权削藩罢侯，征收繁重的赋税。刘据在这些问题上都不赞同父皇的做法。汉武帝慢慢老了，觉得儿子不像自己，更担心儿子没有驾驭天下的能力。第三个原因是汉武帝晚年宠爱赵婕妤，爱屋及乌，把后者生下的皇子刘弗陵当作掌上明珠。刘据的地位受到了弟弟的威胁。

还有一个情况特别不利于刘据。那就是父亲刘彻进入晚年后，身体越来越不好，住在长安的时间越来越少，长年累月逗留在离宫甘泉宫中。父子见面的时间越来越少了，本来心里就有小疙瘩，现在因为疏远恶化成了心理隔阂。

皇后卫子夫看着卫家遭遇到了挫折，也看到了儿子和丈夫之间的隔阂，心里着急。卫子夫能够在后宫复杂的环境中做了三十八年的皇后，除了和卫青一样谨小慎微、恭谨谦和的性格之外，还在于她遇事有主见，能够向别人施加影响来实现自己的目标。比如，卫子夫知道卫青的几个儿子都不成才，怕他们风头太盛出问题，就多次请求丈夫刘彻不要封赏卫青的几个儿子，以退为进，实际上是保护自己的侄子。现在，卫子夫看到"群臣宽厚长者皆附太子，而深酷用法者皆毁之"，儿子得罪了部分贪官和酷吏，还老违背丈夫的意思，就经常把儿子叫来劝诫："作为太子，你要经常揣摩父亲的心思，理解父亲的意图，按照父亲的要求去做，而不能擅自做主，做一些与父亲的想法不一致的事，比如，平反冤狱。这本是你父亲制造的冤狱，你却给予平反，不是否定你的父亲吗！"可惜，刘据沉溺于儒家说教太深，对母亲的忠告听不进去。他反而更进一步，劝谏汉武帝停止与周边民族的战事。

对于刘据这个儿子，汉武帝刘彻基本上是满意的，但是对于刘据在很多问题上顶撞、反对自己也感到很不高兴。他曾经语重心长地对刘据说："我做的很多事情你都不赞同，但我这样做是为了你将来能够安享太平啊！"对于自己和太子之间的疏远、对于皇后的着急和担心,刘彻很早就感觉到了。他曾经让卫青出面做太子的说服开导工作,说:"太子敦重好静,必能安天下,不使朕忧。欲求守文之主,安有贤于太子者乎!闻皇后与太子有不安之意,岂有之邪?可以意晓之。"卫青也劝外甥刘据隐藏一下真实的想法,别和父皇爆发直接冲突,那样对大家都不好。可惜刘据"身陷"儒学说教,"中毒"太深,依然在若干问题上与父皇唱对头戏。

卫青死后,刘据失去了重要的外朝屏障。刘彻对刘据很无奈,但也没有想到过撤换太子的问题。

二

然而,刘彻和刘据这对父子之间最后还是爆发了兵戎相见的血腥政变,血染长安城。导致这场血腥政变的最直接的原因是,刘据得罪的那些贪官酷吏、权谋小人在刘彻面前搬弄是非,离间父子关系,最后导致了悲剧。这个小人就是刘彻的近臣江充。江充是个酷吏,出身卑微,就是依靠着不断地检举他人、推行严刑峻法和刑讯逼供一步一步爬上来的。这样的人,太子刘据肯定很讨厌。江充也很讨厌太子,他和太监苏文等人怕太子继位后惩办自己,就勾结起来要扳倒刘据。

其次就是这些组成阴谋集团的小人,找到了一个很好的、能够扳倒太子的切入口。这个切入口就是"巫蛊"。所谓巫蛊,就是利用扎木偶、下咒语等迷信手段,陷害他人。汉朝法律严厉禁止巫蛊,刘彻本人对巫蛊深恶痛绝。偏偏在汉武帝时期,巫蛊之风一直弥漫在长安城中，阴魂不散。公元前92年，刘彻病情加重了。江充就奏言，皇帝的疾病根源于有人利用巫蛊暗算皇上。刘彻很自然授权江充，查办巫蛊一事。

第三个原因，太子和卫家的势力太大了，太显赫了。有人就奇怪了，势力大、人多势众还不好啊？不好。势力大、成员多，那么你的弱点也就多，容易受到攻击的地方也多。而且大家利益相关，牵一发而动全身，很容易被敌人找到破绽攻打进来。

就在江充受命查办巫蛊一事的第二年正月，卫家的女婿、丞相公孙贺被牵连下狱。

这成为卫家被攻破，最后被连根拔起的导火索。

给表现欲和权力欲都异常强烈的汉武帝刘彻做丞相是一件危险的事情。所以公孙贺知道自己被拜为丞相后，吓得不敢接受印绶，顿首涕泣乞求说："臣本边鄙小人，以鞍马骑射之功为官，实在不是担任宰相的材料。请皇上开恩啊。"汉武帝让人扶起公孙贺。公孙贺跪着不肯起来，最后闹得汉武帝不悦拂袖而去。公孙贺这才不得已接受任命。出来后，同僚们都问他为什么这么做。公孙贺说："现在主上贤明，我不能相配，恐怕辜负了丞相的重责，从此进入多事之秋了啊。"

其实，公孙贺是卫子夫的姐夫，也算是汉武帝的姐夫。在朝廷中，公孙贺得到了卫家势力的支持。儿子公孙敬声也担任太仆，父子并居公卿之位。公孙贺当丞相后如履薄冰，不敢有一丝一毫的马虎。可惜，他的儿子公孙敬声却自恃是汉武帝的外甥，骄奢不奉法，竟然大胆到擅自挪用禁军军费一千九百万钱。事情败露后，公孙敬声被抓进大牢，按律当斩。

公孙贺救子心切，将之前的谨小慎微抛到了九霄云外，开始四处活动营救爱子。

刚好当时朝廷在大肆搜捕通缉犯、阳陵大侠朱安世。公孙贺于是自请逐捕朱安世，请求能以功赎儿子公孙敬声的罪过，得到了汉武帝的同意。后来，公孙贺果然抓到了朱安世。

朱安世得知公孙贺想用自己来赎出儿子，笑道："公孙贺他自己就要大祸临头了。大不了，大家同归于尽。"朱安世于是从狱中上疏，告发公孙敬声与阳石公主私通，告发公孙敬声派巫师祭祠诅咒皇上，并且在皇帝前往甘泉宫的路上埋下偶人，恶言诅咒。和公主私通属于生活作风问题，并不能置公孙家于死地，但是有关巫蛊诅咒皇帝的事情将公孙贺父子推向了死亡的深渊。汉武帝很快命令有关部门处理公孙敬声巫蛊案。汉武帝的命令中有"穷治所犯"四个字，事实上给整件案子定下了基调。公孙贺父子最终死在狱中，公孙家被族诛。还有多位朝中显贵受到株连致死，包括卫皇后的女儿诸邑公主、阳石公主和卫青长子长平侯卫伉。卫家的势力几乎被全歼了。

整个巫蛊案子开始绕过卫家，引向了太子刘据。

三

巫蛊案子破了一个，但甘泉宫中刘彻的病情却不见好转。公元前91年的夏天，刘彻在甘泉宫常常做噩梦。在梦中，有许多人拿着大棒朝自己砸过来。刘彻认定巫蛊诅咒的阴谋依然存在。江充就趁机进谏说，那可能是宫廷里面有人从事蛊道祝诅，需要加大勘查的范围和办案力度。于是，汉武帝又一次授权江充在宫廷中追查巫蛊之事。

江充得到查办巫蛊的"尚方宝剑"后，禀报说长安城的皇宫中有蛊气，得到汉武帝允许后入宫大挖特挖。江充连汉武帝的宝座周围都掘地三尺，先是在后宫希幸夫人的地方发现了巫蛊，后来又进入皇后宫中和太子的东宫四处挖掘。在太子宫的挖掘有"重大发现"。江充等专案组成员和胡巫们挖到了桐木人和一卷帛书。帛书中写着一些乱七八糟的符号。经过江充和巫师巫婆们的"翻译"，帛书上的内容是诅咒汉武帝刘彻早死。

这帛书不是太子刘据弄的，但是在他的宫中挖出来的，因此刘据是有口说不清。江充则挥舞着"战利品"，得意扬扬，要去禀报刘彻。此时的刘据已经和父亲感情有隔阂了，有了不信任感了，现在就想了：如果让父亲看到"我"诅咒他的木人和帛书，他会不会废掉我呢？刘据越想越悲观，开始担心父皇会不会杀了自己。他陷入了恐惧之中。太子身边的人，比如太傅石德等人，也非常恐惧。皮之不存毛将焉附？为了保住刘据的太子地位，石德等人采取了危险的对策。他们首先想到的是江充等人要置太子于死地，接着就怀疑甘泉宫的老皇帝为什么要听任小人陷害太子，老皇帝身体一直不好，现在是不是还活着？既然老皇帝的生死都有问题了，那么江充等人的举动就是一个彻头彻尾的阴谋了。在身边人的鼓动规划下，刘据下定决心要反击。他假传皇帝的圣旨，将江充等查案子的人全都就地正法了。因为事出仓促，跟着来查案的太监苏文逃走了，跑到甘泉宫去向刘彻报告说太子造反了。

刘据杀死一帮小人后，没法回头了，干脆树起清君侧的大旗来，聚拢力量来控制长安城。刘据派太子舍人无且率领一队武士，持皇帝的纯赤色符节赶到未央宫，与皇后卫子夫联系。卫子夫事先并没有参与造反的谋划，如今面对儿子派来的武士，知道箭在弦上，不得不发了。她对丈夫的不满和对儿子的爱全都转化为对冒险的积极配合。卫子夫将皇后中宫的侍卫车马和长乐宫的侍卫车马全都交给了儿子，并打开了武器库。刘据分发众人武器，真正地踏上了武装叛乱的道路。

这场被称为"巫蛊之祸"的政变就此爆发了。刘据的力量和刘彻调拨来镇压的军队在长安城里混战了几天几夜……鲜血淹没了街道，汇聚成了赤红的河流。

其中有一个细节需要交代：汉武帝刘彻接到太子造反的报告后，开始并不相信，还派人回长安城探明情况。谁知道，派出去的小太监害怕，根本不敢去长安，在外面转悠回来，撒谎说太子造反了。刘彻这才调兵镇压的。这也说明了刘彻、刘据这两父子的信息交流渠道堵塞到了何种程度。

混战的结果是，刘据一帮人寡不敌众，遭到了血腥镇压。刘据带着两个儿子逃出城外，跑到湖县泉鸠里（今河南灵宝西部与陕西交界处的泉里村）的一户农家藏匿了起来。收留太子父子三人的农夫家非常穷，一家人连温饱都解决不了，收留太子父子后生活就更难以为继了。刘据突然想起自己在隔壁的新安县认识一个富豪，就幼稚地传信给他，希望能够得到接济。他的老朋友接到消息向本县官府告发。官府发兵围捕太子。两位儿子为了掩护父亲上前搏斗，都被官兵杀害。刘据知道难以逃脱，在房中悬梁自尽。

刘据死时，年近四旬，生育有三男一女。太子败后，他的四个子女都同时遇害。其中有一个儿子被叫作史皇孙，遇害时刚生下一个儿子。这名皇曾孙受到爷爷刘据的牵连，还在襁褓中就被投入了监狱，要开刀问斩。管理监狱的长官叫作丙吉，看着这个皇曾孙可怜，冒着生命危险把他保全了下来，还找了两个女囚在监狱里暗中抚养小婴儿。这个婴儿病怏怏的，丙吉就给他取名为刘病已，希望他不再得病。这个刘病已就是刘据这一系留下的唯一的血脉。

政变平息后，震怒的刘彻派人收缴皇后的玺绶，要废掉卫子夫。卫子夫在宫中自杀。太监苏文找了口薄棺材，将卫子夫草草埋葬在长安城南的桐柏。《汉书》说至此"卫氏悉灭"。

卫家是汉武帝时期的传奇家族。卫子夫从歌女到皇后，卫青从骑奴到大将军，最后发展到实力膨胀，相关人等在朝野盘根错节，缔造了一个神话。尽管权势熏天，但这个家族安分守己，并没有什么"负面新闻"。卫家的主要人物还对西汉王朝做出了突出贡献。可他们遇到了一个强权君主——晚年多疑的刘彻，顷刻之间就被连根拔起，满门抄斩，令人惋惜感慨。

政治崇尚丛林法则，两强相遇必有一伤。强盛的权力家族和强权的专制君主，在同一个时间内只能存在一个，不可能和睦相处、分享权力。这就是卫青家族不能在汉武帝时代永葆富贵的大道理。

四

政治人物的思想特别奇怪，当外部条件发生变化之后，他们对一些事物的基本看法都会发生翻天覆地的转变。卫家在的时候，刘彻如鲠在喉，感到很不舒服；现在卫家的人被杀得干干净净了，刘彻又浑身不舒服，想念起了卫家的好处和优点来了。

前太子刘据的平冤昭雪成为卫家声名好转的转折点。老百姓们对死去的刘据很有好感，对他的死很同情，都相信刘据不会用木偶人诅咒皇上。随着时间的推移，江充等人陷害太子的证据也渐渐败露出来，民间的舆论开始朝着有利于刘据的方向发展。刘彻冷静下来后，也开始相信儿子刘据起兵主要是被逼自卫，并没有谋害自己的意思。关键时刻，负责守护西汉开国皇帝陵墓的小官、高寝郎车千秋上疏为刘据犯颜直谏，扭转了整个局势。他写道："儿子对着父亲舞刀弄枪，应该受到鞭笞。如果皇帝因过失杀死了太子，那又应该做何处理呢？"刘彻对车千秋的上疏非常感慨，非常重视。平地一声雷，车千秋竟然因为这次上疏而被擢升为丞相。之后，巫蛊动乱的处置完全被颠倒了过来。苏文被活活烧死，抓捕刘据的官员也被杀。刘彻在儿子遇害的湖县修建思子台和宫殿，追念刘据，追悔莫及。卫家的名誉也很快得到了恢复。

冤假错案得到了拨乱反正，汉武帝刘彻的寿命也快走到了尽头。他叫画工画了一幅周公抱着周成王接受诸侯朝见的图画赐给霍光。后元二年（前87年）春天，汉武帝刘彻又一次病重，霍光流着泪问道："皇上万一归天，谁可继承皇位？"刘彻说："你难道不明白我赐画的意思吗？我让幼子即位，你来当周公。"汉武帝定最小的儿子刘弗陵为新太子，选中谨慎可靠又出身霍家的霍光来当辅政大臣。是霍光自身的杰出表现，还是刘彻对卫、霍家族的好感与愧疚心理，让霍光得到了这个地位？两者都有，我们很难说孰轻孰重。临终前，汉武帝刘彻把卫青大司马大将军的职位封给了霍光，同时升金日䃅任车骑将军，上官桀任左将军，桑弘羊任御史大夫，接受遗诏，共同辅佐少主。

刘彻死后，刘弗陵继位，就是汉昭帝。汉昭帝刘弗陵年仅八岁，按照武帝遗诏封霍光为博陆侯，将国家大事全都交给霍光处理。卫、霍家族迈出了复兴的扎实步伐。

霍光：皇帝的心病

一

与同父异母的哥哥霍去病不同，霍光长着一副标准的文官相。霍光皮肤白白净净，脸部轮廓很分明，还蓄着很漂亮的须髯，这些都是很典型的西汉文官形象。如果说有什么特别，那就是霍光长得很高，很容易被人认出来。哥哥霍去病是头脑简单、凶猛善战的人，而霍光做事情非常严谨，规规矩矩。曾有好事者暗中做标记，发现霍光每次进出皇宫的殿门，都在固定的地方停顿、前进，几十年丝毫不差。霍光做事的谨慎和周密，可见一斑。

汉武帝指定霍光为头号辅政大臣，是突击提拔，更是破格使用。凡是被突击提拔、破格使用的干部都会遭人妒忌，乃至攻击暗伤。霍光也不例外。在霍光主政初期，就遭遇了两次权力危机。第一次是汉武帝刚死就有近臣（卫尉王莽的儿子、侍中王忽）扬言刘彻驾崩的时候，自己就在身边，不知道汉武帝有托孤的事情，不知道留有遗诏，意图动摇霍光的地位制造混乱。霍光强力反击，逼迫这些人自杀了。第二次权力危机对霍光的打击更危险。霍光的亲家上官桀（霍光的女儿嫁给了他儿子上官安）父子、盖长公主等人求官扩充势力，遭到霍光反对，就与在经济事务上与霍光不和的桑弘羊、谋取帝位的燕王刘旦秘密勾结，企图谋杀霍光，废掉昭帝，拥立燕王为天子。他们诬陷霍光,结果被年幼的汉昭帝识破,最后事情败露,上官父子、桑弘羊被族诛,燕王和盖长公主自杀。而平稳度过危机的霍光权力得到巩固。他的外孙女上官氏又被汉昭帝立为了皇后,从此霍家权倾朝野,势力遍布朝野,基本上继承了卫家的权势。

霍光的主政理念,一反汉武帝时期的穷兵黩武,推行"与民休息"的政策,发展生产,改善外交关系,使得西汉王朝政治平静,社会经济稳定发展。可以说,霍光这个权臣,对国家立下了大功。但是霍光独揽大权,加上身材高大,不苟言笑,行事严谨,让朝野上下不由自主地感到压抑和恐惧。历史反复表明,权臣是很难做好的,既要推动社会的发展,又要有个好形象,留下好口碑。霍光在后一方面显然做得很不够。

元平元年(前74年)四月,霍光遭遇到了权臣生涯的第三个危机。年轻的汉昭帝刘弗陵驾崩,没有儿子。当时,汉武帝的六个儿子只剩下广陵王刘胥还活着,众大臣都主张立广陵王为帝。但霍光考虑到汉武帝生前不喜欢行为暴戾的广陵王,不同意立他为帝,主张迎接汉武帝的孙子、昌邑王刘贺做新皇帝。他力排众议,让刘贺当了新皇帝,又逼死了刘胥。事实证明霍光的决定是错的。刘贺这个人更加行为暴戾,而且荒淫无道,最后发展到奸淫汉昭帝的宫人。霍光大失所望,以淫乱多罪为名废黜了即位才几十天的刘贺。大臣废黜皇帝,霍光做了迄今为止的第一人。这是霍光和他的家族权势鼎盛的巅峰,但也隐藏着深深的危机。你想啊,霍光能够随便废立皇帝,不管用的是什么理由,都是不恰当的,这在朝野眼中不是权奸是什么？在专制时代，大臣侵犯皇权都不得好下场，不知道一向谨慎的霍光行事之前有没有想到这条权力规则。反正被霍光推上断头台的那些刘贺近臣，死前都埋怨刘贺"当断不断，反受其乱"。刘贺要"断"什么？自然是收拾霍光了。

现在，刘贺也被剔除了，那么谁来当皇帝呢？于是，中国大地出现了短暂的没有皇帝又缺乏继承人选的尴尬。

霍光操有新皇帝的决定权，但就是找不到候选人。新皇帝必须是汉武帝的子孙，而且辈分不能过高，也不能太低。可是刘弗陵没有子嗣，刘贺已经被实践排除了，其他皇子不是自杀或者被杀，就是道德败坏，丧失了继承资格。去哪里找呢？

当年长安城天牢的长官丙吉，混了这么多年，已经位列朝堂了。他知道刘病已的情况，就抓住机会，向霍光进言说："将军，我看现在朝野所讨论的人选都是在位的诸侯宗室，忽视那些还没有爵位、尚在民间的皇室子孙。您是否记得，武帝临终前的遗诏中提到将皇曾孙刘病已认祖归宗，由掖庭抚养。这个刘病已就是前太子刘据的孙子。我在他幼少的时候见过他，现在已经十八九岁了。刘病已通经术，有美材，举止有度，声名在外。希望大将军先让刘病已入侍皇宫，令天下昭然知之，然后决定大策，那么天下幸甚！"

霍光觉得丙吉的建议非常有道理，很快就下定了尊立皇曾孙刘病已为皇帝的决心。霍光为什么会挑选刘病已？表面看是山中无老虎，猴子称霸王，只有刘病已在血统上最适合做皇帝，而且言行空白得像一张白纸，无可指责。深层看，霍光这么做是有私心的。任何政治人物都摆脱不了私心杂念。霍光的私心就是对哥哥霍去病和名义上的舅舅卫青一家人感情深厚，念念不忘。刘病已身上带有卫家的血脉，是刘据的孙子，是三姨卫子夫的曾孙子。论辈分，霍光还是刘病已的表爷爷呢！

霍光点头了，其他大臣纷纷附和。皇太后（其实是霍光的外孙女）也同意，派使节到刘病已家里，伺候刘病已洗沐更衣后接他到未央宫拜见皇太后。刘病已被封为阳武侯，随之接受群臣奉上的玺、绶，即皇帝位。刘病已就是汉宣帝，随后改名为刘询。

汉宣帝刘询的即位让卫家重新成为权力视野的焦点。他即位后下令改葬卫子夫，追谥她为"思后"，设置园邑三百家奉守陵寝。卫子夫因此又称"孝武卫思后"；下诏给祖父刘据彻底平反，追谥为"戾太子"，也设置陵园，好生伺候。先前受到株连遇害的卫家诸人也都得到平反昭雪。

作为朝廷的实质掌权人，霍光对这股尊崇卫家的风气是赞同的。在这一点上，他和新皇帝刘询是同道中人。但在权力的分配上，刘询和表爷爷霍光可不是同道中人。

二

史载："宣帝始立，谒见高庙，大将军光从骖乘。上内严惮之，若有芒刺在背。"芒刺指的是植物茎叶、果壳上的小刺。刘询做了皇帝后，自然要参加拜谒高庙等典礼，霍光都随车同行。刘询就觉得如同有芒刺在背上一样，心中惶恐不安。

刘询之所以有这样的感觉，因为霍光是四朝重臣，统揽实权。

史载霍光"兄弟诸婿、外孙皆奉朝请,为诸曹大夫、骑都尉、给事中",我们来看看具体是怎么回事。霍光的地位就不说了,他的儿子霍禹和哥哥霍去病的孙子霍云都是中郎将,霍去病的另一个孙子霍山为奉车都尉、侍中,掌握禁军的一部分。霍家的女婿更是蔚为壮观,有度辽将军、未央卫尉、平陵侯范明友,诸吏中郎将、羽林监任胜,给事中、光禄大夫张朔,中郎将王汉,长乐宫卫尉邓广汉,散骑都尉、光禄大夫赵平。这些霍家子弟不是担任军职掌握军队,就是宫廷内侍,身居津要,编织成了一张覆盖上上下下的关系网。另外,西汉从汉武帝开始建立内朝,将权力从朝堂收归内侍,丞相的权力遭到削弱。霍光继续了这个趋势,任用胆小怕事的部下杨敞出任丞相。从此,内外朝、文武官都掌握在霍光手中,班固称之为"党亲连体,根据朝廷"。

年轻的刘询身边坐着这么一个大权臣,而且连自己的皇位都是他赐予的,刘询浑身能舒服得了吗?可是,刘询也不是一般的角色。他明明在霍光面前有坐卧不安的感觉,却能够装作神态自若、唯唯诺诺的样子。他的表演欺骗了包括霍家人在内的所有人。

其实,刘询始终将霍光和霍家的权势看作是对皇权的极大威胁,对霍家的飞扬跋扈很看不惯。"宣帝自在民间闻知霍氏尊盛日久,内不能善。"好在刘询久在民间生活,深知社会变迁、人情世故,没有鲁莽行事,而是寻找合适的方法。刘询的皇位是霍光赐予的,如同霍光以道德原因废黜刘贺的皇位一样,刘询的地位也受到霍光的强劲威胁。刘询首先要向霍光示好,稳住霍光,所以在即位后以年幼为原因,将朝政交由霍光打理。刘询即位时已经成年了,所以霍光在刘询即位不久，就表示要归政皇帝。但是刘询谦让，不肯接受大权，反而明文规定朝廷的大事小事都要先禀告霍光，然后再上奏天子。霍光欣然接回了大权，每次朝见皇帝的时候，刘询都虚己敛容，礼数非常周到。

霍光也不想想，一个成年的皇帝怎么可能心甘情愿把实权归还给大臣呢？

唯一的解释是，霍光等人被刘询举止自若的表演给欺骗了。对于整个霍氏家族，刘询都非常尊崇。即位的第二年，他就下诏说："大司马、大将军霍光宿卫忠正，宣德明恩，守节秉谊，以安宗庙。我要以河北、东武阳等地的一万七千户增加霍光的食邑。"至此，霍光的食邑达到了超乎寻常的两万户。他还前后获得赏赐黄金七千斤，钱六千万，杂缯三万匹，奴婢百七十人，马两千匹，甲第一区。

后人不知道霍光在刘询即位之初主动要求归政是真心实意，还是虚情假意。也许他真的没有野心，觉得自己的确心力不足，要求退休的。但是刘询久在民间游走，社会阅历和经验并不浅。他宁肯相信霍光是有野心的权臣，宁肯相信霍光归政是假意试探，做好最坏的准备，也不愿相信霍光是真心归政。残酷的政治现实和血染的历史让刘询只能采取这样的对策。如果霍光真的是一个没有野心的干臣，那他真是太委屈了。也许，一个人一旦走上了权臣之路，就注定脱离不了权力，或者受权力的诱惑丧失了最基本的人情判断。

三

对西汉朝野来说，刘询就是一个空降兵，霍光之前对刘询毫无了解，更谈不上交往。为了维持巩固自己的巨大权势，霍光决定要在刘询身上增加投入，强化自己与皇帝的关系。在历史上，权臣经常通过与皇帝联姻来巩固权势。霍光也想采取这样的方法。霍光在拥戴刘询时就提出，要将自己的女儿霍成君嫁给他做妃子。不久，霍光拐弯抹角地要刘询册立皇后，实际上是要求刘询立霍成君为皇后。那样，加上当皇太后的外孙女上官氏，霍光就有了两张政治金牌。

霍光将霍成君嫁给刘询，这件事本身就让刘询感到恶心。因为从辈分上来说，霍成君是自己的姑姑。而且，刘询很早就结婚了，在民间当贫寒老百姓时已经和平民许平君结婚了。他深爱着这位来自普通家庭的妻子，非常珍惜这段贫寒时期的爱情。刘询与许平君的夫妻感情非常好。如果要立皇后，他也想立许平君为皇后。

现在刘询就陷入了两难之中，一方面是真爱和发妻，一方面是政治和权臣。刘询根基不深，即位之初不能得罪霍光，但他也不想违背自己的心愿。冥思苦想后，刘询想出一个好主意。他下了一道诏书，说自己在贫贱的时候曾经有一把心爱的宝剑。虽然自己现在贵为天子，佩上了华贵的新剑，但心中一直思念旧剑。可惜的是原来的宝剑找不着了，所以请各位大臣帮忙寻找旧宝剑。在立后的敏感时期，刘询的这道诏书准确地传达了自己的心意。宝剑没有找到。但是大臣们纷纷上疏，说许平君贤良淑惠，是皇后的最佳人选。霍光见事已至此，不便阻拦。刘询于是以众人之口堵权臣之嘴，名正言顺地立许平君为皇后，让霍成君做了妃子。

霍光平静地接受了女儿落选皇后的事实。这多多少少表现出他还不是那种一意孤行、心狠手辣的权奸。女儿能成为皇后最好，没成功，他也无所谓。但是霍光做人做事有一个缺点，那就是"一心扑在工作上，忘管教家庭"。霍家的人骄横跋扈惯了，目中无人，无法无天，对霍成君没成为皇后一事耿耿于怀。霍光的老婆名叫霍显，是个歹毒的女人。她因为自己的女儿没有被立为皇后，就对许平君怀恨在心。最后，霍显竟然瞒着霍光，预谋要杀掉许平君。她买通宫中的侍女淳于衍，等待时机。淳于衍开始不敢答应，霍显为说服她，口出狂言道："将军领天下，谁敢言者！"最后淳于衍被霍显买通，成为潜伏在许平君身边的杀手。其实，淳于衍只要将霍显那句大逆不道的狂言报告官府，霍家就能够被满门抄斩了。

两年后，机会来了，因为许平君怀孕了。皇宫中忙成一团，太医们开出一张张药方，先是滋补、保胎的药，之后就是产后调理的药。侍女们为皇后的生产忙成一团。在忙碌之中，巨大的黑手向许平君涌来。随着生产逐渐临近结尾，淳于衍始终没有找到下手的机会，越来越着急。终于在一次制作药丸的时候，淳于衍决定孤注一掷，利用自己配药煮药的机会，置皇后于死地。

皇宫规定，凡是皇帝皇后要吃的药，宫中医生和经手的人都必须事先服用等量的药物，无不良反应后，再呈送给皇帝皇后食用。淳于衍如何才能避开这一关呢？

淳于衍的做法就是将一味中药的粉末加入了配方之中。这味中药就是附子。附子是毛茛科植物乌头的子根。生附子有毒，炮制过的附子属大热。对于心律失常过缓的人，它有调节的作用，但是即使如此，也仍旧带有毒性。中医对附子的使用非常谨慎，规定孕妇、产妇绝对禁用附子。

许平君喝下淳于衍加了附子的药物后，随即感到极不舒服。附子使她的心率加速、血管硬化。不久产后虚弱的许平君觉得心烦意乱，坐卧不安。她告诉身边的人今天服用的药物可能有毒。太医和淳于衍等人亲口喝了许平君尚未喝完的药，并没有不良反应。大家只好去安慰无助的年轻皇后。当天，许平君就去世了，年仅十九岁。她是刘询的第一位皇后，但只做了不到三年的皇后。

许平君死后，刘询悲痛欲绝，盛怒之余命令严查死因。太医们商议的结论是许皇后产后虚弱，正常死亡。刘询不相信，让朝臣参与调查。但是许平君周围的人在服用了同一碗药之后都安然无恙，并无不适。朝廷有关部门将所有的医生和宫女都抓捕起来严刑拷问。淳于衍下狱拷问的时候，狱吏问得很急很凶。霍显害怕自己买通宫人谋害皇后的事情败露，在官府审讯医生等人的时候就将全部实情告诉了丈夫霍光。霍光在真相面前大惊失色。他知道谋害皇后大逆不道，是诛灭满门的大罪。霍光想去告发妻子，但他是一个看重家庭的人。最终他还是不忍心告发，相反还按照霍显的意思给审讯部门施加压力，定淳于衍等人无罪。大家就只好将许皇后的死因归结为产后不适。刘询如此反复了多次，都找不到真正的原因，不得不接受悲痛的事实。

从做人做官角度来说，霍光犯了一个致命的错误。家人违法乱纪就是一个政治人物失败的表现，抓权的同时也要约束家人，起码不能纵容家人违法乱纪。霍光疏忽管理家人是政治失败，默许妻子毒杀皇后则是犯罪了。

却说许平君死后，霍成君成了新皇后。她是刘询的第二位皇后。但是刘询并不爱她。

客观地说，霍成君是个比较努力的皇后，并非大奸大恶之人，并且想做个好妻子。她知道自己的丈夫深爱着死去的皇后，自己的前任。因此她就以许平君为榜样，让自己的言行向许平君靠拢，希望能够借此填补因为许平君的死而在丈夫心中腾出来的空间。霍成君成为皇后之后，像许平君一样每日拜见皇太后，对宫人和大臣们谦虚谨慎，勉强学到了几分。但是霍成君与许平君毕竟是成长环境完全不同的两个人。许平君是在贫寒的民间成长的，霍成君则是在富贵缸中泡大的。大贵族家庭的奢华、虚荣和伪善在她身上留下了或深或浅的印记。许平君做皇后的时候，勤俭节约，平易近人。霍成君做皇后之后，车马仪仗盛大无比，对宫人大臣经常赏赐，动辄以千万钱计算。她还常常召见霍家亲戚进宫聊天游玩。霍家亲戚在宫中毫不忌讳，飞扬跋扈。

这一切无法让刘询对霍成君产生爱意。但是刘询知道霍成君的背后有庞大的霍家势力，自己还不能与霍家硬碰硬对抗。他继续韬光养晦，压抑对霍成君的不满，相反他以亲昵、疼爱的姿态对待霍成君，甚至包容她的缺点。在外人看来，皇上已经将对许平君的爱情转移到了新的皇后身上——他们不知道皇上是杰出的表演艺术家。霍光和霍显夫妻两人知道了，非常高兴，霍家的人也放心了。

刘询将对许平君的爱深深地埋藏在心底。作为他们爱情的结晶,刘询很早就立许皇后生下的儿子刘奭为太子。这是一个很有味道的暗示。

霍禹：富不过三代

一

如果单纯地让霍光和刘询进行政治搏斗，最后的胜利者一定是刘询。因为刘询具有年龄上的绝对优势。谁笑到最后谁笑得最好，刘询肯定比霍光要笑得久。果然，霍光秉政前后二十年，终于在地节二年（前68年）春一病不起，要不行了。刘询亲自光临霍家询问病情，在病榻旁还落下了眼泪。事后，霍光上疏谢恩，请求朝廷分他的食邑三千户封霍去病的孙子、奉车都尉霍山为列侯，以侍奉霍去病的祭祀，延续霍家另外一支血脉。可见霍光对哥哥霍去病带有很深的感情，也表明他临死的时候都想着霍家的延续和发达。刘询很给霍光面子，随即将霍光的奏章发到朝廷中，交给丞相、御史等大臣讨论，并即日拜霍光的儿子霍禹为右将军。霍光死了，死得很欣慰。他的葬礼也办得风风光光，刘询和皇太后都亲临祭扫，算是备极哀荣。

但霍光隆重的葬礼过后，霍家就被刘询诛灭九族了。

刘询对霍光的尊崇并非出自真心。霍光死后，霍家的势力依然强盛。刘询不得不封霍山为乐平侯，以奉车都尉的本职领尚书事，呈现出要继承霍光实权的架势；同时封中郎将霍云为冠阳侯。如果照此情况继续下去，刘询要消除霍家势力对皇权的影响还需要好些时日。但霍家那些不争气的人在霍光死后变本加厉地胡作非为，弄得天怒人怨，将自家的把柄不停地往仇人手里塞，加速了家族的覆灭。

霍光生前给自己设计好了坟墓规格，但他那个爱摆阔气抖威风的老婆霍显在丈夫死后擅自改变了霍光生前的设计，给坟墓添加了三道门和长长的甬道，并把一批官奴侍妾幽闭其中，让活人给霍光守墓。这下霍显闯了大祸了。在等级社会中，什么样的人能建造什么样规格的坟墓是有严格规定的。霍显这是按照皇帝的规格修建丈夫的坟墓，严格地说是目无君王、违制篡逆——当然，认为"将军领天下"的霍显脑袋中根本就没有规制等级的忌讳了。闯了这个祸不够，霍显还大兴土木，营造宅第，极尽奢侈淫逸之能事。她自己的车，用熟牛皮包裹车轮，中间实以棉絮，装饰着精美的锦绣，外壳装饰着明晃晃的黄金。更令人叫绝的是，霍显出门时，车子由侍女挽着五彩丝绸，漫步前进，到处游玩，完全是一副王母娘娘下凡的排场，要多刺眼有多刺眼。霍光生前对晚辈也没有教导好，他的子侄们现在跟紧霍显做出的榜样，声色犬马，穷奢极欲。霍云对工作一点都不上心，动不动就请病假，带着宾客在黄山苑中进行大规模围猎；不得不上朝的时候，就派奴仆下人去朝堂传达自己的意思，弄得朝臣敢怒不敢言。霍显和霍家的其他女眷，昼夜出入宫廷，找皇后霍成君玩耍嬉戏，仿佛后宫就是霍家的后院。

霍显寡居后，耐不住寂寞，与霍光生前宠爱的监奴冯子都勾搭成奸，在家中淫乱。这个冯子都小人得志，狐假虎威起来。有次冯子都带领一批家奴在路上耀武扬威，碰到了御史大夫魏相的家奴。

双方为了争道，互不相让。冯子都命令众家奴大打出手，把魏相的家奴打得落荒而逃。冯子都不解恨，竟然带着家奴打上门去，闯入魏府。最后，御史大夫魏相不得不亲自出面，低声下气向霍家的家奴叩头谢罪。冯子都这才扬长而去。

如果说因为霍光对西汉社会的稳定和发展做出过重大贡献，民间对霍家还有一些好感的话，现在霍光辛辛苦苦赚来的好感全被这些不成器的家人给败坏了。大小臣工和民间街坊，已经没有一个人说霍家的好话了。这离霍光逝世还不过几个月而已。

二

一个家族强盛的根本还在于掌握的政治实权的多少。霍家子侄们表面上延续了霍光的权势，可没有一个人有能力、有威望成为霍光第二。政治实权在松动，威风和排场却越来越大，霍家的前途很危险了。

刘询的年龄越来越大了，开始亲政了。尽管霍山还在宫廷之中掌握着尚书机构，但刘询下令官民上奏不经过尚书，群臣觐见独来独往，很容易就架空了霍山，掌握了实权。同时，刘询提拔御史大夫魏相兼任了给事中，伺奉在左右。霍家子侄们虽然没有大的政治能力，但政治敏感度一点都不低。他们也感觉到大权旁落了，开始厌恶起刘询来。霍显就对霍禹、霍云、霍山说："你们几个人不能继承大将军的余业。现在让一个大夫担任了给事中，他人如果从中离间，你们还能自救吗？"霍家人愤愤不平起来。的确，霍显的担心是有道理的。魏相果真向刘询上奏进言，告诫刘询春秋时期权臣祸国的教训，认为霍光死后，霍家子弟占据要职，掌握军队，霍光夫人霍显及诸女眷自由出入宫廷，骄奢放纵，恐怕对朝廷不利，建议刘询抑制霍家势力。这是一道密奏，得到了刘询的赞同。

天要变了，许平君皇后的死成为变天的突破口。霍光死后，当年的谋杀案件开始一丝丝地败露出来。这消息像晴天霹雳一样让刘询异常震惊。现在好了，国恨、家仇混合在了一起，刘询下了提前除去霍氏家族的决心，开始暗地里向霍家开刀。如果说没有谋杀许皇后的事件，刘询还可能给霍家留下一线生机的话，如今他在心中暗暗关闭了霍家的生命之门。

霍家也不是好"欺负"的，经过二十多年的经营，势力在朝野盘根错节。其中的关键人物还掌握着中央的兵权。刘询就先从除去霍家兵权，清理霍氏官吏开始。他的做法一是以正常的调动剥夺霍家人的兵权，二是将霍氏官吏调离京城，转任地方官，让他们散落到各地去，孤立起来慢慢收拾。比如，霍光女婿范明友原官爵度辽将军、未央卫尉、平陵侯，朝廷收了范明友度辽将军印绶，让他专任光禄勋。霍光次女婿任胜原来是诸吏中郎将、羽林监，掌握禁卫军的指挥权，现在被支到河西走廊去当安定太守守边关去了。张朔是霍光外甥女婿，原本在宫中任给事中、光禄大夫，是近臣，现在被派到四川做地方官（蜀郡太守）去了。霍光孙女婿王汉情况与任胜相似，原先是中郎将，如今去了更加偏远的武威郡当太守。而偏向霍家势力的老丞相韦贤也以"年老多病"的理由被罢免，魏相被封为高平侯，成为新丞相。

为了迷惑霍家势力，刘询把霍家第三代的代表人物、霍光的儿子霍禹由右将军提升为大司马。

这一连串的变动在短短十几天就完成了。令人眼花缭乱的职务变动中，值得一提的有两点：第一是原先皇宫的守卫都由霍家的女婿们负责，因为他们掌握了中央的军队。现在霍氏势力被清理出了中央军队。中央诸领胡越骑、羽林及两宫卫将屯兵都改由刘询所亲信的妻家许氏和舅家史氏的子弟统率。刘询由此掌握了军队，为之后的政治举措奠定了强有力的基础。第二是霍禹虽然当上了伯父和父亲曾经担任过的大司马的高位，但是失去了直接指挥的直属军队。霍禹也是聪明人，明白其中的玄妙，被提升为大司马后闹情绪，始终称病不朝。

曾任霍禹长史的太中大夫任宣前来探望老上司，询问病情。霍禹说："我哪有病？当今皇上如果没有我家将军（指霍光）拥立，哪有今天啊？现在将军坟墓崭新，皇帝就开始排挤我们家人，宠信许、史两家人。皇上夺我印绶，令人不省死。"任宣见霍禹对朝廷和皇上深怀恨意，敏锐意识到了其中的危险。他劝老上司："大将军的时代已经不可能再回来了！当时大将军他持国权柄，杀生在手中。许多大臣因为忤逆了大将军的意思而被下狱，甚至是处死。因此朝野有事都先禀报大将军，丞相等人等同虚置。现在情况不同了。许、史两家人都是当今天子的近亲，得势显贵起来是可以理解的。大司马您如果总是这样心怀怨恨，下官以为不可。"任宣的这段话可谓道破了中国古代历史的一大规律。权臣的兴起是依附皇权的结果。正所谓三十年河东，三十年河西，皇帝亲信谁，谁与皇帝关系密切，谁就能获取巨大的权力。但是当一个人成为权臣后，他总是希望永远保持权势，却忽视了自己家族与皇帝并不能永远保持密切的关系。霍禹无话可答，两人只能默然以对。几日后，霍禹宣称病已经好了，重新开始上朝视事。

第一回合，霍家第三代人完全不是刘询的对手，大败而归。

三

霍显这个婆娘不甘心，开始指挥儿子、侄子、女婿们反击了。虽然霍显是个搞阴谋诡计的高手，但在政治上却很幼稚。她策划的反击措施不仅小家子气，起不了大作用，反而把自家拖入了万劫不复的深渊。

霍显首先想到的是废立太子，把自己的外孙扶立为新太子，为霍家势力增色添力。她本来就对许平君的儿子刘奭被立为太子严重不满，现在打起了毒杀太子的歪主意。虽然女儿霍成君入宫后一直没有生育，可霍显认为太子的位子应该为自己没出生的外孙留着。她曾愤愤地说："太子刘奭不过是民间贫妇生的贱种，哪有资格入主大统？难道我霍家女儿日后生的儿子，就只能做一个小亲王吗？"霍显可不只是发发怨言，还教唆女儿霍成君去毒死刘奭。为了使女儿能下定杀太子的决心，霍显这个当妈的，把当年毒杀许平君的实情一五一十地告诉了女儿。霍成君完全蒙了，她就好像是闯入政治角斗场的小鹿。当庇护自己的森林逐渐退去时，她面对残酷的草原竞争法则无所适从。母亲指出的现实抉择对她的地位和将来都是有利的，但她的基因还是鹿，不是狼。她对刘询有感情，希望获得丈夫的真爱。先前，丈夫与自己卿卿我我，恩爱往来，已经让她满足了。当母亲挑破表象后，她震惊得无法接受这一切。霍成君犹豫再三，始终下不了决心。她良心未泯，既不想杀人，也没有信心。一方面霍成君不像淳于衍一样有机谋，下得了手；另一方面，刘询为了保护太子，精心挑选了忠心耿耿的侍从。每当他人给刘奭送来食物的时候，侍从们都一一为太子尝毒。即使霍皇后送来食物，也不例外。

就在霍成君在宫中遭受现实和良心煎熬的时候，宫外的霍禹、霍山、霍云等人见到实权被日益侵削，多次相对啼泣，埋怨皇帝。权力仿佛就是毒药，能让持有人上瘾。刘询亲政后，霍家势力一日不如一日，霍家子侄们的心中产生了深深的怨恨和对过去权势的怀念，不能释怀。

霍山说："现在朝廷是丞相用事，大司马被架空了。皇上大幅度修改大将军（指霍光）时期的法令，衬托出大将军的过失来。以前大将军压制那些喜欢妄说狂言，不避忌讳的儒生，现在皇上却喜欢和那些儒生对话，让那些人上疏言事。他们上疏的内容，都是说我们霍家坏话的。曾有人上疏说大将军时'主弱臣强，专制擅权，今其子孙用事，昆弟益骄恣，恐危宗庙，灾异数见'，言辞激烈。我看到后，就把奏疏给扣下来了，没有奏报皇上。谁想到，上疏的人狡猾得很，绕过我这个尚书，直接奏报给皇上了。皇上是越来越不信任我了。"

霍显就问："丞相他们常常说我们家不对，难道他们就没罪过吗？"

霍山很有爷爷霍去病的简单、实在的性格，摇头回答："丞相等人很廉正，哪里有什么罪过？倒是我们家的各位兄弟和女婿们言行不慎。民间还传说我们霍家毒杀了许皇后，不知道是不是真的？"

紧要关头，霍显不敢对大家有所隐瞒，只好把毒杀许平君的实情告诉了霍山、霍云和霍禹。霍山三人大惊失色："这种事情，怎么不早点告诉我们！皇上排斥、调任我们家的各位亲属，看来是有所察觉许皇后真正的死因。这是大事，要诛灭满门的，怎么办？"事到如今，一家子人这才慌乱起来。《汉书》说他们"于是始有邪谋矣"。看来，盘踞政坛多年的霍家也没有想到破除窘境、洗脱毒杀皇后罪名的好方法，而是一不做，二不休，开始有异心了。他们决定来次疯狂的冒险。

我们一起来看看他们策划的冒险计划。第一步，他们阴谋以太后的名义召开酒宴，召集丞相、平恩侯等显贵来赴宴。第二步，在宴会上，由范明友、邓广汉两个人以太后的命令斩杀他们。第三步，霍家入宫废黜天子刘询，改立霍禹为皇帝。在这个彻头彻尾的政变阴谋中，那些朝廷显贵怎么可能一个不漏，乖乖地按照霍家的计划，自投罗网？杀死这些人，就能轻易废黜刘询吗？霍禹凭什么篡夺汉朝的江山？霍禹和霍显等人根本就没想这个问题。霍家在之前扶立过三个皇帝，还轻易废黜了一个皇帝。他们似乎觉得再多废黜一个皇帝也不是什么困难的事情。但是他们却不知道，霍光在世的时候，他废黜刘贺，根本就没有动刀子，召开会议动了一下嘴就成功了。现在，作为霍光的子孙，霍禹等人却需要如此精心谋划，大动干戈，可见霍家的权势真的是大势已去了。

还真不是小看了霍禹等人，他们的实际能力比想象的还要差。他们不仅疏忽大意，而且拖延不决。结果阴谋还在谋划阶段就夭折了。霍家势力的一个成员（李竟）因为交结诸侯王被查办，在供状中谈到了霍家各位兄弟。刘询抓住机会，下诏说霍云、霍山"不宜宿卫"，不让两兄弟在宫中担任近侍了，赶回家好好反省。不久霍云又被任命为玄菟太守，要去遥远的辽东地区任职；接着是任宣要去山西担任代郡太守，去防备匈奴人。突然的变故增加了政变计划顺利执行的难度。

霍家子弟顿时乱成一团，不知所措了。养尊处优的贵族子弟的毛病在关键时刻暴露无遗。政治世家的子弟要么特别能干，政治老练，行事沉稳，因为他们从小在政治染缸中耳濡目染，而且在长辈的栽培下过早、过多地接触了实践，所以比较成熟能干；要么特别没用，瞻前顾后，志大才疏，一到关键时刻就掉链子。霍家子弟就属于这第二类人。本来霍家的女眷在后宫中很嚣张无礼，家奴冯子都数次犯法，刘询都没有追究。刘询越不追究，霍山、霍禹等人就越害怕，怕刘询把罪行都记录下来，秋后一起算账。霍显则可能出现了精神衰弱、神情恍惚的毛病，老梦见家里井水溢出淹没厅堂，做饭的灶台跑到了树上等怪事，还曾经梦到霍光在梦里告诉她："知不知道，皇上就要来抓你们了？"刚好霍家那段时间老鼠很多，乌鸦也喜欢来他们家的树上歇歇脚，霍显和各位子弟认定这些是家族衰亡的征兆，惶惶不可终日起来。所谓的政变阴谋，此时已经失败了。霍家子弟为什么这么窝囊没用？为什么没有成为第一类成熟能干的世家子弟呢？问题出在他们的家庭环境上。我们知道他们家骄横跋扈、胡作非为，而霍光在世时又疏忽了对子弟的教育培养工作，所以霍家的子弟仅仅在政治角斗场上"近水楼台先得月"，却没有学会角斗的技巧。作为一家之主，死去的霍光对子弟的无能负有责任。

最先出问题的是霍山。无能的霍山在这关键时刻，自乱阵脚，向同伙秘密写信通报情况，联络下一步行动——政变阴谋怎么能写下来？这不是找死吗？结果事机不密，霍山先被人告发密通书信，沟通大臣。霍显见情况紧急，抢先上疏朝廷情愿献出城西的宅第和一千匹马，请求赦免霍山的罪行。这等于是不打自招。别人还没搞清楚怎么一回事呢，霍家先认罪了。结果，霍山的书信还是被呈报给了刘询，朝廷很快就发现了霍家的政变阴谋。刘询采取了严厉的镇压措施。霍云、霍山、范明友见事情败露，自杀身亡；霍显、霍禹、邓广汉等人被抓捕入狱，最后霍禹被腰斩，霍显及霍家亲属被弃市。刘询以政变案为突破口，大规模清理霍氏党羽，因此案受到株连被灭门的有数千家之多。这些可怜人家只能去阴间找霍家子弟报仇了。

这是汉宣帝地节四年（前66年）的事情。

皇后霍成君在事变发生后，被囚禁在昭台宫。起初霍成君伤心、悔恨，责备家人。但是她对自己的命运还是有信心的。自己毕竟没有干什么伤天害理的事情，自己毕竟是皇上喜爱的妻子，自己的皇后地位并没有被废黜。霍成君期盼着自己有朝一日能够搬出冷宫，重新成为皇后。但是奇迹并没有发生。几个月后，昭台宫来了使臣。他向尚怀有希望的霍成君宣读了刘询的诏书。诏书说："皇后荧惑失道，怀不德，挟毒与母博陆宣成侯夫人显谋，欲危太子，无人母之恩，不宜奉宗庙衣服，不可以承天命。呜呼伤哉，其退避宫，上玺绶有司。"在诏书中，刘询责备霍成君追随母亲霍显，谋害太子，心怀歹毒，失去了做皇后的资格。霍成君被正式废去皇后尊位，逐出皇宫。

霍成君在家破人亡、无依无助的情况下被送到长安郊区的上林苑中，囚禁在阳台宫。十二年后，刘询依然对霍成君抱有恨意。他下令不许霍成君继续居住在皇家宫殿中，而是囚禁在一个名叫"云林馆"的小屋中。不久，刘询干脆下令霍成君自杀。这个一心想做皇后却只当了五年皇后的贵族女子自杀时只有三十三岁，成为政治斗争的牺牲品。

四

从卫青、卫子夫和几乎同步发展起来的霍去病，再到霍光，最后到霍禹、霍山、霍云，卫、霍家族盘踞西汉王朝权力核心六十多年。他们以家奴、私生子的身份，奋斗到帝国的显要贵族，成就了一则权力神话。遗憾的是，这个神话来得艰难，维护得曲折，破灭得却极其迅速。有人将霍家最后的失败，归结为霍光对家庭和子弟教育的忽视，归结为霍家第三代的不成器。更多的人认为霍家的失败是权力斗争的必然。霍氏家族被铲除后，刘询出巡或者祭祀的时候，车骑将军张安世陪坐在皇帝的车骑上。现在刘询和张安世坐在一起，从容舒服，一点也没有芒刺在背的感觉了。霍家的权力都让皇帝感到不安了，下场能好吗？

中国古代政治史，从某个角度上说是皇权和大臣权力之争。斗争的结果，皇权胜多败少。其中的原因很复杂，我们单单在两千多年后再来看霍氏家族的起伏。我们不能不承认刘询杀戮太过，同时也感叹霍光没有找到避祸之道。其实在西汉的君臣关系史中有很多可以借鉴的先例。汉初名相萧何韬光养晦，保全自身及后裔。他权势最大的时候却在穷乡僻壤置办家业，一来为子孙留栖身之地，二来也因为土地偏僻贫瘠，希望不被后代豪强觊觎。汉武帝时的丞相田蚡自恃是皇帝的舅舅，"权移主上"，受到武帝警告后始有收敛，得以全身而终。而开国元勋周勃之子、平定七国之乱的大功臣周亚夫仅仅因为被景帝视为"此怏怏者非少主之臣也"，就被以谋反罪下狱，死在狱中。霍光自受汉武帝遗诏辅弼汉昭帝以来，历经四代皇帝，主持朝廷政务二十年。在霍光主政期间，汉朝一改汉武帝晚年的贫乏和混乱，社会经济取得了发展，对汉朝是立有大功的。但是霍光权势熏天，其间主持皇帝的废立，成为前所未有的大权臣，功绩、势力和声望都超过了作为皇帝的刘询。在皇权至上的时代，霍光家族严重侵犯了皇权。霍家的失败在于霍光没有及时全身而退，没有与刘询保持良好的关系和沟通。而刘询又是精于世故、老成稳重、厚积薄发的难缠皇帝，不是一般的对手。最后，整个家族成为悲剧的主角。

班固为霍光立传后评论霍光"*受襁褓之托，任汉室之寄，当*

庙堂，拥幼君，摧燕王，仆上官，因权制敌，以成其忠。处废置之际，临大节而不可夺，遂匡国家，安社稷。拥昭立宣，光为师保，虽周公、阿衡，何以加此！然光不学亡术，暗于大理，阴妻邪谋，立女为后，湛溺盈溢之欲，以增颠覆之祸，死财三年，宗族诛夷，哀哉！"认为霍光对汉朝有大功，但是不学无术，不管束好家庭，所以造成了死后三年就被灭门的悲剧。司马光则认为悲剧的原因是霍氏奢侈太甚，"人主蓄愤于上，吏民积怨于下"，灭门是势所必然的。

到了刘询的孙子汉成帝刘骜时，朝野为霍光平反的声音开始出现。最后朝廷为霍光设置了百户人家守冢，并寻找到霍光同族的后代霍阳，封他为博陆侯，食邑千户，算是间接肯定了霍家对汉朝发展的贡献。霍家最后还是享受到了普通功臣的待遇。

将门虎父无犬子

——李广、李蔡民、李陵、李暠家族

"陇西李家"是著名历史名词，是发源于边陲却影响中原的唯一世族大家，也是充满悲剧色彩的家族。李广征战近半个世纪，身经百战，以自刎告终；李陵孤军深入敌后，以寡敌众数昼夜，走投无路被迫投降，赤子之心换来千古责难；李蔡、李敢等人也不得善终。南北纷争时李暠在陇西建立了西凉政权，到了唐代李唐皇室和多个少数民族都追奉李广为祖先，陇西李家赫然成为天下第一望族。悲剧不断的李家迎来了迟到的黄金时代。

但使龙城飞将在

一

　　陇西李家的辉煌要从西汉名将李广开始说起。

　　李广出生时，陇西李家就已经是将门世家了。在他前面，李家出现过秦代名将李信。李信追斩太子丹，灭亡燕国，赫赫有名。据说李信将拿手的射箭技艺流传了下来，李广从小学得一手好箭法，加上他身高过人，有猿猴一样的长臂，成为武艺高超的善射武士。汉文帝十四年（前166年）匈奴大举侵扰边关，李广以"良家子"的身份和堂弟李蔡一起从军杀敌。此后除了一度参加平定七国之乱外，李广一生都活跃在西汉与匈奴的战场上，大小近百战，杀敌无数。匈奴人敬畏地称呼李广为"飞将军"，赞扬他武艺高超，在阵前来去自如。

　　李广的"飞将军"是不是浪得虚名呢？

　　"李广射石虎"的传说家喻户晓。李广担任右北平太守时，将草中的巨石误认为老虎，拔箭射之，结果弓箭深深没入石头，好几个人用力都拔不出来。唐代诗人卢纶在《塞下曲》中形象地描绘道："林暗草惊风，将军夜引弓。平明寻白羽，没在石棱中。"李广的善射和神勇，可见一斑。但是李广对射击过于自信，走向自负了。两军对垒时，李广要求自己射杀敌箭无虚发，常常是策马冲锋，不进入敌阵数十步距离之内不发弓，箭一离弦必有一个敌人应声倒地。李广的这个行为就有点脱离自负，带有自我炫耀和逞强的意思了。他的个人英雄主义常常招致敌人的围追和猛兽的近身肉搏，李广为此伤痕累累，却从不畏惧。

汉景帝时，朝廷派一个宦官同李广一起在前线统军抗敌。那名宦官安逸享乐惯了，到了边关还想着狩猎取乐。一次，他带着几十个骑兵狩猎，结果遭到三名匈奴骑士射杀。所有骑兵都被射死了，宦官受伤逃回。李广知道了，竟然兴高采烈。因为他从那三个匈奴骑士的身手判定他们是射雕手。杀一个射雕手在李广看来既刺激又有价值。于是他亲率一百骑兵追赶三名匈奴射雕手。追出边关几十里路后，李广和三人"切磋射技"，射杀两名匈奴射雕手，还生擒了一名。正要返回，匈奴数千骑兵赶到，包围了李广这一百人。匈奴大军很重视李广，立刻摆开阵势，步步逼来。汉军骑兵惊慌失措，纷纷要掉转马头回奔。李广却说："我们离开基地数十里了，如果仓皇逃回肯定会被追兵一一杀死。如果我们留下对阵，匈奴反而以为我们是诱敌的小股部队，不敢打我们。"李广命令所有骑兵迎着匈奴大军前进，一直走到离匈奴阵地不到二里路才停下来。他又命令大家下马解鞍休息。有人担心，万一匈奴人压过来，怎么办？李广解释："敌人以为我们会逃跑，如今解鞍表示我们不走，更能迷惑敌人。"匈奴人果然不敢进攻，派出一名将领出来打探实情。李广立刻翻身上马，一举射杀那名匈奴将领，又重回部队休息。汉军将士都卧地笑谈，看得匈奴人面面相觑，一直到晚上都不敢攻击。半夜时分，匈奴坚信李广就是汉朝大军的诱饵，汉军大股部队可能会连夜突袭，主动撤退。第二天，李广带领一百骑兵毫发无损地坦然回营。

"飞"说的是李广的机动性强，一支弓箭要报销一个敌人；"将军"要求的除了高超的武艺还要有成熟的政治素质，李广的自负和个人英雄主义作风则和这一点要求有点差距。李广带兵统军的作风更能说明李广军事上的成熟和政治上的不成熟。

李广打仗时身先士卒，平时爱兵如子，深得官兵的爱戴。李广很关心官兵的待遇，拿到赏赐都分给部下，坚持与官兵一起吃大锅饭。行军打仗遇到缺水断食，李广坚持在所有士兵不吃到饭喝到水之前不近水边、不尝饭食。李广一生担任高官四十多年，死时家无余财，都花在军队上了。在军队管理上，李广很宽松，行军时不列队，驻扎时不设岗，平时基本不训练，不重视部队的补给和辎重，军队纪律也很差。而且李广对军队烦琐的文件和会议制度特别反感，在自己的军队里一律简化文案。将军程不识曾与李广一起屯边。程不识的军队纪律严明，定时检查岗哨和侦查，执行严格的文案制度，常常彻夜整理案牍。程不识的统兵风格深得朝野赞赏，相反李广带兵太业余太"山寨"了。但是汉军士兵都喜欢归入李广的麾下，都愿意跟随李广死战，没有人愿意划入程不识的部队。结果是李广的部队常常以一当十，程不识的部队却战绩逊色，勉强不败而已。

军旅诗人高适在《燕歌行并序》中感慨一直到唐朝官兵们都怀念像李广那样身先士卒、体恤将士的将军："相看白刃血纷纷，死节从来岂顾勋。君不见沙场征战苦，至今犹忆李将军。"

早在汉文帝时代，公孙昆邪评价："李广才气，天下无双，自负其能，数与虏敌战，恐亡之。"后人常常突出"天下无双"四个字，却忽视了"自负其能"四个字，只有把这两方面结合起来才能全面认识李广。

二

李广威名很盛，资历很深，身经百战，却一直没有实现封侯的夙愿。

征战封侯，是每个军人的愿望。不想当元帅的士兵不是好士兵，同样，不想建功封侯的将领也不是好将领。李广一心想封侯，却终生未能如愿。早在汉文帝十四年从军抗匈，李广就杀敌多人，因战功升为郎中，进入了皇帝的禁卫军。李广多次跟随汉文帝射猎，格杀猛兽，勇力非凡。汉文帝慨叹："李广可惜了，生不逢时！如果生在高祖时，封个万户侯都不成问题！"汉高祖刘邦是在乱世中厮杀起家的，汉文帝觉得李广能在乱世跟上刘邦，肯定是开疆拓土的一代公侯名将。但是在汉文帝和汉景帝等相对和平的时代，李广没有参加大战的机会，自然也就达不到西汉王朝封侯的标准——西汉王朝法律严格，规定必须建立一定功业或者杀敌一定人数以上才能封侯。

汉文帝死后，西汉进入了多事之秋。先是汉景帝时期爆发了七国之乱，然后是汉武帝开始大规模对匈奴作战，李广终于获得了杀敌建功的机会。可惜，一次次封侯的良机从他的指缝都溜走了。

李广第一次和侯爵宝座擦肩而过是在平定七国之乱时。李广随周亚夫与叛军主力激战，建立了赫赫战功，并在昌邑城下勇夺叛军帅旗立功显名。这一次李广完全达到了封侯的标准。战后他的许多同僚和战功比他低的人都封侯了，但李广却没有任何封赏。因为李广在斩获帅旗后私自接受了梁王授予的将军印。这个梁王是汉景帝的弟弟，坚守河南封地，阻击叛军，战功也很显赫。但是他是汉景帝皇位的最大竞争者，朝廷中有那么一帮人撺掇着要立他为汉景帝的接班人。李广私自接受皇帝竞争者的将军印，他想做什么？要服从梁王的指挥了？李广政治幼稚就幼稚在这个地方，主动站到了皇帝的对立面去了，最后落了个有功不能赏的下场。有些错误是永远都不能犯的，犯了一次你这辈子都完了。李广的错误没那么严重，但在整个汉景帝时期他升官封侯算是彻底没戏了。

李广之后历任上谷、上郡、陇西、北地、雁门、代郡、云中等地太守，以与匈奴硬拼闻名。而和他一起参军的堂弟李蔡才能中下，素质比不过李广，却发展得比李广要好。最初他和李广都因为军功进入汉文帝的禁卫侍从行业，之后就脱离军队第一线担任武骑常侍，走了高层路线。汉景帝初年，李蔡就位列高官行列，走在了李广前面。

汉武帝即位后，很赏识李广的盛名，调李广为未央宫卫尉。李广的政治春天来了。

汉武帝筹划的第一次反击匈奴的大战役是马邑战役。汉朝伏下重兵，准备围歼南下的匈奴。李广以骁骑将军身份率军埋伏在那等待匈奴钻进口袋里，封爵晋升仿佛指日可待。结果，多疑的匈奴单于发现了破绽（汉朝人没经验，都去埋伏了，放着漫山遍野的牛羊不管，不让人生疑吗？），中途退兵。伏击计划中途夭折。李广只好无功而返，第二次错失良机。

汉武帝不久给了李广第三次封侯立功的良机。公元前 129 年，汉武帝遣李广、公孙敖、公孙贺和卫青四人率大军，兵分四路迎击匈奴。战前，君臣都很看好排名第一位、声名最高、资历最深的李广。结果李广全军覆没。他迫切要建功立业，树大招风，被匈奴作为头号敌人来迎战。匈奴单于"久仰"李广威名，下令匈奴务必生擒李广。于是匈奴集中数万精兵围歼了李广的部队，李广受伤被俘。匈奴人将昏厥的李广放在两匹马中间的网袋里，拖着往回走。李广途中醒来，斜眼瞧见旁边不远有个匈奴兵骑着一匹好马，计上心头。趁敌人不备，李广突然跃起，推下那个匈奴骑兵，抢了战马南逃。匈奴人紧紧追赶。李广边跑边射杀，回头一箭射死一个追兵，最终逼退追兵。回国后，李广别说封赏了，因为全军覆没按律当斩，付了赎金后被废为庶人。因为李广拖住了匈奴的主力部队，排名最后、初出茅庐的卫青长途奔袭匈奴得手，一战成名。

几年后，匈奴攻破辽西，大败汉军，北方告急。汉武帝起用李广镇守右北平，匈奴人敬畏李广，几年不敢骚扰右北平。公元前 123 年，李广被重新封为将军，随卫青出击匈奴，还是没能建功。堂弟李蔡则在之前任轻骑将军，随卫青出兵朔方击败匈奴右贤王，俘获大量人口和牲畜。李蔡因这次战役的显赫战功受封安乐侯，不久升任御史大夫，位列三公，完全把李广抛在了后面。元狩二年（前 121 年）丞相公孙弘死了，汉武帝选择李蔡做自己的第二个丞相。他担任丞相四五年间，协助汉武帝治吏、改币、统禁盐铁等，中规中矩。事实上，汉武帝选择李蔡，并非看中他的能力或者想法，恰恰是因为他平庸安分、循规蹈矩。

李蔡当了丞相，陇西李家一跃成为当世的名门望族。

李广深知兄弟能力高低，看到李蔡成了一人之上万人之下的丞相，自己蹉跎了大半生，年近六十，心里的不好受不用言表。

公元前 120 年，李广率兵四千出右北平，和张骞所部分兵作战。结果李广受到了匈奴一如既往的"高度重视"，被四万匈奴精锐包围。汉军很害怕，李广当众让儿子李敢杀入敌阵查探敌情。李敢率几十名骑兵杀出包围又杀了回来，故意高声向李广报告："匈奴军战斗力不强。"军心安定了下来，李广布成圆形阵势来抗敌。激战中，箭如雨下，汉兵死伤过半，箭矢也快射光了。李广手持强弩"大黄"射杀匈奴裨将多人，稳住了阵脚。一直杀到晚上，汉军士气低落，李广来去自如，加紧整饬军队。这样坚持了一天一夜，汉军弹尽粮绝，败局已定。好在张骞带领一万骑兵及时赶到，解救出了李广。李广又失去了一次建功立业的机会，汉武帝考虑到他浴血奋战杀敌众多，功过相抵，不赏不罚。

至此，李广伤痕遍体，年到花甲，看似不能再上马杀敌了。照例，他的征战生涯要结束了。汉语中产生了一个专门的词来形容李广的窘境：李广难封。客观地说，不是汉武帝不想提携李广，而是李广身经百战，实在是没有达到裂土封侯的标准。然而同时起步的堂弟李蔡就不用说了，李广的许多部下也被封侯，官职也踏步向前。

李广对自己的能力很自负，心气很高。年纪大了后，人就喜欢占卜问神。李广对封侯念念不忘，去问望气算命的王朔为什么自己终生追求封侯却不能如愿。"自从反击匈奴以来，我参加了每一场战役。各部军官，才能在我之下的，因军功受封侯爵的有数十人。我打仗时从不落在他人后面，为什么没有尺寸之功封侯呢？难道这就是我的命吗？"能言会道的王朔也实在找不出李广的运气为什么会这么"背"，就问他："将军你想想有没有做过什么后悔的事？"李广想想说："我当陇西太守时，诱降了造反的羌族人，却出尔反尔围杀了他们。"王朔好不容易找到这一个理由，就说"杀降"可能就是你不得封的原因。人如果找不出理由解释某件事，一般都会胡乱找些芝麻绿豆的小事当借口。

三

公元前119年，汉武帝发动漠北战役，倾全国之力希望彻底解决匈奴问题。

此次战役精心策划，由卫青、霍去病各率五万骑兵由定襄、代郡出击跨大漠，远征匈奴本部。经过多次交手，匈奴早已不是西汉帝国的对手。漠北战役的胜算很大。这是多少将士梦寐以求的良机啊！这也是年过六十的李广的最后一次机会了，必须抓住。但汉武帝并不想派李广出征。因为李广年纪太大了，而且威名在外，留在朝廷里当作"镇国之宝"威慑匈奴更好，汉武帝不想让他去冒险涉阵。李广苦苦哀求允许自己跟随卫青出征。汉武帝经不起李广一再请求，勉强同意他出征。暗地里，汉武帝找来卫青，告诫他说："李广年纪大了，急于求战，我们满足他的愿望，但你不能让他担任先锋，更不能委以重任，托付重兵。"

结果在作战安排上，李广和卫青产生了矛盾。卫青的安排是：公孙敖为先锋，自己率领主力跟进，从正面与单于主力决战；安排李广与赵食其领兵出东路，作为辅助。东路迂回难走，看起来也没什么立功的机会，李广自然是不愿意。这是他最后立功封侯的希望，卫青一开始就让这希望变得异常渺茫。李广心生怨气，听完行动安排后，既不争论也不说遵命，怒气冲冲地拂袖而去。

卫青的安排成了历史上一桩公案。拥护李广，为李广惋惜的一派批评卫青，认为卫青一开始就要把漠北之战的首功留给自己和亲信（公孙敖救过他的命），派李广走东路是挤对他。而且卫青还给李广规定了会合的日期，给李广日后的悲剧埋下了伏笔。所以，这一派认为卫青是挟私用人、嫉贤妒能的小人。拥护卫青的一派认为卫青完全是遵照汉武帝临行前的告诫办事。而且考虑到李广数十年的战斗经验，卫青对李广的弱点是清楚的。漠北之战倾注了汉朝的全部国力和朝野的殷切希望，关系国家安危，也关系前线将士的生死，卫青为人小心谨慎，最后不用李广而用公孙敖，并没有徇私枉法、陷害李广的意思。

李广赌气率军走了东路，部队在荒漠戈壁中迷了路，没有按期与卫青的主力会师。

会师后，李广闷闷不乐。汉匈最后一战结束了，从此"漠南无王庭"，匈奴远遁了。李广人生的最后一次机会丧失了。而且汉朝军法严峻，作战违期是重罪。李广郁郁寡欢，一回到大营就躲入军帐，不见人。在这个节骨眼上，大将军卫青做了一件更让人误解的事情。他派长史带着干粮酒食慰问李广，同时问问李广所部迷路违期的情况。李广年纪大了，资历高，本来就心情郁闷，现在看一个年纪轻轻、低好几个辈分的文官来质问自己，犟脾气上来了，对长史的问话不理不睬。卫青对李广的性情秉性还是没有摸透，长史回去后没法处理违期的事，卫青又让长史去催李广的部下来听候审问。这一下军营的动静闹大了，李广所部的校尉们都苦着脸被叫了出去。李广很护部下："我部下的校尉无罪，是我迷路的，责任在我。我现在就去自首。"李广召集部下，说："我李广与匈奴大小七十余战，这次跟从大将军与单于交兵，而大将军让我率部走迂回的远路，我迷路了。这些难道不都是天意吗？我已经六十多岁了，难道还要我去见那些刀笔小吏，啰啰唆唆地自我辩解吗？"说时迟那时快，李广"嗖"地拔出佩刀，自刎而死。一代名将，就此陨落。

李广部下痛哭流涕，卫青知道后也懊悔不已。李广享有盛名几十年，噩耗传出后认识不认识他的人都惋惜感叹不已。司马迁在《史记》中用"桃李不言，下自成蹊"来赞美百姓对李广的思念。桃树和李树都不会说话，但人们被他们的果实吸引自然在树下踩出了小路。西汉百姓同情、怀念李广就是在他身上寄托了击退匈奴、安居乐业的期望。

明代大儒王夫之评价李广"获誉于士大夫之口，感动于流俗之心"。李广生前"运气不好"，身后好评如潮。他的背运成就了他

"悲剧英雄"的盛名,千百年来受到官民的同情和怀念。每一个悲剧背后都有原因,不是凭空产生的。纵观李广的一生,悲剧很大程度上是自身素质缺陷造成的,并不全是运气不好。著名的《出塞》诗写道:"秦时明月汉时关,万里长征人未还。但使龙城飞将在,不教胡马度阴山。"李广"飞将军"之名能够长传至今,后世将领崇拜者甚至以能获称"小李广"而自豪,古今将领能有几人?

四

李广死后不久,长安城内发生了李敢刺杀卫青的案子。

李敢是李广的小儿子。李广有三个儿子,长子李当户、次子李椒都先他而死。李敢曾随父亲征战疆场,也曾随霍去病出击左贤王。他继承了父亲的高强武艺,没有继承父亲的"背运",力战夺匈奴左贤王的鼓旗,斩首众多,被赐爵关内侯,食邑二百户,年纪轻轻就实现了父亲一辈子没实现的夙愿。

李敢为什么要刺杀大将军卫青呢?

因为他觉得父亲是被卫青害死的。卫青先是断了李广封侯的最后希望,再让李广走难路,故意拿期限压他,最后派刀笔小吏逼李广自杀。所以,李敢趁卫青不备行刺,但没有成功,仅仅刺伤了卫青。我们知道卫青谨小慎微,在权力场上如履薄冰,最不希望出娄子。他对李敢行刺一事并没有声张,想把事情压下去。可这件事情闹得太大,还是传到了霍去病的耳里。霍去病可没有卫青那么低调,更不会韬光养晦,因此记恨李敢,欲先除之而后快。他瞄准李敢到甘泉宫参加皇家狩猎的机会,人来人往,寻机射杀了李敢。名将之后横死,总需要有个交代。汉武帝正宠信霍去病,还需要霍去病制衡卫青的势力,替他说话:"李敢是被鹿触死的,可惜了。"这件事情就这么掩盖过去了。

第二年(前118年),李敢的叔叔、丞相李蔡被扣上私自侵占汉景帝陵园前一块空地的罪名,被迫自尽了。还是那句老话,汉武帝是一个强权的皇帝,不能容忍强权丞相的存在。所以他执政时三五年就换一个丞相,李蔡只是其中的一个匆匆过客而已。

陇西李家就此从一个权势的小波峰上跌落了下来。

走投无路的"叛国者"

一

李广长子李当户留下一个遗腹子，叫作李陵。

李陵很有祖父李广的遗风，擅长射箭而且爱兵如子，深得部属的爱戴。此后，李陵继承了先辈的事业，奋战在抗击匈奴的前线。他曾率军深入匈奴腹地两千余里，侦察地形。之后，李陵有了正式官名：骑都尉，部下是丹阳郡五千名精兵（丹阳是现在的皖南地区，出精兵）。他带着这五千人在酒泉、张掖一带防备匈奴，同时教边防将士射箭。

天汉二年（前99年）秋，汉武帝又策划了一次对匈奴的大规模作战行动。李陵体面而有前途的生活在这次行动中逆转。

汉武帝的宠妃李夫人的哥哥、贰师将军李广利，想建功封侯。汉武帝特意策划了这次对匈奴的行动，让李广利率大军讨伐匈奴。为了增加大舅子的胜算，汉武帝派李陵率领本部人马，侧击匈奴，掩护李广利的主力。李陵心气和爷爷一样高，对这样的安排很不满，坚决辞谢。他上疏汉武帝说："臣所率领的边防官兵，都是荆楚勇士奇才剑客，力能擒虎，百射百中。我愿率本部兵马，直捣单于主力，不一定只配合贰师将军作战。"为了增加说服力，李陵立下豪言壮语："愿以少击众，步兵五千人涉单于庭。"汉武帝是个喜欢豪言壮语的热血君主，很赞赏李陵的态度，同意李陵独立率军出击匈奴，还派遣弩都尉路博德率部接应他。路博德的资格很老，曾经当过伏波将军，如今被贬官做了弩都尉，又被安排给小字辈的李陵当助手，心里老大不愿意。他不想干，上疏汉武帝说："现在正是秋天，匈奴马肥兵强的时候，并不是出征的好时机。臣愿意和李陵一起留到明年春天，再各率本部东西游击，到时肯定能重创匈奴。"汉武帝不喜欢臣下违逆他已经做出的决定，怀疑李陵不想出兵，教路博德上疏推辞，大怒不许。李陵知道情况后，为了证明忠诚和勇敢，不得不在准备不充分又没有友军支援的情况下匆忙率军出发，向匈奴深处前进。

李陵部队深入沙漠，进军迅速，一个月后在浚稽山（今蒙古国阿尔泰山）与匈奴单于的三万骑兵遭遇。汉军处于绝对劣势。李陵临危不乱，将辎重车环列在军营四周，在最外圈布置士兵持戟盾，中间的士兵持弓箭，严阵以待。匈奴最初欺负汉军势弱，用骑兵围攻。李陵等骑兵近前，突然撤去盾牌，千弩齐发，骑兵应声倒地。匈奴军被迫退走，又被追杀了数千人。单于终于认识到了被围住的李陵所部的厉害，增调匈奴各部约八万人参加围攻。李陵只好突围南逃。一路上且战且退，汉军死伤惨重，只有重伤者才能上车，一般伤员推车前进，轻伤者继续肉搏。就是这样，李陵一军还斩首三千多匈奴兵。

李陵部队向东南撤军，十多天后抵达一片大泽中。汉军退入沼泽中休整。泽中多芦苇，匈奴顺风放火，李陵就命令在里面放火，烧掉周围的芦苇隔断外面的火势，存活了下来。在之后的混战中，李陵亲手射落单于，单于受伤而退。

匈奴军连续半个月围追进剿都没有消灭李陵所部，还损兵折将，现在又看离汉朝边塞已经很近了，单于萌生了退意。他还担心："这支部队肯定是汉朝的精兵，追了这么长时间都没有拿下，反而日夜吸引我军靠近汉朝边塞，不会是有伏兵等着我们吧？"一部分将领很赞同，也担心被李陵诱入伏击圈。但有人有另一种担心："大单于亲率数万骑兵追击几千汉军，没有成功主动撤退了，如果消息传出去，我们匈奴还不被别人看轻了啊。"单于没办法，只好硬着头皮再战，又留下了几千尸体。至此，单于不管别人的闲话了，准备撤军。

李陵这支孤军浴血敌后，早已危在旦夕，匈奴一旦撤军就可转危为安了。

就在这时，一个小人物的投降改变了历史。李陵部下有个叫管敢的军候，曾被校尉侮辱，愤而投降了匈奴。管敢带来了李陵军队的实际情况"军无后救，射矢且尽"，只剩下李陵自己和成安侯韩延年各率领的八百人还保有战斗力，如果匈奴集中精锐围射很容易破敌。单于闻之大喜，加进猛攻，并让人大呼："李陵、韩延年快降！"匈奴军队抢占高地形，与汉军四面对射，箭如雨下。李陵仓皇南撤，一日用完了五十万支箭，陷入了山穷水尽的绝境。汉军还有三千出头，一半不能战斗，另一半没有刀枪弓箭，只能用短刀、车辐做武器，被匈奴围困在一个峡谷内。匈奴堵死了峡谷，居高临下投石。李陵最后的时刻到了。

李陵长叹道："兵败了，我的死期也到了！"部下劝道："将军威震匈奴，失败只是天命不遂。不如寻找小道突围回国，天子会理解的。"李陵摇头说："你们别说了。我不死，就不是壮士。"于是，李陵下令斩尽旌旗，掩埋珍宝，做最后一搏。李陵感叹说："我又找到了几十支箭，足以突围用的了。今天夜色已晚，不会再有大战了，是突围的有利时机，如果等到天明就只能束手待毙了。我们作鸟兽散了吧，如果有人突围成功，就把我们的情况报告天子。"夜半，李陵与韩延年各率壮士十多人突围，遭到数千匈奴骑兵围追。韩延年战死，李陵奋战多日，精疲力竭，浑身鲜血淋漓，叹道："无面目报陛下。"他没有像一般英雄故事那样发展，慷慨就义或者拔刀自刎，反而放下刀，投降匈奴了。

李陵本部兵马几乎全部战死。五千多人中最后只有四百多人回到汉朝。

纵观李陵从出征到全军覆没投降的过程，李陵虽然投降了，但孤军苦战，以五千余人杀敌上万人，战果明显。而且李陵身先士卒、浴血杀敌，指挥也是得当的。被汉武帝寄予厚望的李广利则坐拥重兵，无功而返。相比之下，我们是该称赞李陵呢，还是李广利？

如果当李陵所部还剩三千人的时候，汉军能够及时增援救出他们，那么李陵就可以作为英雄凯旋；如果战前朝廷能够通盘谋划，精心准备，李陵凯旋的可能就更大了。可惜，李陵没有友军、没有后援，有的只有数十倍于己的敌军。

李陵在最后时刻是贪生了，投降了，但责任并不全在他。

二

　　李陵尚未被匈奴精锐合围的时候，曾派部下校尉陈步乐向朝廷汇报本部战况。

　　陈步乐当时汇报的情况还很正面，很乐观，大抵是本部遭遇匈奴、奋战杀敌、毙敌众多等。汉武帝听到报告很高兴，大大褒奖了李陵和陈步乐一番，并向大臣们宣称备下高官厚禄等待李陵凯旋。大臣们见皇帝肯定，也跟着大赞李陵。

　　战况后来急转直下，陆续传来的零星消息描绘了李陵所部被围追直至全军覆没的漫长过程。汉武帝是个好大喜功的皇帝，最不愿意听的就是军队败绩。他无处发火，多次找陈步乐来质问。陈步乐就是一报信的，哪知道之后的情况，无言以对，被汉武帝质问得惶惶不可终日。对于李陵本人的最后遭遇，汉武帝是放心的。李家世受皇恩，将门世家，祖辈又是血性汉子，肯定会兵败殉国。汉武帝根本就没往李陵会投降匈奴方向想。等到消息确定李陵所部全军覆没后，汉武帝还按惯例，接见了李陵留在汉朝的母亲和妻子，表示慰问。

　　后来，晴天霹雳传来：李陵投降匈奴了！

　　汉武帝大怒。李陵战败就已经够他难过的了，现在人都投降了，简直是打破了他对武将要求的底线。他先是痛责陈步乐，陈步乐惶恐至极，自杀了。那些见风使舵的大臣纷纷转换腔调，痛批李陵不忠不孝，都说李陵降敌罪不容诛。大臣中只有太史令司马迁设身处地为李陵着想。司马迁劝谏说："李陵对母亲极孝，诚信带兵，奋不顾身以殉国家之急。他平常所为，有国士之风。如今李陵以区区五千士兵，深入戎马之地，抑数万之师，杀得匈奴救死扶伤应接不暇，不得不集中全力围攻他。他转斗千里，矢尽道穷，士张空拳，冒白刃，北首争死敌，得人之死力，即使古代的名将也不过如此。他虽然战败了，但取得的战果也有目共睹。李陵最终没有以死殉国，可能是寻机报答汉朝吧。"汉武帝正在气头上，根本听不进去公允的意见，还迁怒于司马迁，将其下狱施了腐刑。司马迁树立了一个反面榜样，朝野臣工更不敢替李陵说公道话了。李陵一下子变成了人尽可杀的头号反派。

汉武帝冷静下来后，也意识到了李陵是在孤立无援的情况下战败的，意识到老将路博德使诈，有点后悔了。于是派使者慰劳逃回的李陵所部残军。

一年多后，汉武帝再次策划对匈奴作战，派公孙敖出征匈奴，其中最终的目的是寻找李陵并带他回来。结果，公孙敖无功而返，整个行动也空费物资，没有收获。公孙敖回来后报告说匈奴俘虏供称，李陵在匈奴中帮助单于练兵与汉军作战，所以汉军的这次行动才一无所获。李陵深知汉军底细，现在助纣为虐，成了汉军的头号公敌。汉武帝听说后又是震怒，招李陵的家人来看一点哀色都没有，竟然将李陵老母妻小全部诛杀。陇西士大夫都以李氏为愧，李家的声名因此败落了。

李陵在匈奴的生活如何呢？李陵投降后，单于大喜过望。匈奴人仰慕陇西李家世代为将的声望和李家子弟的英勇奋战，单于把自己的女儿嫁给了李陵，还封他为右校王。李陵并没有因为是降将而受到委屈。李陵听说李家被汉武帝族诛后悲痛欲绝。汉朝使者出使匈奴，李陵曾对使者说："我率领五千兵士横行匈奴，因为孤立无援而失败，并没有对不起朝廷的地方，为什么要诛灭李家？"使者说："族诛是因为朝廷听说你教匈奴练兵。"李陵说："的确有个叫李绪的人教匈奴人练兵，但不是我。"这个李绪本来是汉军的塞外都尉，投降了匈奴。公孙敖等人抓住的俘虏素质也太低了，连李陵、李绪都搞不清楚；也有人说这是公孙敖等人陷害李陵，为自己出师无功找借口。不管怎么说，李陵把满腔怒火发到了李绪头上，叫人暗中刺杀了李绪。事发后，匈奴大阏氏很生气，要杀李陵。单于很欣赏李陵，让他到北方躲了起来，等大阏氏死后再回来。

李陵在匈奴一共生活了二十五年，和匈奴妻子生儿育女，在政治上却没有什么建树。有史可查的政治活动只有两次。一次是征和三年（前90年），西汉与匈奴又一次大战。李陵率军参加了匈奴迎击汉军的作战。他所率领的匈奴军队和汉朝御史大夫商丘成所部在浚稽山作战。这浚稽山正是当年李陵被匈奴大军围困，节节失败开始的地方。这一次，汉军依然被匈奴军队围困，打了九日。但李陵显然没有使出全力与汉军作战，日子打够了，对单于有所交代了以后，主动撤军而去了。

李陵的第二个政治活动是劝说著名爱国使节苏武投降。

文人骚客最喜欢用同样没入匈奴的李陵和苏武的比较来尊苏贬李。

苏武是出使匈奴的汉朝使臣，坚定拒绝了匈奴的招降，被扣押了。匈奴用恶劣的生活环境企图消磨苏武的意志，逼迫他投降。冬天里，苏武在大雪封冻的沙漠啃草根和老鼠夺食，艰难地生存下去，依然守着已经褪毛的节杖。多少年来，人们用苏武的这个形象作为民族气节的代名词。

匈奴不断派人劝降苏武。其中最著名的说客就是右校王李陵。

李陵和苏武在汉朝的时候就认识，交情不错。他跑了好远的路到北海（现在的贝加尔湖）地区看在那独自牧羊的苏武。李陵是怎么劝说苏武投降的，我们无法考证了。后人猜测大约是两人喝喝酒叙叙旧，还互赠了几首诗（这些诗存于《昭明文选》和《艺文类聚》等书，但被怀疑为后人伪托）。李陵在这些诗中没有招降苏武，而是大谈自己的投降心情。李陵刚投降的时候，"忽忽如狂"，情绪不稳定，终日在营帐中"闻悲风萧条之声"。"凉秋九月，塞外草衰。夜不能寐，侧耳远听，胡笳互动，牧马悲鸣"，"身之穷困，独坐愁苦，终日无睹，但见异类"；"自痛负汉，加以老母系保宫"。后来听说家人被抄斩了，而且"陇西士大夫以李氏为愧"，李陵在汉朝家破人亡，身败名裂了，彻底断了归国的可能性。苏武很耐心地听完了李陵的啰唆，没有批评也没有同情。李陵喝完酒，给苏武留下了许多吃穿物资和照顾他的匈奴女子，默默地离开了。

苏武自然没有被劝动投降。李陵不像是一个说客，而像是一个倾诉者，希望苏武如果有机会回国，能够将自己的真实感受告诉国人。苏武后来被放回汉朝，受到了英雄般的欢呼。苏武在朝中为李陵讲了几句话，但在汉武帝钦定了李陵铁案的情况下他也不好多说什么。

汉武帝死后，年幼的汉昭帝继位，大司马大将军霍光、车骑将军金日磾和左将军上官桀三公辅政。霍光、上官桀两人是李陵的老朋友，很感慨他的遭遇，虽然不可能肯定李陵的投降，但很同情。他们派出李陵的老朋友陇西任立政等三人专程去匈奴招降李陵。任立政对李陵说："新皇上登基，大赦天下了，霍光、上官桀二人主事，希望你能回去。"李陵说："*吾已胡服矣！*"自己已经渐渐习惯了匈奴的生活，而且匈奴人用人不疑，委以重任。如果要回到汉朝，就得背叛匈奴，再当一次"叛国者"，"丈夫不能再辱"。李陵最终选择留在匈奴。元平元年（前74年）李陵病死在了漠北。

现在叶尼塞河上游的阿巴坎旧坚昆之地保留有汉式宫殿遗址。考古学家认为离中原千里之遥的此地极可能就是李陵后半生的归宿。

割据陇西成一霸

李陵之后,陇西李家在南北朝早期又出了一位遗腹子李暠。

李暠是西汉李广的第十六代孙子。李陵家族被抄斩后,部分陇西李氏迁徙到河西走廊居住,重新发展为河西大姓。李暠继承了家族遗风,学习武艺和兵法,走武将路线。和先辈不同的是,李暠性格沉敏宽和,精通经史,在文章行政上的造诣也很高,算得上是文武双全,气度不凡。

这样的文武全才最需要一个乱世来建功立业,李暠就幸运地遇到了西晋王朝崩溃后天下纷争的乱世。中央王朝崩溃后,军阀段业自称凉州牧、建康公,割据河西。他任命李暠为效谷县令,后又升为敦煌太守。后来沮渠蒙逊攻杀段业,建立了北凉割据政权。段业死后,河西的汉人群龙无首,李暠门第高、职位高,就被段业的余部推为大都督、凉公,与沮渠蒙逊对峙争夺河西。400 年,李暠正式建立西凉政权,定都敦煌。西凉的疆域垄断了河西走廊的西部,和东北的沮渠蒙逊争斗不已。

李暠建立西凉政权,还是以晋朝的地方政权自居。这固然有扯大旗的想法在,但李家世代忠良的家风也不无影响。405 年,西凉遣使奉表于晋,千里迢迢前往南迁建康的东晋。使臣所带的表书是李暠亲自写的。在表中,李暠论述了天下动荡、少数民族入侵的混乱局面,"微臣所以叩心绝气,忘寝与食,雕肝焦虑,不遑宁息者也"。河西虽然和朝廷远隔千山万水，但和中原大地互为唇齿。河西是连接中原和西域的桥梁，离不开中央王朝强大势力作为后盾。朝廷也需要河西稳定、威慑西域。李暠虽然在朝堂上默默无闻，在海内没有崇高的声望，可被众人推举为首领，"冀仗宠灵，全制一方，使义诚著于所天，玄风扇于九壤，殉命灰身，陨越慷慨"。李暠的表写得情深意切，相信确有深情贯彻在表中。讽刺的是，这第一次遣使没有结果而返回西凉。李暠又在两年后第二次遣使到东晋，仍未获成功。而攻打西凉的政敌北凉却成功得到了东晋王朝的册封。

西凉王朝最大的威胁是北凉的进攻。北凉王沮渠蒙逊经常派兵骚扰。西凉处于劣势，405年李暠迁都酒泉，全力对付北凉。在酒泉，李暠积极整军修武，多次抵御住北凉的进攻，迫使北凉同意订约罢兵。从此以后，西凉在河西维持了乱世中局部的安宁局面。有了安宁环境后，西凉全力搞好内政。河西长期战乱，满目疮痍，地广人稀。李暠的内政从招揽流民开始，补充郡县人口，恢复生产；军事上在边关屯田，寓兵于农，既积蓄钱粮，又威慑敌人和西域各国。西凉也提出"东征"的口号，但没有实施，只停留在口号阶段。西凉基本上是自保自守的割据政权。难得可贵的是，李暠在乱世中注重文化教育，吸引许多文人投靠西凉，敦煌城文化兴旺，为这座城市日后的辉煌奠定了基础。

李暠在位十七年，于建初十三年（417年）病逝，谥"凉武昭王"，庙号太祖。

李暠的二子李歆继位。李暠生前很重视子弟教育，谆谆教诲李歆要"节酒慎言，喜怒必思，爱而知恶，憎而知善，动念宽恕，审而后举"，要注意"众之所恶，勿轻承信。详审人，核真伪，远佞谀，近忠正"，在政治上"蠲刑狱，忍烦扰，存高年，恤丧病，勤省案，听讼诉。刑法所应，和颜任理，慎勿以情轻加声色。赏勿漏疏，罚勿容亲"。"从善如顺流，去恶如探汤。"简直是一篇个人思想总结。可惜说者有意闻者无心，李歆继位后把父亲的训诫忘得一干二净，背道而驰，推行严刑峻法、大兴土木，造成国内"人力凋残，百姓愁悴"。群臣苦谏，母后力阻，李歆都听不进去。李歆不仅胡搞，还好大喜功。420年沮渠蒙逊南征西秦，李歆带上三万兵马进攻北凉都城张掖，想趁火打劫，结果在途中被北凉打败。李歆被杀，酒泉沦陷。李歆的弟弟李恂退到敦煌，延续西凉政权。北凉大军蜂拥而来，引水灌敦煌。第二年，西凉政权人心涣散，李恂乞降不成，自杀身亡。敦煌失陷，西凉灭亡。

陇西李家以陇西为家，能在乱世出面保全故乡，创造了相对稳定的割据政权，值得肯定。

迟到的黄金时代

陇西李家自从在西凉政权时期当上了割据君主后,好运来了。

从秦代开始一直到南北朝,陇西李家维持了近千年的高声望,子弟长期参与征战,多有作为。拓跋鲜卑建立了中国历史上第一个少数民族王朝北魏,统一了北方。鲜卑民族君临中原的时候,需要向天下解释本民族的起源问题。遗憾的是,拓跋鲜卑对民族历史的记载很马虎,自我认识模糊。"自始均以后,至于成帝,其间世数久远,是以史弗能传。"即使在官修的史书中记载的鲜卑祖先,也无凭无据,传说而已。

人们于是给拓跋鲜卑找了一个祖先——李陵。一个少数民族怎么会是一个汉人的后裔呢?据说当年李陵的匈奴妻子叫拓跋。北方民族以母姓为部落名,李陵和拓跋的后人就衍生出了拓跋部鲜卑。最先提及拓跋鲜卑是李陵后代的是沈约。他在《宋书》中称:"索头虏姓拓跋氏,其先汉将李陵后也。"拓跋鲜卑人却很反感被称为李陵之后,反感到了谁说他们是李陵的后代就拔刀相见的地步。

为什么拓跋鲜卑没有确切的祖先,不找李陵为祖先呢?难道认李陵为祖先辱没了他们吗?的确是。拓跋鲜卑是以征服者的角色入主中原的,却被汉族人罩上了一个汉人祖先。中国古代历史的一个有趣现象是:少数民族以征服者角色进入中原,却在思想文化上被中原的汉文化征服,反过来成了被征服者。拓跋鲜卑从维护统治的心理出发，反感被扣上一个汉人祖先。至于李陵是否真的就是拓跋鲜卑的祖先，就难以考证了。很可能是汉族的文人在拓跋鲜卑需要找一个汉人祖先的时候，只有李陵既有崇高的门第又半生生活在匈奴地区，最符合要求。

拓跋鲜卑"追祖李陵"只是起了一个头。南北朝到唐朝，北方民族交融频繁，许多少数民族和名人都"挂靠"到陇西李家门下。其中最著名的就是唐朝的李氏皇族也被认为是陇西李家的后裔。

唐王朝的建立者李氏家族是汉族和西北少数民族的混血儿。李氏自称为西凉李暠的后裔。《名贤氏族言行类稿》记载："李，姓纂帝颛顼高阳之裔，颛顼生大业，大业生女莘，女莘生咎繇，为尧理官，子孙因姓理氏云……崇五代孙仲翔，生伯考，伯考生尚，尚生广也，广之后生唐高祖李渊。"《新唐书》的《宗室世系表》所列陇西李氏的世系表，更是详列自颛顼至唐高祖的世系更迭。这条谱系是：李广——李暠——李渊。李广的地位进入唐朝后大为提高，赞颂之词泛滥。许多唐朝大诗人都写过诗文赞颂李广。

李氏皇族都自认为是陇西李家的后裔，追祖李陵的现象迅速出现井喷。与拓跋鲜卑同根同源的贺兰氏随即表示自己是李陵的后裔。拓跋鲜卑反感被他人指为李陵之后，贺兰氏则以之为骄傲，骄傲地自称为李陵后裔。北方少数民族黠戛斯也自称是李陵后裔。黠戛斯的这个说法是有根据的。他们在《汉书》中被称为坚昆，秦汉时期为匈奴所役属，李陵降匈奴后被封为右校王，统领坚昆诸部，李陵的后世子孙很有可能就在此地繁衍。但是黠戛斯自称是李陵之后的目的很明显，就是"与国同姓""与唐同宗"，和李唐王朝攀亲，希望能够获得盛唐的更大支持。想来，贺兰氏的目的也是相同的。

  李广到李陵的各代子弟，包括更早的李信，命运中都有悲剧成分。李陵把家族的悲剧推向了顶峰，投降匈奴后滞于漠北。他与匈奴女子婚配，这本来是历史的偶然，却在唐朝的时候让后裔"满天下"。陇西李家因为这个原因突然迎来了迟到的黄金时代，不知道这是好事还是坏事。

忠君爱国的楷模

——诸葛亮、诸葛瑾、诸葛诞、诸葛恪、诸葛瞻家族三国时，韦昭在《吴书》中提到他们吴国的大将军诸葛瑾是政坛不倒翁，两个儿子诸葛恪、诸葛融皆典戎马，督领将帅，是本国首屈一指的豪门大家。更惊讶的是，诸葛瑾的亲弟弟是蜀汉的丞相诸葛亮，族弟诸葛诞是魏国的大司徒、淮南主将。诸葛兄弟权倾三国，天下荣之。他三人都是琅琊诸葛家子弟。豪杰辈出的三国时代已经远去了，但琅琊诸葛家族的辉煌历史和忠君爱国的形象却深深印刻在了中国传统文化之中。

诸葛亮的权力之路

一

隆中乡下的一间草堂中，年轻的诸葛亮和同样年轻的颍川石广元、徐元直，汝南孟公威三人一起坚持清贫的游学生活。

石广元等三人学习很刻苦认真，从早到晚啃着书本，务求将所学的内容熟记精通。诸葛亮学习起来则"从容"多了，只是翻翻图书的大概，有点不求甚解的意思。在空出来的时间里，诸葛亮就看着三个同学刻苦的样子，抱膝长啸，对他们说："你们三人，将来做官可以仕进到刺史、郡守的地位。"三人就问诸葛亮："你说我们能做到太守刺史，那你呢？"诸葛亮笑而不答，把目光转向窗外。很明显，诸葛亮意不在刺史郡守的层次，他是要做大事的人。

平日里，诸葛亮常常自比促成春秋首霸的齐国相国管仲和挽救燕国危亡局面的名臣乐毅。

就凭诸葛亮学习马马虎虎的样子，他也能出将入相、匡扶天下？石广元等人不相信，心里对诸葛亮的评价很不服气。据说，荆州读书人圈子里只有崔州平和徐元直两个人相信诸葛亮的话。

诸葛亮的学习没有循规蹈矩，但我们不能据此判定他就没学到什么东西。诸葛亮不求精细，只看书本大概，理清思路，抓住要点。也许他做不了专业教授，可知识面一点不窄，而且头脑很清醒。生逢乱世，什么素质最重要？著名历史学家黎东方曾经问民国元老于右任同样的问题。于右任回答，头脑清醒，懂得大局，最重要。可见，清醒的头脑和宽阔的眼光比具体的知识重要。那样的人识大局明大势，通常是朋友群的中心。孟公威是避难荆州的世家子弟，觉得在荆州受排挤，没有出路，要回北方发展，来请教诸葛亮。诸葛亮认为北方竞争激烈，留在南方不见得没有前途，提醒小孟同学要忍耐，求进取。孟公威不听，跑回北方后来担任了魏国的凉州刺史、镇东将军。石广元日后担任了太守、典农校尉。徐元直就是《三国演义》中大名鼎鼎的徐庶，也到魏国做了右中郎将、御史中丞。而诸葛亮成了蜀汉的丞相，成就高于几个同学，印证了年轻时期的判断。诸葛亮年轻时异于常人的真才实学可见一斑。

后世常言诸葛亮聪明过人，未卜先知，仿佛有特异功能。其实，诸葛亮只是时刻保持清醒的头脑，看得比较远、比较透而已。

有关诸葛亮早年经历最著名的描述是他在《出师表》中的那一句："臣本布衣，躬耕于南阳。"这只是一句自谦。实际上，诸葛亮既不是南阳人，更不是平民百姓出身。

《三国志·诸葛亮传》对诸葛亮早期生涯描述非常简略，说他是汉朝司隶校尉诸葛丰的后人。司隶校尉是负责京师及其周边地区行政、治安、军事的长官，比一般的省部级官员地位要高得多。可见诸葛亮也是世家子弟。他父亲叫诸葛圭，在东汉末年担任过太山都丞，这是郡一级的中级官员。诸葛圭早逝，诸葛亮等被叔叔诸葛玄抚养。当时诸葛家辉煌不在，诸葛玄远赴他乡谋生，出任大军阀袁术所任命的豫章（今江西地区）太守。诸葛亮兄弟随着叔父迁移南方。可惜，诸葛玄的官职不久为朝廷正式任命的朱皓所取代，他只好去投靠旧友刘表，并在诸葛亮十七岁的时候死在了荆州。叔父死后，诸葛亮才迁移到荆州隆中定居下来。

诸葛亮属于从北方流落而来的外来户。当时，刘表成功地取得了荆州本地地主力量的支持，统治荆州长达十八年。对于外来户，刘表政权除点缀几个政治花瓶外，绝大多数闲置不用——这也是孟公威返回北方的重要原因。诸葛亮一来就加入了多数失意的北方世族子弟队伍。可他没有消极下去，而是在短短的十年时间里（198到207年）成功融入了荆州统治阶层之中。诸葛亮的方法很简单，就是见缝插针地钻入其中。

荆州襄阳一带世族大家云集。支持刘表的主要是本地世族势力蒯家和蔡家。蒯良、蒯越掌管荆州行政财政，蔡瑁控制荆州军队。刘表还与蔡家联姻。除了这两大世族外，荆州还有庞家、黄家、马家、习家。各家相互联姻，如习祯将妹妹嫁给庞家子弟庞林为妻，蔡瑁迎娶黄承彦的姐姐为妻，结成错综复杂的关系网络。诸葛亮在"谈笑有鸿儒"的同时也"往来无白丁"。他交游的都不是一般的书生或地主，崔州平、石广元都非凡人。诸葛亮还与当时的名家宗师交往。比如，对庞德公，"孔明每至其家，独拜床下，德公初不令止"。在世族大家圈子里混个脸熟后，诸葛亮得知一个极具价值的信息：本地大世族黄家的女儿嫁不出去了。黄家的女儿名硕，人如其名，黄硕身体壮硕，头发泛黄，皮肤黝黑，脸上还有雀斑疙瘩等。因此，到二十四五岁了依然无人问津。虽然黄硕是赫赫有名的荆州黄家女儿，但父亲黄承彦也开始发愁了。本地门当户对的世家子弟是没希望了，黄硕嫁给一个外来世族子弟不失为一个选择。诸葛亮一直觉得世族子弟的婚姻不应该只是普通的夫妻结合，他敏锐发现了其中的利害关系。于是，诸葛亮极有可能通过"小道"传达出了对黄家小姐的"爱慕"之心。黄承彦喜出望外，丑女儿终于不愁嫁了！琅琊诸葛家也算是官宦人家，诸葛亮知书达理，仪表堂堂，黄家与诸葛家联姻并不离奇。于是，根据《三国志》集注和其他相关记载，黄承彦老头抢先到诸葛家探班了。诸葛亮欣然应允，迈出了进入荆州上层的关键一步。

诸葛亮迎娶了黄硕，几位姐姐都嫁给了荆州的大族。大姐嫁给了荆州蒯家的蒯祺，庞家庞德公的儿子庞山民迎娶了诸葛亮的二姐。诸葛亮成功地成为横跨南北世族系统的人物。我们现在来看看诸葛亮的人际关系网：叔父诸葛玄是刘表的旧友；沔南名士黄承彦是自己岳父；主政的蒯家是大姐的婆家，掌军的蔡瑁是自己的妻舅；庞家是二姐的婆家。通过这些直接关系的转折，诸葛亮又和马家、习家等牵连上了关系。与诸葛家是世交的刘表因为娶了蔡家的女儿，亲上加亲成了诸葛亮的表舅舅。如此的社会关系网，随便炫耀一下都可能吓趴下真正"躬耕南阳"的布衣。诸葛亮的声望和地位飞速跃升。先是喜欢品评人物、在荆州说话够分量的岳父首称孔明为"卧龙"，将另一位世家子庞统称为"凤雏"。诸葛亮通过庞家又认识了庞德公的好友，学问和声望都很高的颍川司马徽。司马徽字德操，人称"水镜"，以善于识人著称，也收徒讲学。司马徽的学生中有向朗、尹默、李仁等日后的名人。诸葛亮与司马徽的关系介于师友之间，可能也随后者学习过。

建安十二年（207年），落难荆州新野的军阀刘备从司马德操处得知此处有卧龙、凤雏两位俊杰。他要在荆州立足，需要招揽人才。诸葛亮的声名和关系网让刘备认定这个年轻人是最佳招揽人选。年近半百的刘备主动去找足足比自己小二十岁的诸葛亮（也有人说是诸葛亮主动投靠刘备的），他有没有"三顾"，说法不一，我们也没法考证。但可以确定的是，诸葛亮当时住的肯定不是"茅庐"。即使屋顶上有几株茅草，也是附庸风雅添上的。

诸葛亮和刘备见面，总要显露才华让主公看看。他一上来就分析天下局势，虽然闭门读书，但诸葛亮对窗外的局势一清二楚。当时的天下豪杰并起，最值得注意的是曹操和孙权两大势力。其中曹操统一了北方，"拥百万之众，挟天子而令诸侯"，刘备不能与他争锋；孙权集团在江东的统治已经稳固，"国险而民附，贤能为之用"，可以用作援手却不能打他的主意。诸葛亮一开头就精确地分析了当时的天下局势，看得非常清楚透彻。更难能可贵的是，诸葛亮预测到了曹、孙、刘三大集团鼎立天下的未来局势。那么，刘备应该怎么办呢？诸葛亮建议刘备占据荆州和益州地区。荆州交通便利、位置重要，益州沃野千里、资源丰富还易守难攻，都是干事业的理想地盘。刘备既没地盘又没兵，但他顶着皇叔的金字招牌，名声不错。诸葛亮给刘备设计了"三步走"战略：第一步占领荆州和益州，取得立足点；第二步勤修内政，积蓄力量；第三步，也是最关键的一步是等"天下有变"的时候，兵分两路，进军中原：一路从荆州出发，指向中原地区；一路从四川北上，进攻关中地区。最后，诸葛亮给刘备描绘了一幅在"兴复汉室，还于旧都"的旗帜下,"百姓孰敢不箪食壶浆以迎将军者乎"的美妙前景。顺着诸葛亮的指引,刘备触摸到了"霸业可成,汉室可兴",自己升入云端的美妙感觉。

多少年了,刘备始终没有成功的信心——哪怕是手下人在纸上描绘的。当诸葛亮的宏伟蓝图清晰展开的时候,刘备确信自己捡到了一块宝。

后世的崇拜者将诸葛亮的这席高谈阔论美其名为《隆中策》。它成为蜀汉政权的纲领性文件,整个国家都是在《隆中策》的指引下运转的。遗憾的是整个战略最终没有取得成功。首先是刘备好面子,对占领由同宗兄弟刘表、刘璋拥有的荆州与益州下不了决心,磨磨蹭蹭的,而北方的曹操迅速南下,让刘备失去了全占荆州的良机。刘备势力最终只占领益州一地,但益州一地提供不了争霸天下的物质基础。更遗憾的是,曹魏的统治一直非常稳固,没有出现诸葛亮假设的"天下有变"的前提,第三步战略推行不下去了。然而作为一个战略计划,《隆中策》受到现实变化的影响是不可避免的,它体现出来的清晰思维、敏锐洞察和缜密推理,印证了诸葛亮的杰出能力。正是这样的能力,让诸葛亮崛起于乱世,奠定了家族兴旺发达的基础。

遗憾的是,尽管刘备非常欣赏诸葛亮,无奈当前的实力太弱,能够提供给诸葛亮的舞台太小。诸葛亮出山之初并没有太大的作为。即使是"尊刘尊诸葛亮"的《三国演义》也找不到诸葛亮参加工作之初的成绩,只能举两个无足轻重的例子:一是劝刘备压抑做手工活的兴趣,别老编席子帽子什么的,多花心思在政务上;二是帮刘备训练军队。实际情况是，小小的新野城没有多少政务可以让刘备全身心扑在上面，诸葛亮也没有去训练军队。资历最浅的诸葛亮在刘备集团中是新人，还轮不到他批评刘备，染指军队。

二

诸葛亮的真正崛起，全靠曹操为他创造的机会。那就是发生在208年的赤壁之战。

曹操大军南下，刘表集团望风而降。刘备放弃新野，逃往江夏方向。一行人逃到夏口后，惶惶不可终日，诸葛亮就对刘备说："事情紧急了，请让我向江东孙将军求救。"这时孙权拥军在柴桑，正对局势犹豫观望。危急关头，刘备集团只有这么一个潜在的援手了。诸葛亮于是作为刘备的全权代表去了柴桑。

刘备的年纪比诸葛亮大了一辈，而诸葛亮和孙权则是同龄人。他很清楚年纪轻轻、面临内忧外患的孙权的焦虑。一到柴桑，诸葛亮就拿话激孙权说："海内大乱，孙将军您和我家主公都起兵与曹操并争天下。现在曹操平定北方，破荆州，威震四海。我家主公英雄无用武之地，遁逃到夏口。孙将军您量力而行：如果能和曹军抗衡，就早点与曹操断绝外交；如果不能抵挡，还不如放下武器，向曹操称臣！当断不断，祸害马上就要到了！"孙权血气方刚，不服气地反问："那刘备为什么不投降曹操呢？"诸葛亮自豪地说："我家主公是王室贵胄，英才盖世。大家对他的景仰就像那滔滔江水，绵延不绝。我家主公坚决要抵抗曹军，怎么能甘居曹操之下呢！"

孙权被诸葛亮再一激，勃然大怒："我不能将全吴之地，十万之众，受制于人！我决定了。不是只有刘备才能抵挡曹操。"

只要老大下定了决心，明确了方向，具体的事务就好操作了。针对孙权对曹操"百万大军"产生的畏惧心理，诸葛亮驳斥曹操的虚假宣传同时适当夸大刘备和孙权的优势，帮孙权克服了畏战情绪。他说："我们的军队还有一两万人，江东更是兵精将足。曹操他们最多也就二三十万人，而且是强弩之末，势不能穿鲁缟，那就是一只标准的纸老虎啊。敌人除了吹牛啥都不会，就连游泳都不会，哪还能在长江里打水战啊？孙将军，您只要和我们联手，必定能够击败曹军。曹操被打破后，东吴的势力强盛了，到时候怎么分成咱们都好商量。"这些话句句都很中听，孙权坚定了迎战之心，派遣猛将大军联合刘备势力一道在赤壁这个地方与曹操大军恶战了一场。

其间略去草船借箭和借东风等若干事情不表——因为没有历史依据证明确有其事。

赤壁之战以刘备和孙权的胜利告终。诸葛亮成了本集团内拯救危难的头号功臣，还给集团带来了一个可靠的盟友，地位大大跃升。战后，刘备势力占领了荆州的南部，实力大增。诸葛亮出任了军师中郎将，负责零陵、桂阳、长沙三个郡赋税征调，掌握了本集团的财政和军需大权。在短短一年内，诸葛亮就从一个新人升为关键人物了。

建安十六年（211年），益州牧刘璋引狼入室，要求刘备率军队进入四川协助防备张鲁势力。刘备正觊觎着巴蜀大地，二话没说就去了益州，把刀插在了朋友的两肋上。这边打得正欢，那边刘备留诸葛亮和元老关羽镇守大本营荆州。刘璋势力很大，刘备一下子打不赢，带的人又不够，就招呼诸葛亮带着张飞、赵云等率人溯江而上，进攻四川。诸葛亮一路平定四川东部，和刘备共围成都，最终收复整个益州。战后，诸葛亮因功升为军师将军，代理了刘备挂衔的左将军的事务，地位进一步提升。诸葛亮现在有多重要了呢？刘备外出的时候，都留诸葛亮镇守成都，负责提供军队和粮草。诸葛亮马马虎虎算得上是一个二把手了。

等到延康元年（220年），东汉王朝被曹操他儿子曹丕给篡夺了，四川的大小官员就劝刘备称帝。好面子害死人，刘备到这时候了还磨磨蹭蹭，不愿意做皇帝。诸葛亮去劝说，不说官话套话，一句话说中要害："士大夫随大王久勤苦者，亦欲望尺寸之功。如纯言耳。"意思是，我们这些手下人跟随您勤勤苦苦，都希望有所"收获"，可只有您老人家"更上一层楼"我们手下人才能进步发达啊。刘备被这么一劝一逼，终于登上了帝位，成了蜀汉开国皇帝。他任命诸葛亮为丞相，全权负责政务。张飞死后，他的领司隶校尉也转给了诸葛亮。

至此，诸葛亮登上了权力的巅峰。

炼成千古楷模

一

诸葛亮最初的丞相是一个虚位的丞相。因为上面有刘备这个强势的君主,周边有关羽、张飞等手握大权、深得刘备信任的元老,诸葛亮的权力受到了极大限制,类似于蜀汉政府的最高办事员。

刘备之后一意孤行,倾全国之力伐吴,结果惨败而归。逃回到永安,刘备的生命走到了尽头。章武三年(223年)的春天,刘备和诸葛亮上演了一出"永安托孤"。

"永安托孤"这出戏很有名,正史记载得很简略[①],后世描述的主要情节是刘备弥留之际,把国家和儿子刘禅托付给了诸葛亮。除了给诸葛亮国家大权外,刘备还夸奖诸葛亮才能出众,如果儿子

---

① 《三国志·后主传》说:"先主病笃,托孤于丞相亮,尚书令李严为副。夏四月癸巳,先主殂于永安宫,时年六十三。"《三国志·诸葛亮传》说:"章武三年春,先主于永安病笃,召亮于成都,属以后事,谓亮曰:'君才十倍曹丕,必能安国,终定大事。若嗣子可辅,辅之;如其不才,君可自取。'亮涕泣曰:'臣敢竭股肱之力,效忠贞之节,继之以死!'先主又为诏敕后主曰:'汝与丞相从事,事之如父。'"《诸葛亮集》说:"临终时,呼鲁王与语:'吾亡之后,汝兄弟父事丞相,令卿与丞相共事而已。'"后人对刘备托孤事件的认识就是以这几段记载为基础的。

刘禅不能辅助的话可以自立为王，诸葛亮则表示竭死效忠，堪称是君臣相知友爱的楷模。然而，这样的描述对于分析这一将诸葛亮推上强权高峰的事件，太过简略了。

刘备为什么要把国家大权和儿子都托付给诸葛亮呢？

蜀汉阵营主要由三个派系组成，关羽、张飞、简雍、糜竺、糜芳、赵云等人加入最早，是刘备的原从派系。但是这一派系人数有限，掌握的军队和政权也非常有限。到章武三年，赵云是原从派系中硕果仅存的"大佬"。刘备到荆州后，争取到了荆州大世族势力的支持，庞统、马良、马谡、黄忠、伊籍、诸葛亮、张南、冯习等人都投入了刘备阵营。这些人人多势众，组成了作为蜀汉政权支柱的荆州派系。荆州派系支持刘备进取四川，在关羽失荆州后则支持刘备攻吴。四川的多数世族在刘备执政后也转而支持蜀汉政权，法正、张松、孟达、黄权、刘巴、李严、吴懿等人组成了四川派系。刘备托孤之时必须取得控制军队和政权多数的荆州派系的支持。诸葛亮是荆州派系的核心人物之一，满足了这个最重要的要求。其次，蜀汉人才凋敝，诸葛亮是战后声望、功绩最高的人。刘备东征之前，庞统、法正、关羽、张飞、黄忠就已经先后亡故。东征失败，张南、冯习战死，马良遇害，黄权被迫投降魏国。战后声望和资历甚高的司徒许靖、尚书令刘巴以及骠骑将军凉州牧马超和刘备的妻舅、安汉将军糜竺相继去世。蜀国已经没有人可以在功劳和名望上与时任丞相的诸葛亮相匹敌了。

所以刘备面临的不是挑选谁为"政治委托人"的问题，而是如何让诸葛亮这个唯一人选在自己死后尽心辅助幼儿，延续政权的问题。正史的说法是刘备以情动人。他一方面告诫儿子对诸葛亮要"以父事之",要像对父亲一样尊重诸葛亮,听从诸葛亮;另一方面,他又当众大大夸了诸葛亮一番,推心置腹地说如果刘禅可以辅佐,你就辅佐他;如果刘禅实在不成器,你就取而代之吧。"君才十倍曹丕,必能安国,终定大事。若嗣子可辅,辅之;如其不才,君可自取。"诸葛亮感激涕零,当场表示要忠心事主。

可承诺毕竟是苍白无力的,刘备人都死了怎么约束诸葛亮呢?刘备临终前设计了复杂的权力结构,对诸葛亮进行实质限制。首先,刘备召见诸葛亮的同时召见了尚书令李严,任命诸葛亮为"辅命大臣"的同时也让李严"同为顾命"。李严成了刘备寄予厚望的股肱之臣。李严是荆州南阳人,曹操攻打荆州时任秭归县令的他弃官入蜀投奔刘璋,任成都县令,转变为四川势力人物。刘备伐蜀,李严率部投降刘备,在蜀汉政权中历任将军、太守。在地方官任上,李严表现出色,"吏民悦之"。章武二年(222年)秋,刘备伐吴败回,征召李严到永安宫,由太守提拔为尚书令。李严带领蜀汉政权不多的主力之一(川内地方军队)来到川东,实际负责刘备行营的大小事务,在"接班"架势上和诸葛亮有一拼。刘备最终还是选择诸葛亮为头号辅命大臣,而让李严"同为辅命大臣","中都护、统内外军事",留镇永安。这样的权力结构正好让诸葛亮和李严互相制衡,防范丞相诸葛亮专权。

刘备最后召见了原从派系的代表——赵云。刘备的事业因原从派系而起。赵云是反对刘备的伐吴决策的,因此没有参与东征,率领本部兵马驻扎在江州,聚拢着原从派系的最后血脉。战败后,蜀汉政权全赖这支生力军在川东稳住阵脚。随着后继乏人，原从派系的衰落是难以避免的。现在刘备深情地嘱托赵云继续照看刘禅，关心朝政。这段嘱托给了赵云非正式的"辅命大臣"地位。作为三派中最弱的一派，原从派系非常适合扮演"关键少数"的角色。赵云的威望和控制的军队就像是隐藏在花丛背后的大炮，时刻对诸葛亮产生着威胁。

如此三权制衡，看来，刘备还是希望诸葛亮在他死后依然做蜀汉的头号办事员，做好儿子刘禅的管家。可惜，诸葛亮不会这么做。

二

刘禅登基后，"封亮武乡侯，开府治事。顷之，又领益州牧"。

和许多进入了权力场就难以自拔的人一样，诸葛亮也不愿意做简单的办事员。他要把崇高的丞相地位和强大的实际权力结合起来。

怎样才能摆脱刘备的临死设计呢？诸葛亮找到了一个理由，一个口号，名正言顺地将全国的权力集中到自己的手中。这个口号就是"兴复汉室，还于旧都"，全国上下思想高度统一于此。复国的号召是刘备提出来的，而且与汉贼不两立，谁都不能反对这个口号。于是，蜀汉以汉朝正统自居，一切言论和宣传都以北伐复国为基调。在国家建设方面，蜀汉的主要精力放在北伐中原上。人口不满百万的蜀国竟然保持了一支将近十万人的常备军队。既然是谁都不能反对的国家大事，诸葛亮丞相就能堂而皇之地聚拢全国的权力。成都的"政事无巨细，咸决于亮"。诸葛亮以首席辅政大臣的身份全权处理军政大事。他北和羌胡，平南蛮，联合东吴，北上伐魏，大展英才。诸葛亮成为前所未有的权相。

李严在刘禅登基后，也获"封都乡侯，假节，加光禄勋"，但在与诸葛亮集团的斗争中逐渐处于劣势。回顾李严集团败亡的过程，原因不是诸葛亮太狡猾，而是李严能力太差了。

建兴三年（225年），诸葛亮率众南征，几乎征发了各派所有力量。平定南方战乱是国之大事，李严集团没有反对这个安排。因此到了第二年，诸葛亮集团继续采取了行动。"以诸葛亮欲出军汉中，严当知后事，移屯江州，留护军陈到驻永安"。江州属于内地，战略地位不如永安。尽管李严的军衔升为前将军，尽管李严表面上依然节制陈到，东部事务"皆统属严"，但李严的实际地位下降了。同时需要注意的是，诸葛亮以出军汉中为理由，开始以军事行动优先于政治和人事安排。既然如此，李严只好降低姿态，转而全力经营江州，修筑巴郡，希望建立一个能够与成都相敌的根据地。

李严采取了两次大行动。第一是根据《诸葛亮集》的记载，李严"劝亮宜受九锡，进爵称王"。汉制，非刘姓不得封王。这完全是李严对诸葛亮一次不怀好意的笨拙试探。诸葛亮马上回信拒绝，明确说自己对李严这个老朋友来信的不解。一方面，诸葛亮许诺灭魏之后当"与诸子并升"，意思说统一北方后我们俩共享富贵，给了张空头支票；另一方面，诸葛亮又说"虽十命可受，况于九邪"，我已经权倾朝野了还需要九锡吗？暗示李严自己才是头号托孤重臣，提醒李严不得妄动。第二就是李严要求在川东自己的势力范围内设立"五郡巴州"，自为巴州刺史。蜀汉政权真正控制的只有益州一州，由诸葛亮担任州牧。这样诸葛亮就控制了蜀汉唯一的地方政权。现在李严要求将四川一分为二，自己领有一州，以实力对抗在成都的诸葛亮的意图非常明显。诸葛亮控制的朝廷自然是断然拒绝。在后来弹劾李严罪名的奏折中，诸葛亮将李严的这一主张看作是"穷难纵横"。

应该说，李严集团的这两招都是"臭棋"。李严这个人"腹中有鳞甲"、"性自矜高"、桀骜不驯，还"逞苏张诡靡之说""有苏张之事出于不意"。李严缺乏沉稳敏锐的特性，注定了失败的命运。这些都坚定了诸葛亮肃清李严的决心，奈何条件尚未完全成熟而已。

建兴八年（230年），李严以资历再升为骠骑将军。同年，蜀魏在汉中战事激烈。诸葛亮率大军坐镇汉中，以此为契机解决李严问题。诸葛亮调虎离山，要求李严率兵两万离开根据地江州到大本营汉中抗魏。这既使李严失去了根基，也减少了江州发生动乱的可能性。大敌当前，李严没有理由抗命。深知利害关系的李严提出要求，提名自己的儿子李丰担任江州都督，继续掌握川东军队和根据地。这一次，诸葛亮非常爽快，"表严子丰为江州都督督军，典严后事"。李严只得率军北上。他忘记了树倒猢狲散的道理，只要打倒李严，他的残余集团注定要灰飞烟灭。

到了汉中后，"亮以明年当出军，命严以中都护署府事"。李严担任了汉中各部队总监督，全权处理丞相府事务。一年后，诸葛亮弹劾李严的奏折是这样评价这次调动的："去年臣欲西征，欲令平主督汉中，平说司马懿等开府辟召。臣知平鄙情，欲因行之际逼臣取利也，是以表平子丰督主江州，隆崇其遇，以取一时之务。"意思是说李严借机要挟，而自己忍辱负重。

建兴九年（231年）春，诸葛亮进军祁山，让李严催督粮食运输。

祁山战役持续了半年。夏秋交际，连降暴雨，运粮不继，诸葛亮在前方缺粮。李严乘机派人报告诸葛亮说后方也缺粮，诸葛亮不得不退军。李严在诸葛亮回军后采取了两面手法，一方面惊讶地说："军粮还很充足，为何就撤军呢？"以此来推卸自己没有督运好粮草的责任，同时说明是诸葛亮自己无力推进而撤军；另一方面，李严又向刘禅上表说是："大军假装后退，以引诱敌人追击再进行打击。"这就给诸葛亮出了一个大大的难题。诸葛亮的对策非常简单。"亮具出其前后手笔书疏本末，平违错章灼。平辞穷情竭，首谢罪负。"诸葛亮只是出示了李严前后亲笔手书信函，李严面对铁证，只好认罪受罚。结果，李严被彻底打败，"废平为民，徙梓潼郡"，彻底退出了政治舞台。他的儿子、江州都督李丰在父亲被罢官后，被诸葛亮调到汉中继承李严的工作——督运粮草。李丰最后做官做到了朱提太守。朱提是一个西南少数民族地区的郡。

经过层层政治较量，诸葛亮消灭了最大的政治对手，沉重打击了四川本土势力，确立了自己对全国的权威统治。在此前后，诸葛亮就在北伐的大旗下赏罚自专，强力镇压异己分子。比如，廖立是荆州名士，在刘备时期官运不错，诸葛亮上台后就靠边站了。廖立心里不满，当着李邵、蒋琬等诸葛亮亲信的面批评刘备不取汉中而与孙吴争荆州的战略错误，又批评关羽"怙恃勇名，作军无法"，前后数丧师众，最后批评诸葛亮亲信向朗、文恭、郭攸之、王连等人都是平庸之辈，唯诸葛亮马首是瞻，不足与之谋大事。朝廷重用这些人才使百姓疲弊。李邵、蒋琬自然将廖立的评论一并报告给了诸葛亮。诸葛亮以"诽谤先帝，疵毁众臣"的罪名将廖立废为平民，发配到西北偏远的汶山郡。廖立在那里种地到死。

魏明帝曹叡评论蜀汉政局时，一针见血地说："亮外慕立孤之名，而内贪专擅之实。"

三

诸葛亮一生最主要的政治行动不是赤壁之战，而是七次北伐。

建兴五年（227年），在平定了南方蛮族骚乱并和东吴稳固了同盟关系之后，诸葛亮在出兵前向后主刘禅上了《前出师表》。《前出师表》的第一句就点出："先帝创业未半而中道崩殂，今天下三分，益州疲弊，此诚危急存亡之秋也。"蜀汉进行的是哀兵之战。与《隆中策》的第三步不同的是，蜀汉已经没有了发自荆州的二路军，只能凭借出汉中的一路获得对曹魏作战的胜利。通篇表章中，诸葛亮都没有说详细的进军计划和经略中原的步骤，而是充满情感地劝谏智商不太高的刘禅要亲贤臣、远小人，回顾自己受到的知遇之恩。后人不知道诸葛亮写表章时是何等的悲壮与雄心。到最后，作者是涕泪交加，不知所云了。

表中有言："兴复汉室，还于旧都。此臣所以报先帝，而忠陛下之职分也。"

当年，四十六岁的诸葛亮离开了成都，从此长年征战在外，极少回到首都，最后身亡五丈原，安葬于今陕西勉县。

当时曹魏镇守关中的是驻屯长安的夏侯楙。蜀汉大将魏延建议派精兵五千人，负粮五千，直接从褒中出兵，循着秦岭东进，出子午谷不过十天就能到达北边的长安。夏侯楙能力差，长安城空虚，可以一战平定咸阳以西地区。到时候，蜀汉大军源源而来，收复关中地区，与关东的曹魏势力对峙。诸葛亮认为这个计划太冒险了，不如从平坦大道西取陇右，平稳无虞。所以诸葛亮在世时都不用魏延的计谋，一直坚持从祁山出陇右，经营陇右。可惜蜀汉每次北伐陇右，都没有抓住曹魏兵力分散的暂时优势。魏军主力很快反应过来，出现在蜀汉北伐军面前。诸葛亮一再经略陇右的目的是控制河西和凉州，扩展蜀汉的实力，将《隆中策》中的荆州和益州两路北伐改为凉州和益州两路居高临下的进攻。这是诸葛亮在蜀汉局限在益州一地，联盟东吴的现实情况下修改的。荆州不可复得，益州不足吞天下，因此选择地域广袤、扼守东西、民风剽悍的凉州来代替荆州。

从建兴六年（228年）到建兴十二年（234年）的七年间，诸葛亮每年都在实践自己进军陇右的计划。

建兴六年春，诸葛亮派赵云、邓芝率偏师作为疑兵，前据汉中的箕谷，扬言由斜谷进攻郿城，以吸引和钳制关中魏军，自己率主力出汉中西北，进攻祁山、西县，以夺取陇右。夏侯楙一战即败。南安、天水、永安三郡叛魏归蜀,关中震动。魏明帝亲自西镇长安,命张郃为前锋率主力迎敌。诸葛亮派马谡督诸军为前锋与张郃战于街亭。马谡违反了诸葛亮作战方针,在街亭大败。街亭失利后,佯攻部队赵云、邓芝疏于戒备,在箕谷与魏将曹真对垒时以优势兵力失利,烧毁栈道退却。诸葛亮不得不放弃三郡,迁移西县百姓千余家退回汉中。回到汉中,诸葛亮"挥泪斩马谡",同时请示自贬为右将军,行丞相事,以表示承担战败责任。

得到诸葛亮北伐消息的同盟国东吴在东线发动的夏季攻势却取得了胜利。张郃率主力东下进攻东吴,关中空虚。诸葛亮闻讯,上《后出师表》于冬十二月越散关围陈仓。但这回蜀汉事起仓促,陈仓守将郝昭防守得当,诸葛亮包围陈仓近一个月而没有攻下。魏国救军将至。粮草不济,诸葛亮不得不再次撤退。

建兴七年(229年)春,诸葛亮派陈式攻取武都、阴平二郡。为了牵制魏雍州刺史郭淮,诸葛亮率军迎战,郭淮退军,蜀军攻占二郡。这是诸葛亮连年北伐最实在的成果。诸葛亮因功恢复丞相职务。

建兴八年(230年)春,魏国发动攻势,司马懿由西城沿汉水,张郃由子午谷,曹真由斜谷,分三路进攻汉中。诸葛亮在城固、赤坂迎战。魏国因连续下大雨,道路不通,中途退兵。

建兴九年(231年)二月,孔明亲自率军再度进攻祁山图陇右。曹魏令费曜等守上邽,其余救祁山。诸葛亮部署一部分兵力围攻祁山,自率主力到上邽迎战。魏帅司马懿据险不战,诸葛亮求战不得,引军退回祁山,魏军尾随。五月,双方交战,诸葛亮大破魏军，司马懿回军保营。六月，诸葛亮粮尽退军，射杀追击的张郃。

建兴十年（232年）诸葛亮在汉中休养生息，奖励农业，贮备军粮，并制作木牛流马等运输工具，训练士兵做远征的准备。第二年（233年）冬天，诸葛亮囤积军粮于斜谷口，整修驿站。第三年二月，诸葛亮率十万大军由斜谷出击，并约吴同时出兵攻魏。四月，蜀军沿褒斜道出斜谷。诸葛亮驻军五丈原，屯田于渭水南岸，与司马懿对峙，以备持久战。司马懿采取以逸待劳的方针，坚壁不出。五月东吴分三路出兵，进攻曹魏，以配合蜀军在西线的攻势。曹魏面对蜀吴的协同进攻，采取"西守东攻"的战略。东吴初期判断蜀军在西线的进攻会吸引魏军主力。当探知魏军东下时，东吴不战而退。诸葛亮与司马懿对峙百余天，积劳成疾，八月病死军中，时年五十四岁。蜀军遵照遗令秘不发丧，整军而出，退兵回汉中。司马懿闻讯追击，蜀军反旗击鼓，佯装反击。司马懿收军，不敢进逼。因此有"死诸葛吓退活仲达"的说法。

诸葛亮主持的北伐胜少败多，付出多收获少。曹魏驻西部战线的司马懿的战略基本是避其锋芒，坚守不出。"亮每患粮不继，使己志不申。"国力不足是束缚诸葛亮施展拳脚的主要原因。蜀汉与曹魏真正主力决战的机会并不多。但是蜀汉作为主动出击的一方，成本付出更大。连年的征战消耗了蜀汉大量的国力，不仅有兵员上的，也有物资上的，更有人才上的。到诸葛亮死时，蜀汉再也没有实力发起先前的攻势了。

既然虚耗实力，如果蜀汉凭借地形，内敛自守又当如何呢？蜀汉在防守的基础上休养生息，可能实力积蓄得优于积极进攻，但是政治态势将会恶化。诸葛亮的连年北伐，使曹魏在他身前及死后的数十年中处于消极被动防守的态势。蜀汉以土狭民寡的一州之地迫使拥有九州之地的曹魏被迫采取战略防守数十年，蜀军在与强大的曹魏军队对峙中保持主动权。这不能不说是诸葛亮连年征战的积极结果。如果消极防守，曹魏必定凭借自身的强大国力，对蜀汉北部构成越来越大的军事压力。蜀汉依然需要增兵设将，以重兵在边界与曹魏对峙。这依然会消耗蜀汉大量实力。不能忽视的一点是，诸葛亮把兴复汉室挂在嘴边，就不得不拿出实质行动来。北伐是最好的行动。而且诸葛亮可以借北伐收揽实权。正因为诸葛亮"言行一致"，矢志报国，后世将他树为忠君爱国的楷模。

蒋琬、费祎和姜维等人继诸葛亮之后主持了蜀汉后期的政治与军事，或大或小都延续北伐政策。可惜，诸葛亮死后，蜀汉再也找不出这样的强权人物来维持权威统治了。权相体制最终改变。

《三国志》称赞诸葛亮"神武赫然，威震八荒，将建殊功于季汉，参伊、周之巨勋"。这是就他的功绩来说的，没有涉及个人品行。诸葛亮生前宣称自己在"成都有桑八百株，薄田十五顷，子弟衣食，自有余饶。至于臣在外任，无别调度，随身衣食，悉仰于官，不别治生，以长尺寸。若臣死之日，不使内有余帛，外有赢财，以负陛下"。等到他死的时候，家里果然没有余财。我们可能对诸葛亮的政治生涯和执政观点有不同的评价，但就清廉来说，诸葛亮是无可指责的。

三个阵营的一家人

一

一天,东吴宫廷召开酒宴,君臣同饮。东吴大帝孙权是个童心未泯、行为乖张的另类皇帝。搞恶作剧是他的爱好。孙权早对大臣诸葛瑾的驴脸感兴趣了,就示意下人牵上来一头驴,驴脸上贴着一张纸写着:"诸葛子瑜"。(诸葛瑾字子瑜)觥筹交错之间,大臣们看到一头驴在朝堂上溜达,一片哗然。大家都热闹地看看诸葛瑾,孙权和几个大臣还哈哈笑出声来。

诸葛瑾窘迫得满面通红。

尴尬时刻,一个少年快步离席,走到厅中,跪下来对孙权说:"请陛下允许我在纸上添加两笔。"大家定睛一看,原来是诸葛瑾的长子诸葛恪。孙权对诸葛恪要添加的字很好奇,同意了。诸葛恪就在字条下加了两个字:"之驴"。"诸葛子瑜"变成了"诸葛子瑜之驴",顷刻举座欢笑。孙权就势让诸葛恪把这头驴牵走了。一场恶作剧圆满收场。

人们常常通过这个故事夸诸葛恪的聪明,其实它更多的是说诸葛瑾的温顺。诸葛瑾这个人脾气超级好,面对如此尴尬的恶作剧都能坚持在酒席上。孙权敢拿诸葛瑾开玩笑的一大原因就是他脾气好。如果诸葛瑾的脾气和同事张昭一样倔强难缠,一受气就罢工,孙权也就不会找他麻烦了。

诸葛瑾是诸葛亮的亲哥哥,但和诸葛亮生活在一起的日子不长。他沿袭了东汉时期很多年轻学子的传统,"少游京师,治《毛诗》《尚书》《左氏春秋》"。约中平六年(189年),母亲章氏去世,诸葛瑾"居丧至孝",并且"事继母恭谨,甚得人子之道",很符合当时对年轻人的要求。可惜天下大乱,诸葛瑾不能再按传统程序进入仕途,最后托了人,开了后门进入了东吴阵营。工作之初,诸葛瑾年轻,性格温顺,又属于外来户,在阵营中并不突出。历史上也没记载他有什么活动。

诸葛瑾真正发迹,在历史上有所作为,还是拜弟弟诸葛亮所赐。诸葛亮成为蜀汉阵营的关键人物,而对蜀汉的外交又是东吴的重要内容,因此诸葛瑾的"海外关系"决定了他是东吴对蜀汉展开外交的不二人选。东吴上下很看重诸葛瑾和诸葛亮的兄弟关系。鲁肃跑到荆州,和诸葛亮第一次见面,不先介绍自己说"我叫鲁肃",而先说:"我是诸葛子瑜的朋友。"214年刘备得到四川,势力大增后,孙权就主要依靠诸葛瑾展开交涉。客观地说,如果没有诸葛亮这个弟弟,还轮不到诸葛瑾登上政治舞台呢。

我们也需要给诸葛瑾澄清,他并非全靠裙带关系过活的平庸之辈,而着实能力不错。兄弟情为他开启了仕进之路,发展还要靠自身努力。事实上,诸葛瑾很注意将公事和私事分开。215年,孙权遣诸葛瑾使蜀通好刘备。诸葛瑾和诸葛亮在公馆见面,只谈公事,不谈私事。一次,孙权问诸葛恪:"卿父与叔父,孰贤?"诸葛恪回答说:"臣的父亲正为此担忧呢。"孙权就问怎么回事,诸葛恪说:"臣父亲知道的事情,叔父不知道。他为此担心,怕泄露了机密。"诸葛瑾是担心兄弟情影响外交。孙权听后,感慨诸葛瑾的谨慎和忠心。

至此,诸葛瑾在孙权心中扎下了根,不再仅仅是诸葛亮的哥哥,而是当作重臣来使用。吕蒙讨伐关羽的时候,诸葛瑾也参战了,因功封宣城侯,又以绥南将军代吕蒙领南郡太守。荆州被东吴夺走了,刘备大举伐吴。孙权危急关头派诸葛瑾求和。诸葛瑾给刘备写信说:"陛下因为荆州和关羽的原因,大举兴兵,我觉得不值。陛下以匡扶汉室天下相号召,那关羽之亲何如先帝?荆州大小孰与海内?俱应仇疾,谁当先后?若审此数,易于反掌。"刘备置之不闻。《三国演义》虚构了诸葛瑾亲自来蜀汉军中劝阻,刘备看在诸葛亮的分上把他赶走了事。蜀汉大军兵临城下,东吴许多人把对刘备诸葛亮的仇恨转嫁到诸葛瑾身上,纷纷怀疑诸葛瑾吃里爬外,暗中通敌。陆逊等人则上表担保诸葛瑾的忠诚。孙权平时爱嬉闹,大事上头脑则很清醒,说:"孤与子瑜有死生不易之誓,子瑜之不负孤,犹孤之不负子瑜也。"诸葛瑾度过了一难,同年还升为左将军,督公安,假节,封宛陵侯。

随着老人不断逝世,资历不断增长,诸葛瑾赫然成为东吴政权的重要人物。

地位提高了,兵也带了,可诸葛瑾在带兵打仗方面的成绩实在不能恭维。孙权后期,曹魏大军围困江陵,诸葛瑾率大军救援。诸葛瑾温和谨慎,长期找不到破敌之术,也没有正面作战,导致江陵之围拖到第二年也没有解开。第二年春天,河水大涨,东吴的水师发挥了作用，曹魏这才退兵。事后，诸葛瑾虽无大功，但因为保全了土地和军队，也被记上一功。可参加江陵之战的曹魏方面夏侯尚的传记说：诸葛瑾与夏侯尚两军隔江相对。诸葛瑾占领江中沙洲，被夏侯尚用油船夜袭，"夹江烧其舟船，水陆并攻，破之"。可见，诸葛瑾虽然侥幸解了江陵之围但也折损了不少兵马。

就这么一个平庸的大臣，日益获得孙权的信任，地位不断提高。为什么？还是那个老原因：脾气好，让人放心。诸葛瑾和孙权对话时，很会察言观色，从来不严词劝谏。他看孙权的情况，说些孙权喜欢听的，一旦发现自己的话不合孙权的意思，就转换话题说领导喜欢的话。如果某个意思必须表达出来，诸葛瑾就"徐复托事造端，以物类相求"，像剥笋一样，慢慢地让孙权了解自己的意思。孙权是自尊心很强、越来越自负的专制君主，诸葛瑾的做派很合孙权的胃口。同时，诸葛瑾知道自己是南逃的山东人，要想在以东南世族和淮泗豪强为主的东吴政权中站稳脚，提升地位，必须和同事们搞好关系，夹着尾巴做人。他不但对孙权谨小慎微，对其他皇室成员也恭敬谨慎，与鲁肃、陆逊等东南世族和淮泗豪强保持密切关系。诸葛瑾是孤零零的外来户，和大家都没有利害冲突，得到从孙权到各派的交口称赞，不想升官都难。

能力不强不要紧，会说话、搞好人际关系能补偿能力的缺陷。诸葛瑾就是一个代表例子。当孙权称帝时，诸葛瑾被封为大将军、左都护，领豫州牧，进入了最高权力核心。

241年，东吴政坛的不倒翁诸葛瑾逝世，留下儿子诸葛恪和诸葛融。死前，诸葛瑾嘱咐丧事从简；死时，诸葛家在东吴俨然是政坛大家了。

二

诸葛亮和诸葛瑾有个堂兄弟叫诸葛诞。诸葛诞没有南逃，走的是传统的仕进道路。他留在北方，读书、交友、做官，从尚书郎开始起步，第一个被授予的实职是荥阳县令，逐步升迁到了御史中丞、尚书。

年轻的诸葛诞有个毛病：好名。东汉末年开始，士大夫阶层都好这一口，喜欢搞各种评比，把自己和身边的人罩上各种荣誉光环。诸葛诞就和散骑常侍夏侯玄、邓飏等十五人，互相品评吹捧，评出以夏侯玄领衔的"四聪"，诸葛诞领衔的"八达"，三个同僚晚辈为"三豫"。可惜魏明帝曹叡很不喜欢这样的风气，斥其为"沽名钓誉"，拿诸葛诞开刀，将其罢官。

诸葛诞遭遇了仕途上最大的失利。好在他很快凭借夏侯玄、邓飏等好朋友的势力，一番运作后，重新进入了官场，得到了扬州刺史的实职。此后，诸葛诞作为曹魏在淮南战场的主要将领，出现在历史记载中——这点和诸葛亮、诸葛瑾不同。诸葛亮和诸葛瑾文武官职都有，可算是"文武全才"，诸葛诞相比更像单纯的武将。事实证明，诸葛诞的确头脑"单纯"，没有堂兄弟们那么多的花花肠子。

扬州地处淮南，在曹魏政权后期叛乱频繁。王凌叛乱的时候，太傅司马懿东征。诸葛诞被提升为镇东将军、都督扬州诸军事，封山阳亭侯，参与平定王凌叛乱。东吴北上趁火打劫，诸葛诞和堂侄诸葛恪在东关这个地方兵戎相见了一回。作为长辈的诸葛诞败给了堂侄诸葛恪。几年后，毌丘俭、文钦割据淮南寿春叛乱。他俩是诸葛诞的老同僚，遣使招呼诸葛诞一起造反。理由是司马家族擅权专政，要篡夺曹家的天下。诸葛诞觉得司马家族对自己有恩，看不出司马家族有篡位的意思，就将毌丘俭、文钦的使节斩首，向朝廷报警。大将军司马师东征，重用诸葛诞平叛，加督豫州诸军，作为主力。毌丘俭、文钦的叛乱也失败了，诸葛诞最先攻破寿春，厥功甚伟。战后，诸葛诞是曹魏在淮南地区资历最老、功劳最大的将领。朝廷"以诞久在淮南"，任命他为镇东大将军、仪同三司、都督扬州。

诸葛诞坐镇寿春，成为曹魏稳定淮南局势的中坚。一代封疆大吏，好不风光。

诸葛诞的提升不全靠抓住了历次平叛的机遇，而在于他高超的军事素质。淮南战场是三国后期曹魏和东吴作战的主战场。尽管曹魏在此地发生了多次叛乱，内讧不止，但诸葛诞的存在始终稳固着本地局势，没让东吴捞到什么好处。文钦叛乱失败后，率领残部投降东吴。东吴派大将孙峻、吕据、留赞等人会同文钦，气势汹汹杀向淮南，企图乘虚攻城略地。诸葛诞督率淮南各军，坚守城池，成功逼退了吴军。诸葛诞乘胜追击，追斩了留赞，大败吴军，因功进封高平侯，食邑三千五百户，转为征东大将军。随着诸葛诞在淮南的地位不断巩固，他政治不成熟的一面开始表现出来了。绝对的权力和稳固的地位让诸葛诞有点由着性子来办事，大肆练兵，把军队操练得精神饱满；对自己喜欢的人，毫不吝啬地赏赐；即使是犯了死罪的人，只要觉得有用诸葛诞就保全下来。缺乏制衡的环境容易让一个人专制，诸葛诞就逐渐成为淮南地区说一不二的专制人物。

这在曹魏朝廷看来，是不允许的。朝廷的衮衮诸公认定诸葛诞有成为地方军阀的危险。恰巧甘露元年（256 年）冬，诸葛诞以东吴再次侵略为由，申请朝廷再调拨给他十万军队御敌。朝廷认为淮南现有的军队足以抵抗东吴侵略了，没有答应诸葛诞的申请。诸葛诞继而要求朝廷允许淮南修缮城池，并在淮河边上建造新城。新的申请让朝廷怀疑诸葛诞有异心，诸葛诞没有异心，而是在申请被拒后发情绪、赌气要大修城池。你不是怀疑我要割据淮南吗？我就大造城池，摆出一副行将割据的样子给你看。朝廷从此坚信诸葛诞有了异心，考虑到诸葛诞的实力和地位，打算招他入朝，明升暗降，剥夺他的实权。

朝廷对诸葛诞的处置仅此而已——毕竟还是自己人。

事情后来起了变化。因为诸葛诞拒绝去朝廷做大官，赖在淮南不走了。掌权的司马昭派去亲信贾充去淮南寿春劝诸葛诞入朝。贾充劝不动诸葛诞。他也不勉强，因为他此行有其他更重要的目的。只听他谈起时事，然后对诸葛诞说："现在洛阳和河南的各派势力，都觉得魏国国运走到了尽头，天下应行禅让。你的意见如何？"贾充的意思很清楚了，他希望诸葛诞支持司马昭篡位。可他忘记了诸葛诞受到曹魏几代君主重恩，是坚定的曹魏支持者。诸葛诞根本没给贾充留面子，厉色斥责说："你难道不是贾豫州的儿子吗？（贾豫州是贾充的父亲、曹魏开国元勋贾逵）你们贾家世受魏恩，为什么负国，要把魏国的天下送给他人呢？我不想再听到你的话了。"停了会儿，诸葛诞加重语气说："如果洛阳和河南发生动乱，我会率领本部兵马，以死报国。"贾充默然无语。

没几天，朝廷正式下诏任命诸葛诞为司空，免去他在淮南的职务。原来贾充回去对司马昭说："诸葛诞在扬州，有威名，声望卓著。如果赶紧征他来朝中任职，他肯定不来，但祸小事浅；如果不征他，他有充足的准备时间，那时候就晚了。"诸葛诞接到诏书后，心里恐惧，举兵造反了。他是被司马昭逼反的。

诸葛诞先拿不和自己同心的扬州刺史乐綝开刀，带着数百人突袭扬州。扬州官吏要闭门坚守，诸葛诞在下面叱骂："你们难道都不是我以前的部下吗？"官吏不敢乱动，诸葛诞兵不血刃拿下扬州，将乐綝斩首。杀了乐綝后，诸葛诞把他的脑袋装在盒子里，附上一封奏表，发给朝廷——实际上是给司马昭。诸葛诞先说自己受国重任，统兵在东，效忠朝廷，现在杀了对朝廷有异心的扬州刺史乐綝（在警告司马昭等人），然后表示"若圣朝明臣，臣即魏臣；不明臣，臣即吴臣"。

司马昭当然明白诸葛诞对曹魏的一片忠心。正是因此，他更要铲除诸葛诞了。

诸葛诞收拾本部兵马十余万，吞并扬州新附部队四五万人，囤积了足够军队吃一年的粮食，在寿春闭城自守。同时将小儿子诸葛靓送到东吴作为人质，向东吴求援。头号宿敌弃暗投明，东吴喜出望外，派遣全怿、全端、唐咨、王祚等将领率兵三万，会合文钦等曹魏降将，大规模增援诸葛诞。远远地，东吴给诸葛诞戴上了"左都护、假节、大司徒、骠骑将军、青州牧、寿春侯"等高帽。当然这一切都需要在诸葛诞割据淮南成功之后才能享受。

司马昭很重视诸葛诞叛乱，督率大军二十六万，大举讨伐。大将军屯丘头。镇南将军王基、安东将军陈骞等四面合围寿春，"表里再重，堑垒甚峻"。包围圈没有合拢之前，全怿、唐咨、文钦等人率领部分援军成功突入城中。而朱异等东吴将领没能突破包围圈，被曹魏军队杀败。在东吴专权的孙綝干脆杀了朱异等人，撤军回江东了。形势急转直下，诸葛诞一下子就陷入了困境。

诸葛诞的有勇无谋在大战中表现得淋漓尽致，最后将自己送上了断头台。寿春城被围得水泄不通，诸葛诞想不出破解的办法。结果"城中食转少，外救不至，众无所恃"。将军蒋班、焦彝劝诸葛诞说："现在军心尚且稳固，官兵思用，如果并力决死，攻击围敌的一面，即使不能大败敌军，也能突围成功。"诸葛诞却怀疑蒋班和焦彝有异心，要逃跑，竟然要杀害蒋班。二人大惧，认准诸葛诞必败，真的逃出城去投降了。司马昭受到启发，对寿春城内大使反间计，全怿等人也率数千官兵出城投降了。城内军心动摇，诸葛诞依然"不知所为"。

熬到第二年正月，诸葛诞终于决定要突围了，和文钦、唐咨等人大造器械，五天六夜连续猛攻城南，想决围南逃。曹魏军队居高临下，依仗工事和发石车、火箭等给突围军队重创，死伤蔽地，血流盈堑。诸葛诞只得退回城内，情况更加糟糕，粮食眼看要吃完了，几万人逃出去投降了。文钦这时候想出一个馊主意，要把所有北方人赶出去，节约粮食，留下吴人坚守。诸葛诞不听，两人产生了矛盾。文钦是割据淮南造反的前辈了，当年被诸葛诞镇压了，一直怀恨在心。现在新仇加旧恨，导致了诸葛诞和文钦两人在城中内讧，文钦被杀。文钦的儿子文鸯、文虎出城投降司马昭。司马昭赦免他们的罪过，让他们沿着寿春四周巡城，对城内喊话："文钦之子都没被杀，其他人还怕什么？"城内斗志丧尽。司马昭这才发动总攻，魏军鼓噪登城，城内无敢动者。诸葛诞单骑在乱军中突围，被追兵斩首。曹魏的诸葛诞一族被族诛。

　　寿春城破，诸葛诞麾下有数百人坚决不投降，全部被斩。看来，诸葛诞带兵还是有一套的，有人愿意为他去死。可惜他的政治素质实在令人不敢恭维。

不可复制的权路

一

诸葛家族下一辈人中,最杰出的当数东吴的诸葛恪。史载他"英才卓越","超逾伦匹名盛当世",这个评价可不是一般人受得起的。

孙权很喜欢诸葛恪这个孩子,羡慕地对诸葛瑾说:"蓝田生玉,真不虚也。"诸葛瑾则很担心,认为诸葛恪"非保家之子",恐怕日后会给家族带来血光之灾。

诸葛恪这个人个性洒脱、举止高调、不拘常理,和性情温顺、为人小心谨慎的父亲诸葛瑾判若两人,自然让父亲担心了。而个性同样潇洒的孙权则把诸葛恪当作忘年知音,引为同类。两人常一起策划一些"好玩"的事情。东吴重臣张昭为人严肃,不苟言笑,对孙权轻狂、不守礼法的行为提出过尖锐的批评。孙权恼在心头,和诸葛恪一起设计嘲弄张昭。一次,有白头鸟聚集在宫殿前,孙权就问:"这是什么鸟啊?"诸葛恪大声回答:"白头翁。"满头白发的张昭自认为是朝堂上最老的人,怀疑诸葛恪借说鸟在戏弄自己,出来说:"诸葛恪欺骗陛下,从来没听说过有'白头翁'这种鸟。既然有白头翁,那请诸葛恪拿出'白头母'来。"诸葛恪不慌不忙地回答:"有鸟叫作'鹦母',也不一定有与它(名字)配对的,请张丞相找出'鸚父'来。"张昭无言以对,满堂欢笑。除了开同僚玩笑,诸葛恪连蜀汉使节的玩笑也敢开。费祎出使东吴,拜见孙权后参加宴会,公卿大臣都在座。诸葛恪和费祎相对而坐,就互相聊了起来,谈到吴蜀这两个字。费祎问:"蜀字怎么解?"诸葛恪回答:"有水者浊,无水者蜀,横目苟身,虫入其腹。"费祎又问:"那吴字怎么解?"诸葛恪回答:"无口者天,有口者吴,下临沧海,天子帝都。"孰上孰下,一眼便知。

诸葛恪的这些言行,都得到了孙权的支持。一次,孙权当着群臣的面,对蜀汉的使节说:"我这里的诸葛恪喜欢骑马,请回去转告丞相,送几匹好马来。"诸葛恪赶紧下跪谢恩。孙权说:"马还没来呢,谢什么?"诸葛恪回答:"蜀国就是陛下的马厩啊,现在有诏要马,马肯定会送来的。我怎么能不谢呢?"几句话在拍孙权马屁的同时,又奚落了蜀汉一番。

孙权极其喜欢诸葛恪,对诸葛恪的仕途大开绿灯,不遗余力地栽培。诸葛恪刚刚二十岁,孙权就封他为骑都尉,让他进入太子孙登的东宫,与顾谭、张休等人一起与孙登讲论道艺,成为东宫重要人物,不久转为左辅都尉。孙权曾创置节度官,掌管天下军粮,开始用侍中、偏将军徐详。徐详死后,孙权平地一声雷,提拔诸葛恪为节度官。远在四川的诸葛亮听说亲侄子当了这么大的官后,反而忧心忡忡地写信对陆逊说:"家兄老了,而侄子诸葛恪性格粗疏,如今却主管粮谷。粮谷是全军最重要的东西,怎么能托付给诸葛恪呢?我虽然在他国远方,也暗中不安,特地请足下转告贵国君主。"陆逊转告了孙权。诸葛亮的面子,孙权还是要给的。于是诸葛恪被撤去了节度官。

怎么才能让诸葛恪建功立业,迅速提升地位呢?孙权在想这个问题,诸葛恪也在想。当时山越问题是东吴的大问题。东吴蚕食山越地区,扩充地盘,增加人口,将强壮的山越人编入军队,但遭到了山越人的激烈抵抗。诸葛恪毛遂自荐,要求出任山越聚居区丹杨郡的太守,夸口三年能为朝廷增兵四万。嘉禾三年(234年),孙权毅然任命三十二岁的诸葛恪为丹杨太守、抚越将军。任命下达后,孙权"命恪备威仪,作鼓吹,导引归家",表示尊崇。诸葛恪到任后,不主动进攻山越地区,明令各地扼守险要。他的绝招是"抢粮食"。到收获季节,东吴兵冲入山越地区,抢先收割居民的粮食。山越人没有吃的了,陆陆续续走出山区归降东吴。归降一批,诸葛恪就迁徙走一批,直至丹杨的山越人基本归降为止。三年后,诸葛恪为东吴增加了居民和士卒超过十万人,孙权特地派遣尚书仆射薛综劳军,拜诸葛恪为威北将军,封都乡侯。

诸葛恪从此平步青云,逐渐成为东吴后期的主要将领之一。他先后镇守皖口、柴桑,在陆逊死后被升为大将军,驻守武昌,负责荆州事务,事实上代替陆逊成为东吴最主要的军政长官。

太元元年(251年),孙权病重。太子孙亮刚刚九岁,孙权选定大将军诸葛恪作为辅政大臣,托付身后大事。朝廷召诸葛恪从武昌回建业的时候,与诸葛恪共同镇守武昌的大将吕岱告诫他说:"国事多难,您做每件事三思而行都不行,而需要十思啊。"诸葛恪一向自信,现在正沉浸在迎接巨大权力的喜悦之中,将吕岱的话左耳进右耳出,高高兴兴赴任去了。

孙权死了，忘年交诸葛恪成了辅政大臣，主持军国大事。他能行吗？

二

诸葛恪主持军国大事，的确有问题。往好了说是他缺乏名望，往坏了说就是大家嫌他太嫩了。诸葛恪是孙权一手栽培的，孙权死了，谁还能罩着他呢？

侍中孙弘就不服诸葛恪，孙权刚死，孙弘图谋秘不发丧，矫诏诛杀诸葛恪取而代之。这个恶性事件因为多数人在诸葛恪和孙弘之间选择了前者，诸葛恪成功镇压了叛乱企图。事后，诸葛恪看到了他辅政地位的脆弱。在给驻守公安的弟弟诸葛融的信中，诸葛恪担忧道："……吾身受顾命，辅相幼主，窃自揆度，才非博陆而受姬公负图之托，惧忝丞相辅汉之效，恐损先帝委付之明，是以忧惭惶惶，所虑万端。"惶惶不可终日的诸葛恪知道，这个世上根本就不存在救世主，他只能靠自己。

诸葛恪最先想到的是扭转孙权晚年不得人心的政策。孙权晚年的许多政策过于不得人心，比如，设置特务机构监督官员、对国内贸易征收关税、制定严刑峻法等。诸葛恪只要废除它们，就能获得官民的支持。诸葛恪也是这么做的，取得了不错的效果，"**恪每出入，百姓延颈，思见其状**"，可见他声望提高很快，百姓对他的期望值也很高。

可除了与孙权晚年政策背道而驰外，诸葛恪想不出其他稳固权力的好法子来。思前想后，诸葛恪将自己思路的狭隘归咎于首都建业政局复杂、执政阻力重重，决心逃离建业迁都到曾经主政过的武昌去。迁都是好事，可以给主政者树立改革的形象；迁都也是大事，牵涉到方方面面的利益。诸葛恪都开始修建武昌的宫殿了，全国各地反对迁都的声音一浪高过一浪。最后，宫殿白修了，迁都一事"暂缓"。迁都不得，诸葛恪又琢磨出了一件更能扬名立万的大事——北伐。

大凡权臣都喜欢大的军事行动。且不说北伐成功了能带来巨大的利益和声望，在北伐过程中权臣就能借机聚敛权力，转移国内矛盾。从目的上来说，诸葛恪得到了堂叔诸葛亮的真传。

建兴元年（252年）十月，诸葛恪带领四万军队就去"收复中原"了。这次草率的北伐竟然取得了胜利，诸葛恪斩杀魏军数万人，缴获大量的器械物资。仔细分析成功的原因：一是当时天降大雪，天寒地冻的；二是诸葛恪乘魏军不备，发起了突然袭击。与两国实力的对比和诸葛恪的指挥能力没有关系，但这并不妨碍诸葛恪大摇大摆地凯旋。回朝后，诸葛恪大肆宣传胜利，进位阳都侯，加荆、扬二州牧，督中外诸军事。

北伐果然是一服好药，能够治疗诸葛恪的权力危机感。风光之后，诸葛恪似乎觉得曹魏这头"纸老虎"也就那么回事，盘算着如何再来一次北伐，建功立业。诸葛恪盘算来、盘算去的结论是：自己之所以没有取得更大的胜利，就是因为北伐的时候动员的军队不够。如果第一次倾国而出，说不定直接就把魏国给灭了。到那时，我诸葛恪就是一统天下的大功臣了！因为有轻敌之意，诸葛恪意气风发地要发动第二次北伐。

诸葛恪对这次北伐倾注了满腔心血，动静闹得很大。他先派人与蜀汉大将军姜维联系，东、西联合攻魏，再抽调全国的精兵强将，计划不能吞并曹魏也要将曹魏打成高度伤残。

结果大军未出，东吴上下怨声载道，一片反对。朝堂之上，大臣们轮番劝说诸葛恪放弃不切实际的北伐，言辞恳切。甚至中散大夫蒋延说得心脏病发作，被人扶出治病。为说服大臣，诸葛恪侃侃而谈，指出曹魏权臣当道，政局不稳，"当今伐之，是其厄会"，但众人主张维持现状，"怀偷安之计"；至于众人所谓"百姓尚贫，欲务间息"的看法，更是鼠目寸光的表现，他表示一定要效仿其叔父诸葛亮北伐的精神。诸葛恪的智商很高，善雄辩，延续了家族"舌战群儒"的优良传统，最后所有反对者虽然心中不服，嘴上也不敢再说什么了。于是，诸葛恪征发州郡大兵二十万人，大摇大摆杀向曹魏。史称"百姓骚动，始失人心"。

糟糕的是，诸葛恪性格粗疏，尽管充满豪情壮志，但基本上是大话和空想。他对北伐战略和具体战术都没有详细、缜密的考虑。

诸葛恪进军淮南，仗着人多势众，开始很顺利，直到包围新城。新城城小兵寡，但极为坚固，守城将士一心坚守。吴军困于坚城之下，达数月之久。其间，吴军一度攻破城池外墙，守城的将士诈降，请诸葛恪退兵。守城将领说魏军的妻儿家小都在后方，守城没到一定期限就投降会罪及家小，请诸葛恪宽限几天，诸葛恪竟然笑笑答应了，撤军至城外等着魏军到日期投降。结果自然不用说，魏军修好城墙后就拒绝投降。诸葛恪空欢喜一场。围攻新城的军队"士卒疲劳,因暑饮水,泄下流肿,病者大半,死伤涂地"。各个军营报告的伤病人数越来越多,诸葛恪却认为这是官兵们胆小怯战,装病糊弄自己。听得烦了,恼怒的诸葛恪要杀害汇报的部下,从此他的耳边再也听不见伤病报告了。吴军都尉蔡林多次提出军事建议,都没有被自负的诸葛恪采纳,干脆策马降魏去了。吴军的士气涣散得一塌糊涂,曹魏派来的司马孚和二十万援军得知吴军困境后,大举进攻。诸葛恪被打得大败,一路南逃。吴军将士因病而死和在战斗中被杀的,遍布道路,填满了坑壑。诸葛恪一路上听到的都是伤兵的哀号,但他非但没有反省失败的原因,反而神态自若。撤退到浔阳,诸葛恪还想在此地屯守,休整后再兴北伐,因为吴军伤亡太大,国家无力再战才不得不班师回朝。

八月,诸葛恪回到建业,已经是大失人心,执政声望降到了最低点。大败而回的诸葛恪采取严刑峻法来镇压反对声音。在大政上,他仍一意孤行,更换皇宫的禁卫军队,任用亲信控制,加紧训练军队,还在做着北伐的美梦。任何依靠强权一意孤行的统治都长久不了。诸葛恪的统治此时也走到了尽头。孙氏宗室代表人物孙峻经过精心策划,利用诸葛恪晋见孙亮的机会,将其刺杀。

历史给了诸葛恪名垂青史的机会,可惜诸葛恪还没想清楚如何执政就把机会浪费了——他原本就不是一个擅长思考的人。

三

诸葛恪企图通过北伐建立功业,像叔叔诸葛亮一样巩固权力,树立威望。可惜，人和人不一样，国内情况和外部局势也不一样，叔叔成功的权路并不能在东吴被成功复制。诸葛恪用生命明白了这一点，连累东吴的诸葛家族遭到族诛的噩运。政治斗争动辄就牵连到族人和部属亲友，鲜血淋漓，这是中国古代政治的一大恶习。诸葛恪被杀后，弟弟、儿子、外甥和亲信等人都被满门抄斩。琅琊诸葛氏的江东一系遭致覆灭性打击。

诸葛恪的长子诸葛绰初任吴国骑都尉，后来在争立太子事件中支持鲁王孙霸，搞阴谋活动。孙权得知后，下令诸葛恪严加"管治"长子。诸葛恪被迫用药酒毒死诸葛绰。诸葛恪的次子诸葛竦和父亲的性情相反，"隔代遗传"了祖父诸葛瑾小心谨慎的性格。他多次劝谏父亲刚愎自用的做法，遭到拒绝后终日忧心忡忡。诸葛恪权势熏天的时候，家门口车水马龙，诸葛竦却忧心祸害不知何时到来。诸葛恪被杀后，诸葛竦第一时间得到消息，迅速带着母亲和弟弟诸葛建外逃——可见他早有准备。最后还是被追兵追上，两个兄弟和母亲一起被就地斩首。

诸葛恪的弟弟诸葛融沿袭了诸葛瑾的爵位和军队，驻守公安。东吴实行部曲制，军队和爵位可以变相世袭，父死子继。诸葛恪能力强，和孙权关系又好，不必吃父亲的老本也能飞黄腾达。诸葛融没有哥哥的智慧，就做了父亲的继承人。在性格上，诸葛融和父亲诸葛瑾、兄长诸葛恪都不同，属于潇洒隐逸型的。父兄二人都生活简朴，虽然身份高贵却"身无采饰"，诸葛融却追求高品质的物质享受，"而融锦罽文绣，独为奢绮"。他的行政能力和口才都很平庸，但是爱玩，会多种游戏。尽管镇守重镇，诸葛融"秋冬则射猎讲武,春夏则延宾高会"。这样的人物注定是交际圈的焦点,每日宾客盈门。诸葛融"每会辄历问宾客,各言其能,乃合榻促席,量敌选对,或有博弈,或有樗蒱,投壶弓弹,部别类分,于是甘果继进,清酒徐行",周旋于宾客之间,谈笑游戏,诸葛融终日不倦。诸葛恪被杀时,诸葛融领兵在外,本来可以有所作为,却选择了吞金自杀。他的三个儿子也被杀死。

诸葛瑾一系并未因此灭门,因为他除了诸葛恪和诸葛融还有一个儿子——诸葛乔。诸葛恪连累了全族,却没有波及诸葛乔。因为早年,诸葛瑾看到弟弟诸葛亮老大不小了,还没孩子,就把诸葛乔过继给了诸葛亮。诸葛乔成了诸葛亮法律上的长子,并跟随诸葛亮生活在四川。诸葛亮对诸葛乔非常好,视同己出,不仅将他指定为继承人,还很用心地栽培。他给诸葛乔制订了严格的教育计划,还在北伐时特意安排诸葛乔督运军粮。可惜,诸葛乔早逝,来不及施展才华。他留下一个儿子,叫作诸葛攀。

东吴诛杀了江东诸葛满门,但诸葛瑾还有一支血脉保留在四川。诸葛亮感慨哥哥一家的悲惨遭遇,加上自己晚年得子,就让诸葛攀恢复原脉,重新作为诸葛瑾的后裔。之后,东吴政局动荡,政变不断,孙峻被杀,诸葛恪被"平反昭雪"。诸葛攀得以光明正大地来到东吴,继承了诸葛瑾一系的血脉和爵位。江东诸葛氏延续了下来,但元气大伤,不复往日风采。

陈寿在《三国志》中高度评价诸葛恪"才气干略,邦人所称",但是他的性格注定了失败的结局:"然骄且吝,周公无观,况在于恪?矜己陵人,能无败乎!"

除了殉国别无选择

一

诸葛亮晚年生的孩子叫作诸葛瞻。

诸葛瞻出生的时候，诸葛亮已经四十七岁了。当时诸葛亮正在汉中准备北伐（建兴五年，227年）。四十七岁生子，在三国时代算是超高龄了。晚年得子，而且还是独子，诸葛亮的喜悦之情可想而知。可晚年生子也有一个坏处：没有精力照顾、栽培儿子的成长。建兴十二年（234年）诸葛亮病逝时，诸葛瞻才八岁。

面对年幼的独子，风烛残年的诸葛亮心情非常复杂。他写信给哥哥诸葛瑾，一方面说"瞻今已八岁，聪慧可爱"，对儿子的未来非常期待；另一方面又"嫌其早成，恐不为重器耳"，自己留给儿子丰厚的政治遗产和沉重的负担，他那幼稚的肩膀能够扛起来吗？

诸葛亮死后，诸葛瞻很健康地成长，发展很顺利。他从小聪明颖慧，书法和绘画都很出色，是蜀汉重要的书画家。十七岁时，诸葛瞻娶蜀汉公主为妻，担任骑都尉一职，高调地开始了自己的政治生涯。仅仅一年后，诸葛瞻就被擢升为羽林中郎将，负责皇宫护卫，之后又迅速升为侍中、尚书仆射，加军师将军（这是诸葛亮担任过的军职）。整个蜀汉时期，诸葛亮一系人马始终占据朝廷的实权，诸葛瞻想不升官都难。他年纪轻轻就进入了蜀汉的权力核心。

诸葛瞻浑身上下沐浴着父亲诸葛亮流传下来的巨大光芒。大小官员推崇诸葛亮，除了诸葛亮势力影响深远外，诸葛亮生前表现出来的"忠君"和"爱国"让人无可指摘。在国事日非的现实中，官员们多少希望诸葛瞻能够重振父亲的雄风，整肃朝政，恢复往日强盛。普通百姓崇拜诸葛亮，则因为诸葛亮"爱民"和"聪明"，民间流传着许多诸葛亮的故事，越流传越神化诸葛亮。蜀汉后期政治日益黑暗，国力衰微，人们普遍怀念诸葛亮时期相对强盛的形象。"诸葛亮"三个字成了官民对过往美好时光的寄托。这种感情很自然被人们转嫁到诸葛瞻的身上。蜀汉官府一旦通过了好的政策，官民们都会归功于诸葛瞻，想当然地认为是诸葛瞻主倡的，大声叫好，比如，"诸葛将军给前线将士拨发拖欠的军饷了""诸葛大人解决蜀锦出口限制了"等。

想必，诸葛瞻活得很压抑，很累。

景耀四年（261年），诸葛瞻升为行都护卫将军，节制诸军，与辅国大将军南乡侯董厥一起平尚书事，实际负责朝政的运转。

两年后（263年），曹魏集中精锐，发起灭蜀战役。当年冬天，魏将邓艾剑走偏锋，奔袭阴平小道偷袭入川。蜀汉朝野震动。当时，大将姜维正在汉中与曹魏主力纠缠，后方空虚，形势危如累卵。朝议时，人们齐刷刷地把目光盯向了诸葛瞻。诸葛瞻唯一的选择就是：主动请缨，领兵御敌。他没有任何推托的理由。

诸葛瞻和儿子诸葛尚，带着一帮功臣勋贵子弟，领兵数万前去歼灭邓艾。邓艾长途轻装奔袭，兵马不过几千人，诸葛瞻有很大成功的希望。但是他名不副实的弱点，在关键时刻暴露了出来。诸葛瞻的军事才能远远在邓艾之下，实在太平庸了。诸葛瞻的部队前进至涪城时，尚书郎黄崇建议他迅速抢占险要，构筑防线，以逸待劳防止魏军冲入平原地带。诸葛瞻犹豫不决，怕承担放弃防线以北城池土地的责任，没有采纳黄崇的意见，没有构筑防线，而是一味寻找邓艾的几千人决战。邓艾的军队是抱着必亡之心偷袭而来的，一阵猛攻，大败诸葛瞻前锋部队。诸葛瞻退军驻守绵竹。

在绵竹，蜀魏发生了最后一场决战，邓艾胜利，诸葛瞻阵亡，蜀汉不久投降。正史并没有具体描写战斗的情况，只记载了诸葛瞻战前严词拒绝了邓艾的招降。邓艾遣使劝降诸葛瞻说："若降者必表为琅琊王。"诸葛瞻大怒，斩了邓艾的使者。他连和谈的心思都没有，更不用说投降了。于是，他主动迎战邓艾，战死沙场，终年三十七岁。

《三国演义》向读者描述了相对详细的战况。诸葛瞻和邓艾遭遇时，让军中推出一辆四轮车，"车上端坐一人，纶巾羽扇，鹤氅方裾。车傍展开一面黄旗，上疏'汉丞相诸葛武侯'"。魏军大惊，"原来孔明尚在，我等休矣！"军心大乱，不战而退。其实，那不过是诸葛亮的木刻遗像而已。诸葛瞻成功借助父亲的威名，赢了第一回合。第二回合，诸葛瞻之子诸葛尚趁魏军立足未稳，率前锋部队突袭魏军，又取得一次小胜。邓艾在第三回合亲自迎敌，诸葛瞻亲提大军，"径杀入魏阵中"。没想到，邓艾早就看出蜀军轻敌，设下了两支伏兵，"两下伏兵杀出，蜀兵大败，退入绵竹"。蜀军死伤不少，被几千敌军困在城中，"围得铁桶相似"。面对重围，诸葛瞻的对策就是：突围。结果在领兵突围时，他又中了魏军的埋伏，中箭落马。诸葛瞻为免被俘，给父亲诸葛亮抹黑，拔剑自刎而死。诸葛尚也死于乱军中。

据说，诸葛尚临死前大叫："父子荷国重恩，不早斩黄皓，以致倾败，用生何为！"这里的黄皓是后主刘禅宠信的太监，在蜀汉后期干政擅权，成为朝廷一害。但诸葛尚将国家的覆亡归结为黄皓一人，以偏概全，也有失公允。黄皓是什么人？是宫中使唤用的太监。你诸葛家世受皇恩，手握实权，竟然让一个太监擅权干政，本身就是你诸葛瞻失职。

不管怎么说，诸葛瞻的能力虽然差了一点，但维护了父亲的荣誉与尊严，也没有辜负朝廷和百姓对他的期望。他以必死之心，与来敌奋勇作战，以身殉国，死得其所。第一次上阵，诸葛瞻就遇到久经战阵的一代名将邓艾，够为难他的了。蜀汉百姓也原谅了诸葛瞻的平庸，为他们父子立祠供奉。晋代史学家干宝评价诸葛瞻"虽智不足以扶危，勇不足以拒敌，而能外不负人，内不改父之志，忠孝存焉"。"忠""孝"两个字是对古人很高的评价，诸葛瞻能把这两个词留在自己家，难能可贵。

二

蜀汉灭亡后，民间对诸葛家族的"忠孝"肯定和高度推崇有增无减。为了树立榜样和安抚民心，朝廷决定对诸葛家族后人量才录用。当时琅琊诸葛氏后人主要是诸葛瑾的曾孙、诸葛乔的孙子、诸葛攀之子诸葛显和诸葛亮之孙、诸葛瞻次子诸葛京。其中诸葛京已经在曹魏的宦海中沉浮了，担任了郿县县令。尚书仆射山涛就上奏："郿令诸葛京，祖父亮，遇汉乱分隔，父子在蜀，虽不达天命，要为尽心所事。京治郿自复有称，臣以为宜以补东宫舍人，以明事人之理，副梁益之论。"于是在264年，司马昭将诸葛京、诸葛显叔侄二人迁徙到河东定居。而诸葛诞因为叛国罪（得罪了司马家族）而绝祀，没有找寻后人继承他的血脉。

诸葛京在西晋王朝一直做到了江州刺史，死在任上。虽然还在官场上有一席之地，但诸葛家族再想振兴当年权倾三国的雄风已不现实。所空缺出来的权职，早已被新的士族权贵所垄断。

江东大族首望之家

——江东陆逊、陆抗、陆机、陆云家族

晋惠帝太安二年（303年），河北邺城发生了一起冤案。成都王司马颖大开杀戒，将南方世族代表陆机、陆云、陆耽三兄弟，还有陆机之子陆蔚、陆夏等人斩首，诛灭了陆家满门。在东吴时期出过两位丞相、五位侯爷、几十个将军的吴县陆家走到了辉煌的尽头。时人孙惠评论说："不意三陆相携暗朝，一旦湮灭，道业沦丧，痛酷之深，荼毒难言。国丧俊望，悲岂一人！"

东吴政坛的黑马

一

东汉末年,一度落魄的孙策求见庐江太守陆康。陆康让少年气盛的孙策吃了个闭门羹。

陆康有很多理由不见名不见经传的孙策。首先,陆康是名门之后。江东陆家世居吴县地区,最早可追溯到光武帝的尚书令陆闳。陆闳喜欢穿越布单衣,光武帝知道后专门下令会稽郡进贡越布。陆家的地位和门第之高,这就是最好的例子。陆康就是陆闳的四世孙。而孙策只是前袁术部将孙坚的儿子。孙坚是富春的小贩出身,靠从军打仗才得以列位将军。其次,陆康地位突出,名扬天下。他很忙,求见他的人很多,客观上也没有能力接见每一个来访的小伙子。陆康出任庐江太守是为了镇压黄穰等人的大规模造反。庐江等地反军超过了十万人,攻陷了四座县城。陆康到任后,申明赏罚,成功扫平了起义。汉献帝即位后,天下大乱,陆康坚持奉贡朝廷,被加封"忠义将军",名噪一时。陆康完全没必要亲自接见孙策,所以派手下的主簿接待了孙策。

孙策血气方刚,自信心正强,想当然地觉得应该得到陆康的亲自接见。现实残酷地告诉孙策他并不是什么人物,孙策内心接受不了,进而恨起了陆康。"你陆康欺人太甚,看我以后怎么收拾你!"

我们知道孙策后来威震天下，成了东吴政权缔造者。陆康的日子就不好过了。没过几年，孙策就领兵来报仇了。他得到袁术的资助，将庐江城团团围住。陆康坚持固守。他治理庐江多年，公正清明，得到了军民的拥戴。战斗期间，正在休假的官吏和官兵们纷纷自愿返回庐江，夜里攀绳回城和陆康同仇敌忾。庐江城被围困两年后还是陷落了。陆康发病而死，享年七十岁。陆家宗族上百人，或死于饥饿或死于战火，死亡过半。

陆康在天下纷纷扰扰、人人为己谋利、州县官吏争权夺利的时候，还奉公执法、固守城市，显得与时局格格不入。陆康也知道庐江不可守，但作为精通儒学的当代名士他必须这么做，为理论和忠心献身。庐江被围之前，陆康将子弟秘密送回了吴地老家。所以，陆家虽然在庐江遭到孙策重创，但保留下了复兴的种子。

送回老家的子弟中有陆康的儿子陆绩。陆绩六岁的时候见过袁术。袁术用橘子招待他，陆绩在怀里藏了三枚，拜辞的时候不小心把橘子掉在了地上。袁术好奇他为什么这么做，陆绩回答说："我要拿回去给母亲吃。"陆绩的孝心为他赢得了声名。东吴政权建立后，陆绩作为孙策仇人的儿子，日子不太好过，一直当不了官。一次，陆绩参与张昭、张纮、秦松等人的讨论。后三者认为天下不安，必须武力平定。陆绩地位低，只能坐在后座还得不到发言的机会，最后按捺不住就大声驳斥张昭等人的意见，为人瞩目。客观地说，陆绩继承了父亲的俊美容貌和博学多知，还特别善于观星和占卜，当然也带上了父亲的迂腐和耿直。孙权做人也很直，而且还很崇拜哥哥孙策，对陆绩父亲当年冷遇孙策的"恶行"耿耿于怀，始终不待见陆绩。史载陆绩"*以直道见惮*",最后被孙权任命为郁林太守。郁林在现广西南部和越南北部地区,蛮荒凶险,东吴尚未有效控制该地区,还有零星战火存在。郁林太守一职显然不适合陆绩。孙权让他带兵两千去上任,结果陆绩旧病复发,三十二岁就死在了任上。

二

这样看来,吴县陆家的处境不太好。一个家族最大的挑战可能就是生不逢时,不受所在地政权的肯定和接纳。陆家因为人丁稀少,更因为和东吴政权有宿仇,想要光复家族、飞黄腾达看来是难上加难了。

中兴家族的责任落在了一个叫陆逊的孩子身上。

陆逊是陆康的侄孙,陆绩的堂侄。陆逊本名陆议,祖父陆纤官至城门校尉,父亲陆骏官至九江都尉,早死。陆逊从小就跟随叔公陆康生活。庐江围城时,陆康也把陆逊送回了吴地老家。陆逊辈分虽然低,但年龄却比陆绩长数岁,无形中成了吴郡陆家的主心骨。

先不说陆逊的政治能力,陆逊身上有股强烈的责任感,对国家的,对家庭的。政权不是一户人家能够选择或者推翻的,吴县陆家最现实最直接的做法就是去适应东吴政权,做既得政权的强者,从而实现家族发达。所以二十一岁的陆逊就进入孙权的幕府,任东西曹令史后出任海昌县的屯田都尉。屯田都尉是专管某地屯田事务的中级官员,虽然和县令同级,但事情琐碎繁重,吃力不讨好。孙权让陆逊去干这些差事，驱使重于提拔。陆逊没有放过任何一次机会，把屯田督办得很好，不久兼领了县事，成了位著名的地方精干官吏。

陆逊的恭顺和能干给孙权留下了很深刻的印象。孙权虽然还记得陆康冷遇孙策的陈芝麻烂谷子事，但也是个爱才的实干家，需要陆逊这样的部下。他决心修复与陆家的关系，将哥哥孙策的女儿许配给陆逊。

未婚妻是杀害家族几十条人命的仇人的女儿，陆逊该如何选择呢？

陆逊平静地选择了这桩婚姻，成了东吴孙家的女婿。它象征着吴县陆家抛弃了与孙家的恩恩怨怨，坚定地将政治命运与东吴政权绑在了一起。

陆逊成了孙策女婿后，并没有得到特别关照，还是得从基层干起。办好屯田后，陆逊又被调去平定山越之乱。当时正是赤壁大战正酣时，孙权和周瑜、程普等大将忙于备战，后方的山越民族趁机起兵造反扰乱东吴后方。山越是百越的一支，散布在江南各地山区，和东吴政权打打杀杀多年了，如今在关键时刻来捣乱，孙权没时间也没精力去平叛。资历不够去赤壁前线的陆逊就被派去平叛后方了。陆逊类似光杆司令，只有少量军队，却要对付百倍于己的乱军。陆逊"先兵后礼"，集中军队在夜幕下发动奇袭攻破部分山越村寨，接着伸出橄榄枝，招抚山越人民。山越民族最终被各个击破，陆逊"宿恶荡除，所过肃清"，并从中挑选了数以万计的精兵强将，充实自己的部队。鉴于陆逊成绩突出、掌握的军队越来越多，孙权将征讨会稽、丹杨、新都等地山越的重任都托付给了陆逊。陆逊深入山越险阻之地，将强者入伍、羸者补为民户，实力更加强大。古代行军治国，一讲粮草，二讲兵源，陆逊既屯田又募兵，两项工作都完成得很好。加上东吴采取世袭部曲制，鼓励部将壮大实力，陆逊得以后来居上，跻身一线将领行列。

陆逊最终凭借精明能干和杰出政绩，在不友好的东吴政权中站稳了脚跟。

三

赤壁之战，陆逊因为年轻力弱没能赶上。关系东吴国家命运的第二场重大战役——争夺荆州之战，陆逊争取到了。

建安二十四年（219年），蜀汉留守荆州的关羽出兵进攻襄樊。但他对东吴心存忌惮，担心东吴大将吕蒙等偷袭荆州，所以出征前留下重兵镇守荆州，防备吕蒙偷袭。夺取荆州是东吴的既定国策，吕蒙因为关羽留的这一手，有心而无力，难以下手。他能想到的，就是先借故离开前线，让关羽消除顾虑，再寻找破绽偷袭荆州。所以吕蒙以生病为名返回建业，希望关羽能撤去部分军队，方便东吴乘虚袭取荆州。

吕蒙因疾去职一事是国家最高机密，只有他和孙权两个人知道。东吴朝野并不知情。陆逊却发现了其中的奥妙，跑到建业拜见吕蒙商讨荆州问题。吕蒙一开始和他打哈哈，说自己病重，没能力再讨论荆州问题了。陆逊一针见血指出："关羽矜其骁气，陵轹于人，听说他现在北伐取得了一些功劳，更加意骄志逸，一心北进，对我轻敌。现在关羽听说您因病离职，防备必然空虚，现在正是出其不意，杀敌报国的良机。"吕蒙大惊，对陆逊的洞悉力大吃一惊，认定陆逊才干出众，足可以协助自己完成大业。所以当孙权问吕蒙，你离职了总需要一个人代替你为前线主帅，选谁好呢？吕蒙推荐了陆逊："陆逊意思深长，才堪负重，观其规虑，终可大任。"任命陆逊的另一个好处是"未有远名，非羽所忌"，更可以达到麻痹关羽的目的。于是，孙权拜陆逊为偏将军、右部督，取代吕蒙统领东吴前线大军。

陆逊深深介入了荆州之战。到任后，陆逊再施小计，写信给关羽。在信中，陆逊谦恭至极，先说"仆书生疏迟，忝所不堪喜邻威德"，然后大大夸奖关羽一番，说自己是关大将军的崇拜者，并鼓励他"战捷之后，常苦轻敌，古人杖术，军胜弥警"，希望关大将军"广为方计，以全独克"，取得更辉煌的战果。关羽读信后，自我感觉超级好，根本不把陆逊这个黄毛小子作为对手。他下令留守后方的军队大部分北调。之前吕蒙就因为关羽留在江陵、公安等地的守军太多，无机可乘。现在，江陵几乎成了一座空城。陆逊迅速上报孙权，说偷袭荆州的时机已经成熟。孙权接报亲率大军征讨荆州，以吕蒙和陆逊为前锋，袭取了荆州大部。

荆州之战中，吕蒙坐镇江陵，以逸待劳，迎战关羽主力。陆逊也没闲着，乘胜西进，攻城略地，占领宜都、枝江、夷道、秭归等长江中游重镇，一直兵临三峡口。陆逊以重兵扼守三峡峡口，切断了荆州同蜀汉大部的联系，既有力保证了东吴主力对荆州的占领，又截断了关羽大军败逃四川的退路。关羽被吕蒙打败后，败走麦城，被俘而死，其中也有陆逊的一份"功劳"。综观整个荆州战役，陆逊发挥了举足轻重的作用。日后刘备一说起陆逊，就咬牙切齿地认为陆逊是杀害关羽的元凶之一。

陆逊占领三峡地区的一大考虑就是阻止蜀汉出兵东进。他判断刘备不会甘心失去荆州，迟早会东出讨伐，东吴必须做好战备。考虑到东吴攻占荆州后"荆州士人新还，仕进或未得所"，陆逊上疏建议起用大批荆州士人网罗人心。孙权采纳了陆逊的建议，初步稳定了荆州人心，并任命陆逊为西部的宜都太守。宜都少数民族众多，陆逊上任三把火：第一是招抚当地蛮夷；第二是讨伐造反的秭归大姓文布、邓凯的势力，二人之前战败降归刘备，陆逊用计引诱二人归降，文布中计而还，被斩首；第三，陆逊屯守夷陵，守住峡口防备蜀汉。

果然不出陆逊所料，黄武元年（222年），刘备倾全国之军，大举进攻东吴报复。刘备大军攻势很猛，一路所向披靡，一举收复荆州西部地区，并围困东吴前线大将孙桓于夷道城。《三国演义》说"此时先主威声大震，江南之人尽皆胆裂，日夜号哭"，虽然有所夸张，但东吴朝野一日数惊、愁眉苦脸却是真实的。东吴面临着自曹操南征以后的第二次存亡危机。

关键时刻，陆逊被部分大臣推到了前台。孙权"破格"任命陆逊为大都督，率领各部将领约五万人迎战刘备。

为什么说是"破格"任用呢？陆逊不论资历还是本部兵马的实力，都不足以成为前线统帅。孙坚时代的大将韩当，孙策时代的吕范、周泰、潘璋、徐盛、朱然等将领都还在世，而且智勇双全身经百战，掌握的军力在陆逊之上。陆逊指挥的"或是孙策时旧将，或公室贵戚，各自矜恃，不相听从"。所以，军队中存在质疑将国家存亡托付给一个小将是否合适的声音。部分老资格的将领还对陆逊口出怨言，行事阳奉阴违、不听号令。

　　陆逊没有辜负孙权的信任。他先恩威并施，成功团结了内部。陆逊当众宣称："仆虽书生，受命主上，国家所以屈诸君使相承望者，以仆有尺寸可称，能忍辱负重故也。各在其事，岂复得辞，军令有常，不可犯矣。"对于心怀不满的老将，陆逊好言相劝："诸君并荷国恩，当相辑睦，共剪此虏，上报所受，而不相顺，非所谓也。"战争期间，陆逊没有奏报过一起将领违背节度的事件。相反，当时有人散布谣言说诸葛亮的哥哥诸葛瑾暗中投敌，陆逊却向孙权担保诸葛瑾的忠诚，避免内部分离。陆逊此举得到了东吴上下的赞赏。

　　却说刘备大军，水陆并举，跋山涉水到达了夷道猇亭，与东吴军队相接。诸将请求迎战，陆逊认为刘备锐气正盛，并且居高临下占据险要地形，很难攻克，如果仓促应战遭到不利反而更加损害本方士气。陆逊给众将的命令是：约束部队，静观其变。陆逊希望把刘备引诱到平原旷野上，寻找刘备的失误予以反击。为此陆逊承受了巨大的压力，重围里的孙桓不断求援、部将反复请战无法理解命令的深意。陆逊压制越厉害，下面的反弹就越激烈。即便如此，陆逊还是与刘备从二月对峙到了六月。其间刘备花了许多心思，招惹东吴军队出战，都没成功。

六月是炎热的夏季，刘备终究露出了破绽。他舍弃了水战，撤军在岸上安营扎寨。蜀军找的营地都是林木茂密、阴凉湿润的地区，因为军队众多连营五六百里。战线一拉长，兵力就分散了，弱点也就显露了出来。再加上蜀汉大军迟迟找不到决战的机会，士气疲惫，唉声叹气。陆逊期待的局面终于出现了。

陆逊决定反攻。诸将迷惑不解，纷纷说刘备大军初来乍到的时候不进攻，现在东征半年多连营五六百里，各个险要地方都被蜀军固守了，进攻的最佳时机过去了。陆逊说："备是滑虏，更尝事多，其军始集，思虑精专，未可干也。今住已久，不得我便，兵疲意沮，计不复生，掎角此寇，正在今日。"陆逊先派部队攻击刘备其中一处营地，果然像将领们担心的那样大败而归，大家更不满了，这不是明摆着让士兵送死吗？但陆逊此举只是试探虚实，通过实战观察蜀军营垒。他虽败却很高兴，命令士兵"各持一把茅，以火攻拔之，一尔势成，通率诸军同时俱攻"。这几乎是赤壁大火的重演，吴军大火烧向蜀军位于林区的营垒，火光蔓延，大败蜀军。刘备率残兵狼狈逃窜，最后靠烧毁驿站物资，"以火攻火"，才成功脱身。

夷陵之战，陆逊大获全胜，刘备一世英名付诸东流。

战后，大将徐盛、潘璋、宋谦等纷纷建议一鼓作气，乘胜深入蜀汉，扩大战果。孙权也动了心思，询问陆逊。陆逊清醒地指出，吴蜀作战犹如鹬蚌相争，便宜了曹魏那个渔夫。东吴如果沉浸在大胜的狂喜中，继续西进，要防备曹魏大军偷袭东吴后方。陆逊见好就收，收复失地后就回军后方，果然撞到了趁火打劫的曹魏大军。在危险和困难前保持冷静的头脑不难，但在狂胜之际依然清醒最难，陆逊做到了。凭借能力和功绩，夷陵之战后的陆逊再也不是当初被老将轻视的晚辈了，而实实在在成了东吴政坛上数一数二的大佬。

　　从罪臣之后到王国重臣，陆逊如同一匹黑马，奇迹般地领跑在前。

王朝的割据支柱

一

东吴君臣似乎有"短命"的传统。孙坚、孙策两代君主都早死，周瑜、鲁肃、吕蒙等统兵大将也都英年早逝。陆家子弟很幸运，都长命。随着老将凋零，陆逊在夷陵之战后挑起了王朝割据的大梁。他和儿子陆抗，先后成了东吴赖以存亡的依靠。军事上的问题，东吴朝野首选的求助对象就是陆家父子。

三国割据的形势是北强南弱，南方的蜀汉和东吴在军力、国力上都落后于北方的曹魏。随着形势的发展，这种不平等越来越明显。陆逊等南方主事者需要高超的手腕才能维持脆弱的南北平衡。陆逊主持东吴军事，构建了一条以长江沿线各个要点（如建业、江陵、西陵等）为依托的防御战线，并展开力所能及的局部进攻。

进攻永远是最好的防守。一段时间里，东吴出现了将领投降曹魏的大潮，最严重的当数元勋韩当的儿子韩综举部曲数千人逃奔魏国。陆逊发现了其中的价值，让东南的鄱阳太守周鲂写信给魏国前线大将曹休诈降。曹休立功心切，轻信了周鲂，征得朝廷同意后征调前线大军，南下接应周鲂，希望借此撕开东吴的防线。同时，曹魏派出司马懿和贾逵分别从江陵、夏口向南推进，配合曹休。至此，赤壁大战后，曹魏和东吴之间的最大战役爆发了。

曹魏的如意算盘是由司马懿、贾逵牵制吴军主力，曹休乘虚联合周鲂的降军，撕裂长江防线。陆逊则计划用周鲂诱使魏军主力孤军深入江南，用伏兵和有利地形围歼魏军，进而改变南北方一段时间的军力对比。陆逊唯一的纰漏是，诈降只能够欺瞒一时，迟早会暴露的。曹休就在南进途中发现了骗局，但他耻于被欺骗引诱的现实，又自恃兵马精多，继续南进作战。一场埋伏围歼战变成了正面决战。曹休故意以老弱残兵在前，引诱吴军追击，将精锐部署在后面，击破陆逊的骄兵。陆逊将计就计，自为中部，以朱桓、全琮为左右翼，三路包抄曹休。东吴军队依托有利地形和充足准备最终击退了曹休，陆逊一路追击到夹石，斩获兵将万余，牛、马、骡、驴车乘上万辆，军资器械无数。曹休逃回北方后，疽发背死。司马懿等人也无功而返。此战陆逊虽然没有完全达成目标，但予以前线魏军重创。

战后又有人建议扩大战果。这次提出建议的是朱桓，他的计划更加宏伟，建议吴军乘胜长驱直入淮南，占领淮南后进攻许昌、洛阳。他认为这是占领中原的良机。陆逊一如既往地保守持重，坚持东吴不在正面战场上占绝对优势，反对冒险进击。

本次虽说是小胜，却意义重大。之前，孙权被迫向曹魏称臣纳贡。魏文帝曹丕不断索要土特产和南方鸟兽，不如意就威胁要孙权送人质来。曹休被打败后，双方的气焰大变。曹魏不像往常那么嚣张狂妄了，东吴也学会了用平常心与曹魏交往。战胜曹休的第二年，即 229 年，孙权在武昌即皇帝位，正式建立了东吴王朝。陆逊不仅缔造了王朝安然的外部环境，还多少在心理上缔造了东吴的王朝心态。

陆逊历次大战都取得了辉煌的胜利，身上染上了"战神"一般的光芒，威震敌方。对外自信起来的孙权曾御驾亲征曹魏，以陆逊为偏师参与北伐。南北实力差距决定了东吴这次北伐以失败告终。孙权主动退走。糟糕的是，陆逊的信使被魏军擒获，撤退计划提前暴露了。同事诸葛瑾写信劝陆逊，敌人知道了我军虚实，而且旱季到了，东吴水、陆两军宜迅速撤退。陆逊却没事人一般让将士们在营中耕地种豆，下棋射箭。诸葛瑾再次催促，陆逊回答说："如果我们仓促撤退，敌人会以为我们畏缩恐惧，会来追击，必败无疑。"不仅不退，陆逊还从水陆两路反攻襄阳。魏军已经知道了陆逊的军情，并在兵力上占优势，但"素惮陆逊"，慑于陆逊的威名，紧闭城门不敢迎战。陆逊这才慢腾腾地整理队伍，组织步兵上船，安然撤回后方。

二

一个政治世家的崛起，离不开知人善任的君主。君臣融洽是政治世家崛起的必修课，而这需要君臣双方的努力。

孙权对陆逊的信任和重用贯穿在陆逊崛起过程之中。

陆逊长期坐镇荆州的武昌，负责抗曹的同时也主持对蜀汉的外交。孙权将国家外交大权托付给陆逊，所有相关事宜都让人告诉陆逊，每次写给刘禅、诸葛亮的书信都先经过陆逊，内容是否合适、语气轻重是否得当，都任由陆逊修改决定。为了方便行事，孙权还把吴王大印都封存在陆逊那里。君主将大印交给大臣自由使用，孙权和陆逊可能是唯一的一例。抵御曹休时，孙权拜陆逊为大都督，全权负责前方作战。孙权授权陆逊假黄钺、统御六师及中军禁卫，"摄行王事"，等于给予陆逊等同君王的权力了。出征时，孙权为陆逊执鞭，百官跪送。正是因为陆逊得到了孙权的完全信任和授权，所以行军打仗起来可以尽其所能。

东吴建立后，孙权拜诸葛瑾为大将军，以陆逊为上大将军。汉代军制，大将军是最高军职，位在丞相之上，孙权觉得大将军都不能体现陆逊的尊崇和地位，特设了"上大将军"这个新职。孙权还将太子孙登、诸皇子及尚书等官员配置在武昌，赋予了武昌陪都的地位。陆逊拥戴太子，执掌荆州、扬州和豫章三郡，主持军国大事。丞相顾雍死后，孙权又任命陆逊为丞相。他不让陆逊从武昌去首都建业受命，而是派专人将丞相印绶送到武昌交给陆逊。陆逊成了上大将军、大丞相，坐拥一半以上的国土，辅佐太子，成为前无古人后无来者的大权臣。

所以说每一个成功的大臣或将军背后，必然站着一个信任授权、知人善任的君主。

但是知人善任有两种，一种是真正的心心相通，政治理念和政策观点完全一致，能做到同进退共荣辱；而另一种是为解决困难结成同盟，暂时掩饰政治理念的不一致来换取具体政策上的一致。绝大多数君臣只能做到第二种"知人善任"，只能是一时一事，注定不能一生一世。孙权和陆逊的关系就是第二种。陆逊是一个务实灵活的政治家，有保家卫国、保民保国的抱负，又洞悉局势、实事求是。在具体政策上，他主张保境安民，对外采取守势，对内轻徭薄赋，发展农桑衣食，育养士民，增强国力。孙权的性格却近乎相反，和绝大多数皇帝一样自信满满，追求文治武功。加上他年轻登基，掌握朝政六十年，接二连三收获辉煌的胜利，逐渐变得自负自满，好大喜功。好大喜功的皇帝未免多加赋税，刑罚过重，陆逊就上疏劝谏孙权恩德治国，宽于刑罚，轻于赋税。孙权回答说，"*君以为太重者，孤亦何利其然*"，但"不得已而为之"。孙权为什么不得已呢？因为他和陆逊的观念不同，心里追求的事情多了，当然需要搜刮更多的物资来执行。孙权后期，朝政日非，君臣关系日渐恶化，孙权甚至设置特务机关监察百官。陆逊再次劝谏孙权"*夫峻法严刑，非帝王之隆业，有罚无恕，非怀远之弘规也*"，但石沉大海。孙权没有采纳陆逊的建议。

　　孙权好大喜功的重要表现是追求奇珍异宝和异域土地。传说浩瀚的大海中有夷州、朱崖及亶州等神奇的土地。孙权就想夺取那里的珍宝、民众来增强国力，因此要动用大量的人力物资和财富。是否要执行这么大的国家工程，孙权心里没底，询问陆逊的看法。这种事情的投入与产出完全不成比例。陆逊坚决反对。他那么清醒的头脑，肯定知道孙权已经沉迷不能自拔了，劝谏无用，但强烈的使命感还是让他上疏劝谏，说"反复思惟，未见其利"，认为万里奔波，风险极大，即使有所收获也完全抵不上耗费的财富，建议孙权"*育养士民，宽其租赋*"，积储国力，然后再图大事。但孙权一意孤行，派出了多支船队。现在我们知道孙权在 230 年派出寻找夷州的船队最终到达了台湾，彪炳史册。但东吴的船队付出了上万人的牺牲，最终只掳掠了上千人回到江东。事实证明陆逊的意见是对的，孙权的脸上也挂不住，最后杀了率领船队的卫温、诸葛直了事。

后来又有一件看起来更离谱的事情。割据辽东的公孙渊派遣校尉宿舒、郎中令孙综向东吴称藩，并献上貂马。孙权大喜过望，认为这是东吴统一天下的预兆，下诏封公孙渊为燕王，并组织庞大的船队，由太常张弥、执金吾许晏、将军贺达率领上万大军携带大批金银珍宝赶赴辽东首府襄平举办册封大典。建业和辽东相隔万里，波涛汹涌，还要穿越曹魏领土，孙权的想法无疑是一场闹剧，群臣都不赞成，从丞相顾雍到普通官吏纷纷劝谏。孙权固执己见，满怀希望地派出船队。公孙渊却抢了孙权的封赏，诱杀张弥、许晏等人，再把他们的首级和东吴的印绶送给曹魏邀功请赏。孙权被耍了，自负狂傲的心在流血。他出离愤怒，决定组织更大的船队，御驾亲征辽东，"不自截鼠子（指公孙渊）头以掷于海，无颜复临万国"。君主冒险跨海远征，于国于民都大大不利，陆逊不得不上疏劝谏。

陆逊的劝谏非常有艺术。他不像张昭等人那般辞气壮厉地苦谏，而是先顺着孙权的意思大骂"公孙渊实在可恶"，再回顾孙权的神武，"破操乌林，败备西陵，禽羽荆州，斯三虏者当世雄杰，皆摧其锋"，所以公孙渊这个跳梁小丑肯定不是孙权的对手。孙权正听得舒服，陆逊话锋一转，东吴的国家战略是统一天下，最大的敌人是曹魏，而孙权冒险远征，必然招致曹魏偷袭。不论是远征失败还是曹魏偷袭成功，一旦如此，悔之晚矣。孙权听得频频点头，陆逊接着说只要打败曹魏，区区公孙渊肯定归降求饶，到时候严惩他也不迟。最后，孙权毕竟是政坛老手，忍下了恶气，放弃了跨海远征的计划。

陆逊费尽心思的劝谏取得了成功，可君臣之间的政治分歧则不是动嘴皮子能够解决的。它迟早会爆发出来。而和陆逊一起镇守武昌的太子孙登的死让陆逊和孙权的关系起了波澜。孙登死后，孙权立孙和为新太子。但是孙权又非常喜欢四子孙霸，给予了孙霸和太子一样的待遇。这大大失策，等于是刺激了孙霸争夺太子地位的野心，也让孙和内心不安。结果东吴内部因为太子之争分为了两派，党同伐异，内讧不已，史称"二宫构争"。作为上大将军兼丞相的陆逊在这样的问题上很难做到绝对的不偏不倚。陆逊也不想搞平衡，他有自己的倾向。陆逊熟读儒家经典，深知"国本"的重要性，更反对因为太子之争影响内部团结稳定。最公正最方便的做法就是维护没有错的新太子孙和的地位。陆逊站在孙和的立场上说话："太子正统，宜有磐石之固，鲁王藩臣，当使宠秩有差，彼此得所，上下获安。"陆逊多次向孙权陈述意见，都得不到响应。内讧让孙权头痛。他难以决定继承人选，也讨厌大臣们吵吵嚷嚷的闹剧。支持孙和的一派人多势众，叫得也最厉害。孙权为了压制内讧，首先拿孙和一派下手。而陆逊是孙权打击的头号目标。太子太傅吾粲因为多次和陆逊书信往来，就太子一事交换意见，就被下狱冤死。孙权多次派遣宦官到陆家来责备陆逊。陆逊一片忠心换来历次训斥，加上忧国忧民，年纪也大了，"愤恚致卒"，终年六十三岁。

陆逊的死被很多人看作是参与东吴太子之争的恶果，并不尽然，更深层的原因是孙权、陆逊两人几十年以来存在的政治分歧。当迫切需要解决的政治问题（荆州战役、夷陵战役）等不复存在时，政治分歧就升为首要问题，孙权和陆逊君臣交融的蜜月期也结束了，剩下的只有苦涩的争论。陆逊和孙权都是很有个性的强势人物，所以造成了一方以死亡结局退出的悲剧。

三

陆逊死时，儿子陆抗才二十岁。孙权任命他为建武校尉，统领陆逊所部五千人。陆抗去谢恩，孙权不依不饶地拿出他人状告陆逊的二十条罪状诘问陆抗。陆抗不卑不亢，将这些罪状一一驳斥，孙权因此对陆逊的印象有所改观，也记住了陆抗这个名字。几年后，陆抗回建业治病，痊愈后回任，孙权与他涕泣而别，承认："吾前听用谗言，与汝父大义不笃，以此负汝。前后所问，一焚灭之，莫令人见也。"这等于是变相给陆逊平反了。

我们来看看陆抗的表现。陆抗被放到战争前线去捶打，参加了诸葛诞迎降等战役，都督过柴桑、西陵等要地，经验丰富。东吴末代皇帝孙皓即位后加封陆抗为镇军大将军，领益州牧，都督信陵、西陵、夷道、乐乡、公安等地军事。东吴的国家安全寄托于长江防线，而长江防线西起西陵东至建业，陆抗负责的就是西段。西段责任重于东段，既要负责抵挡从湖北北部拥过来的敌人，又要抵御巴蜀的敌人顺流而来进攻东吴。蜀汉灭亡后，西段实际上两面遭受来自曹魏－西晋的威胁。所以说，东吴把国家的安危大半交给了陆抗。东吴能否继续割据下去，就看陆抗这个擎天柱能否守住西线了。

和父亲一样，陆抗也坚持守势，认为内政富强是国家安全的根本。但东吴王朝已经走向了末期，朝野的许多情况让陆抗担忧。比如，朝廷政令多变，陆抗就担心地上疏指出"国家外无连国之援，内非西楚之强，庶政陵迟，黎民未义"，并提出十七条具体政策建议。孙皓没有采纳。当时宦官何定弄权干政，陆抗又上疏劝谏孙皓勿用小人，抑黜群小，对有真才实学的人要随才授职。孙皓还是没有采纳。陆抗屡次上疏没有奏效后，知道对朝政鞭长莫及，转而埋头恪尽职守，加强西线防备了。

东吴末代皇帝孙皓是出了名的暴君，好大喜功就算好了，还动不动就敲碎大臣脑袋，杀人如麻。奇怪的是，孙皓对陆抗非常客气，除了不采纳劝谏外，并没有其他与他过不去的言行。也许，荒唐的孙皓内心也知道，陆抗是东吴的长城，不能自毁长城。

但孙皓还是给陆抗带来了大麻烦。凤凰元年（272年）夏天，暴戾无道的孙皓逼反了陆抗的部下、昭武将军、镇守西陵的步阐。步阐世代为将，不堪忍受孙皓的迫害，以本部兵马和西陵城向晋武帝司马炎投降，并送侄子为人质，向西晋求援。司马炎任命步阐为都督西陵诸军事、卫将军，兵分三路予以支援：命荆州刺史杨肇进入西陵协防步阐，命车骑将军羊祜率五万军队进攻江陵，命巴东监军徐胤率水军进攻建平。

西陵是蜀汉出三峡的第一站，也是东吴长江防线的最西站。它的沦陷，将动摇整个长江防线。陆抗第一反应就是不惜一切代价夺回西陵。他抽调西线各处兵马，日夜兼程进围西陵。西陵争夺战就此打响。陆抗不急着攻城，而是命令各军在西陵外围构筑高墙，割断步阐和西晋援军的联系。筑墙的工程量巨大，时间又紧，东吴官兵昼夜筑围，非常辛苦。诸将多又怨言，纷纷劝陆抗说："现在三军锐气正盛，可以速攻步阐，不等西晋援兵来西陵城就能攻下。何必大造围墙，浪费劳力和物资呢？"陆抗诉苦水说，西陵城地处险要，之前又把城墙修得牢固无比，还储存了大量粮草和守城器械，都是陆抗亲自督办的。现在如果一味猛攻，不仅城池攻不下来，等西晋援军来了就要内外受敌，没法抵御了。宜都太守雷谭不听，言辞恳切，请求进攻。陆抗为了让大家了解实情，同意雷谭带部分军队攻城，结果大败而归。众将这才相信西陵是块硬骨头，转而抓紧修筑围墙，在西晋援军到来前将西陵城团团围住。

从陆抗的身上，我们仿佛看到了陆逊指挥若定、料事如神的风采。

西陵战斗还胶着着，羊祜的五万大军就到达江陵了。众将请求陆抗去江陵督战。陆抗再次力排众议，认为江陵的情况和西陵类似，城墙坚固兵精粮足，西晋短时间内攻不下来。即使敌人占领了江陵，孤城也守不住，损失不大；但如果西陵落到西晋手里，长江防线破了，南边群山中的蛮夷也会趁乱而来，荆州将不得安宁。"吾宁弃江陵而赴西陵，况江陵牢固乎？"所以，陆抗坚持驻守西陵督战。当年年底，西晋杨肇部抵达西陵，徐胤的水军也进抵建平。陆抗分兵防守这两支敌军，还派人防备羊祜南渡、拦截徐胤水军顺流东下，自率大军依靠抢险修好的围墙与杨肇对峙，以待战机。

吴将朱乔、都督俞赞失去信心，叛逃晋军。陆抗说："俞赞军中多旧吏，知道我军的虚实，我常担心某地防守有漏洞，敌人知道后肯定会先攻此处。"陆抗连夜撤换那个地方的军队，替换上精兵强将。第二日，杨肇果然集中兵力进攻那个防区弱处。陆抗指挥反击，打败晋军。僵持到年关将近，杨肇计穷，在夜幕掩护下逃走。陆抗怕追击后围城力量空虚，被步阐出城袭击，所以只擂鼓佯作追击。杨肇却被吓破了胆子，丢弃铠甲狂逃。陆抗只派出一队轻兵追击，竟然将晋军逼回四川。羊祜本来就是掩护军队，知道主力失败后主动撤兵。

西陵最终被西晋各军抛弃，陆抗开始督率军队猛攻狂打，最终攻克西陵，俘杀步阐及其部属数十人，全都诛灭三族。城内数以万计的胁从者被赦免。陆抗重新修治了西陵城池后，陈兵东还。虽然得胜凯旋，因功加拜都护，陆抗却"貌无矜色，谦冲如常"。

长期在西线与陆抗对峙的是西晋大将羊祜。陆抗和羊祜两人真正交手少，多数是在打"心理战"，留下了许多惺惺相惜的佳话。

羊祜对吴军采取怀柔政策，每次交战都告知东吴时间，从不发动袭击。对于主张偷袭的部将，羊祜一律赏酒灌醉。西晋部队也会越境抢粮作为军粮，但每次都留下相同价值的绢作为交换。羊祜游猎的范围也往往局限于西晋境内。如有禽兽被东吴人所伤后被晋军猎得，羊祜下令一律送还。因此，东吴和西晋两军不像敌人倒像是友军，和睦共处。陆抗、羊祜两位主将也发展出了"友谊"。陆抗一次生病竟然向羊祜求药，羊祜马上派人送药过来，并说明这是自己新配制的药，还未服，先送给陆大将军吃。部将担心其中有诈，劝陆抗勿服，陆抗认为"羊祜岂鸩人者"，放心服下。同样，陆抗送给羊祜的酒，羊祜也饮之不疑。这看似奇怪，实际上却是两军在打道德战、士气战，比的是心理素质。陆抗就告诫将士："彼专为德，我专为暴，是不战而自服也。各保分界而已，无求细利。"陆抗在勉力维持，孙皓却在后面捣乱。贪小便宜的孙皓多次派军入侵晋国边界，取得一些小成绩就沾沾自喜，大吹大擂。陆抗认为此举惊扰边界百姓，有弊无利，上疏劝谏说："宜暂息进取小规，以畜士民之力，观衅伺隙，庶无悔吝。"孙皓还是不采纳，相反对陆抗和羊祜的做法很不理解，派人责问。陆抗回答："夫一邑一乡，不可以无信义认，而况大国乎！臣不如是，正足以彰其德耳，于祜无伤也。"陆抗掌军时，东吴从未在心理战上输给西晋分毫。

凤凰三年（274 年）西晋益州刺史王濬在巴蜀大造战船，训练水军。部分造船材料和木屑顺流而下，被东吴守军获得。部分大臣深感忧虑。当时陆抗已经病重，仍坚持上疏说："西陵和建平两城是国家的屏障。如果敌人泛舟顺流而下，瞬间就能到达这两地，我军根本来不及救援。此乃社稷安危之机，非徒封疆侵陵小害。臣父陆逊曾以为西陵是国家的西门，若有闪失，非但失一郡，整个荆州都不再为东吴所有。如果西陵有事，我们当倾全国之力争之。臣所统地区方圆千里，四处受敌，外御强敌，内怀百蛮，内在已经弊端重重，羸弱不堪，难以待变。乞求朝廷加以充实，补足疆场受敌的损失，让臣所部兵马满员八万，省息众务，信其赏罚。如果军队不增，制度不改，而欲克谐大事，此臣之所深慽也。臣死之后，乞以西方为属。"这篇奏疏是陆逊、陆抗父子两代对局势的看法。陆抗抱病直言，深深忧虑局势，隐隐看到了东吴兵败国亡的命运。但强烈的责任感让他不能不犯颜直谏。可悲的是，孙皓依然置之不理。陆抗在当年死去，从此东吴再无良将。

为臣者最可悲的就是满腔热血空对昏君倾诉。人之将死，其言凝聚了毕生的经验教训，却无人吸取。晋咸宁六年（280 年），西晋大军伐吴，王濬的水军就是按照陆抗生前担忧的方案沿流而下，一路打到建业的。孙皓有七年时间可以改革军队加强防范，却无动于衷，最终束手就擒，完全是咎由自取。

陆抗攻克步阐的西陵时，杀戮极重。为首几家被族诛，连襁褓中的婴孩也不放过。有人就预言陆抗的后世必受其殃。西晋伐吴时，陆抗的儿子陆晏、陆景死于战火。陆抗的另外三个儿子陆机、陆云、陆耽的命运又会如何呢？

文人不合时宜

一

东吴末年，孙皓曾问丞相陆凯："卿家有几人在朝为官？"陆凯回答说："二相五侯十余将。"孙皓赞叹说："盛哉陆家！"

西晋初年，北方贵族卢志大庭广众之下问陆机："陆逊、陆抗是你的什么人？"陆机回答说："如同你和卢毓、卢珽的关系一样。"卢志正是魏朝司空卢毓的孙子、魏朝卫尉卿卢珽的儿子。晋朝人极重避讳，陆机和卢志两人互称对方父祖名讳，从此结下深仇大恨。

诚然这件事情是由卢志挑衅而起的。卢志敢在大庭广众之下直呼陆家父祖姓名，从反面表明吴县陆家传到陆机这一辈已经门第下降，大不如往昔了。陆家衰落最主要的原因是东吴政权的灭亡。任何政治世家都需要依托一定的政权，离开了政权的庇护就成为无源之水、无本之木了。东吴灭亡后，连孙皓都称赞不已的江东第一世家陆家就丧失了所有的封爵和地位，成了新王朝的平民百姓。政治家族的衰落必然和王朝覆灭同步，这也是陆逊、陆抗等人努力保家卫国的"私心"所在。皮之不存，毛将焉附？无奈东吴灭亡，作为"亡国奴"的陆机就只能受到北方贵族的奚落了。

陆机兄弟面临着如何适应新朝以及如何从中重夺权柄的艰巨

任务。

　　从能力上看,陆机具有复兴家业的能力。史称陆机"身长七尺,其声如钟。少有异才,文章冠世。伏膺儒术,非礼不动"。可见陆机长得魁梧高大,还精通文章儒术。东吴灭亡的时候,陆机年纪尚轻,在吴亡后十年时间里他和弟弟陆云隐居吴县华亭老家,闭门苦读。勤学苦读的结果是陆机、陆云兄弟成了著名文人,诗词歌赋出色。同时代的文人张华称赞陆机:"别人写文章的时候都恨自己才少,你写文章的时候却担心文才太多,涌出难以控制。"陆机还是著名书法家。他的作品章草《平复贴》是中国现存最早的名人书法。

　　陆机、陆云兄弟俩的文学能力没有人否定了,但是他们的政治能力如何呢?因为东吴政权覆亡,小兄弟俩没找到政治实践的机会,所以看不出政治能力如何。他们更多地把对政治的理解融入了作品之中。陆机在吴亡后写了《辨亡论》,"欲述其祖父功业",探究东吴灭亡的原因,总结经验教训。这在西晋刚统一的政治环境下,陆机的行为是相当冒险的。而他得出来的结论是用贤乃兴国之本。之后,兄弟俩经常追思家族功业,如《陆机集》中有《思亲赋》《述先赋》和《祖德赋》三篇,《陆云集》中也有《吴故丞相陆公诔》《祖考颂》等文章。文字之旅让陆机、陆云的决心更加强烈:恢复祖辈的荣耀,复兴家族!

　　西晋初年的华亭还是一片处女地,远处海天一色,近处满目滩涂,中间点缀着若干芦苇丛和飞翔而过的白鹤。陆机、陆云兄弟徜徉在家乡的土地上,追思过去,畅想未来。他们有高贵的出身、美妙的诗文、满腔的抱负和朴实的心灵。如果东吴还在，他们也会走上父祖济世报国的老路。但是政权更迭了，他们遇到了新问题，老路走不通了，他们必须像眼前的白鹤一样去更广阔的政坛上搏击长空。于是，陆机、陆云兄弟俩与家乡告别，在290年来到洛阳——新王朝的首都。

陆家兄弟为什么要入洛呢？因为去年，晋武帝司马炎下诏"*内外群官举清能，拔寒素*"，陆机兄弟是应召前往。"*生亦何惜，功名所叹*"，他们是来建功立业、光宗耀祖的。

陆机兄弟对前途的期望值很高，也做了精心的准备，付出了辛勤的劳动。

刚到洛阳之时，兄弟俩拜访了太常张华。当时当官还需要高官引荐征辟，恰好张华也是文人，很欣赏两个晚辈，一见如故。交谈中，张华诚恳地指出陆机不论说话还是遣词造句，都带有浓重的南方口音，希望他改正。新王朝毕竟是北方王朝，陆机兄弟必须先过语言关。所以陆家兄弟回去后就开始学习洛阳官语。驿站里伺候官员的仆役为洛阳人，陆机、陆云就向这些下人学洛阳话。张华又指出洛阳正流行玄学，如果新人不事先揣摩玄学难免无法应对一些场合。陆机、陆云又开始啃玄学相关书籍。最后，张华出面做了陆机、陆云两兄弟的推荐人。太傅杨骏辟陆机为祭酒，不久转为太子洗马、尚书著作郎。陆云成了吴王的郎中令，不久出任浚仪县令。陆云到任后为政肃然，将一个号称难治的县城治理得井井有条，深得百姓爱戴。

吴县陆家是江东的头号名门望族，陆机、陆云兄弟入洛带动了江东士人的入洛潮。南方士人纷纷北上求仕，吴郡陆、顾、张各家，会稽贺、虞等大姓皆有人北上，门第稍低的各家子弟应召北上的更多。这对于南北交流也好，对于新政权巩固对南方的统治也好，都有好处。陆机、陆云兄弟的表率作用，帮了西晋王朝一个大忙。作为先行者，陆机兄弟在举荐乡里、照顾老乡仕途方面费尽心机。陆云曾写信对陆机说："近日得到洛阳的消息，某某得了骠骑司马，又云似未成，已访难解耳。某某做了司马参军，此间复失之，恨不得与周旋。某某拜访了大司马。"他俩对同乡官运仕途的关照如同自身，患得患失。陆机曾将戴若思推荐给赵王司马伦，称他是"*东南之遗宝，宰朝之奇璞*"。贺循是东吴名臣之后，入晋后历任阳羡、武康两县县令，多有政绩，但朝中无人，久久不能升官。陆机就拉人一起上疏推荐贺循，认为他的才望资品可担任尚书郎，贺循慢慢升为太子洗马、舍人。

陆机、陆云兄弟为什么对同乡仕进这么热心肠呢？这恐怕还得从两人的门第观念说起。陆机、陆云出身江东的名门领袖，自觉有提携同乡其他大族的责任。而心中对东吴政权隐隐的怀念，也让陆机、陆云兄弟将东吴旧地的名门子弟当作一个整体，希望能够一起在新的王朝共荣共进。说到底，一个是怀念，一个是责任。

二

陆机兄弟对新政权是热心的，但是新政权并没有张开火热的胸怀。

陆云在给同乡杨彦明的信中也承认："阶深尚否，通路今塞，令人罔然。"

晋武帝司马炎一再下诏令"吴之旧望，随才擢叙"，可只是在开空头支票。南方士人的仕途坎坷，还要遭受北方贵族歧视。所以南方豪杰志士大多隐居不仕。

陆机、陆云初到北方，认为自家门第高贵，颇有与北方贵族抗衡的念头。"初，陆机兄弟志气高爽，自以吴之名家，初入洛，不推中国人士。"陆机兄弟拜见皇亲国戚王济。王济指着案上的数斛羊酪问陆机："你们江东有什么可以比对它的吗？"这是带有轻蔑的问话，像怀疑乡巴佬的见识一般。陆云回答说："有千里莼羹，不必用盐豉做调味品！"这还算好的，卢志先前的挑衅要过分得多。出卢家门后，陆云对陆机说："何至于闹得这么僵呢？他可能真是不了解我家底细。"陆机愤怒地说："我父亲、祖父海内知名，岂有不知？"说完，陆机狠狠地骂卢志"鬼子无礼"。传说卢志的远祖卢充曾误入鬼府，与崔少府的亡女结婚生子。北方士人没有陆机那样高谈理想抱负的，最多是聚在一起谈谈宇宙和人生，谈谈物动、心动等虚幻的话题。他们根本不关心陆机所说的那一套。在屡屡受挫之后，陆机等人不得不面临现实：北方贵族并不友好，自己也很难融入北方政坛。

南北相隔百年后，差异越来越大。江东远离中央集权，个人思想比较宽松自由。而北方经过东汉末年、曹魏时期不断的思想整肃，从孔融、杨修等人的死到"竹林七贤"受的迫害，北方文人受到了政治的摧残，不得不与政权妥协，放弃政治上的独立思考。从曹魏早期的王朝开始，到荀勖、贾充之流，为人不齿的文人反而显达于世。陆机等人没有经受过思想洗礼，更没有见过思想迫害，很难理解北方社会相对沉闷又追求虚幻的清谈的逃避态度。他们还没学会在政治夹缝中求生存。而陆机、陆云兄弟门第越高、抱负越大、思想越朴实，受到的伤害可能就越大。

在《谢平原内史表》中，陆机把内心的矛盾、自卑和委曲求全都表现了出来。"臣本吴人，出自敌国，世无先臣宣力之效，才非丘园耿介之秀。"自我贬低之后，陆机大夸新王朝，"皇泽广被，惠济无远，擢自群萃，累蒙荣进，入朝九载，历官有六，身登三阁，官成两宫，服冕乘轩，仰齿贵游，振景拔迹，顾邀同列，施重山岳，义足灰没，遭国颠沛，无节可纪……"

事实上，许多南方士人来北方后很快就察觉到了政治气氛不对，折返家乡。顾荣、戴若思等人就都劝陆机与其在北方郁郁寡欢，不如回老家。陆机依然相信自己的才华和名望，自负地要实现匡世救难的志向，没有听从。家族未兴，何来衣锦还乡？

很多人痛心地看到陆机、陆云兄弟变了，变得急功近利、攀附富贵，中了权力之毒。

陆机变得"好游权门，与贾谧亲善"。这个贾谧是晋朝元老贾充的外孙，过继给贾充之子为嗣。贾家出了贾充、贾南风，贾谧又"权过人主"，整家人声名狼藉。正因如此，贾谧为捞取声名，招揽名人雅士。陆机、陆云投身其门，被列入"二十四友"，被正人君子所诟病。有陆机、陆云的崇拜者坚持说陆机兄弟此举是被迫的。既然陆机选择留在洛阳追求功名，就不存在被迫与否一说。陆机、陆云并非一定附逆，但依附权贵自古以来都是文人发迹的终南捷径。陆机和贾谧相互利用，未尝没有可能。

遗憾的是，贾谧这棵大树并没有给陆机兄弟带来多大功名。相反却给兄弟俩开了一扇仕途之门，两人从此在一个个权贵之间徘徊。

八王之乱爆发时，陆机投靠了赵王司马伦。司马伦辅政后，陆机被引为相国参军，并因参与诛杀贾谧一事立功，赐爵关中侯，进而为中书郎。但司马伦这个人并不比贾谧好到什么地方去。赵王司马伦性极贪鄙，才能不及中人，杀人夺权却是一套一套的。辅政后，司马伦妄想更进一步，篡位当皇帝。陆机竟然参与了赐司马伦九锡的诏书和司马伦禅让诏书的写作，被视为大逆不道之举。赵王司马伦败亡后，齐王以陆机附逆，参与九锡文和禅诏的罪名将他投入狱中准备杀头。成都王司马颖、吴王司马晏等人相救，陆机得以不死。出狱后的陆机声名下降，侥幸逃生的他本应该对仕途有所醒悟，洒脱返回故土也不是不可以。但陆机投靠了成都王司马颖，选择继续留在政治漩涡之中。

成都王司马颖相貌堂堂，但贪婪残暴，优柔寡断，性情多变。陆机怎么越投靠越投非所人呢？可悲的就在这里，文人能够选择投靠对象的能力是非常有限的。关键是看哪家会接纳你。陆机屡受排挤，还经历了一次牢狱之灾，对营救自己的成都王感激之情溢于言表。加上司马颖正处于势力上升期，陆机又从他身上看到了复兴王朝和家族的希望，因此进入成都王幕府当了名参军。而弟弟陆云在浚仪县令的岗位上干得好好的，却老被监督自己的太守训责，愤而辞官。于是也被哥哥陆机拉入了成都王司马颖的幕府，任清河内史。陆机不久被司马颖升为大将军参军、平原内史。此外，陆家弟弟陆耽，南方士人孙惠、孙拯等都进入了司马颖幕府。其中陆机二人参与机要，是成都王幕中南方士人的核心。这群南人追随成都王司马颖，其主要目的还是乘乱建功立业。陆机、陆云兄弟依然是代表。

三

陆机、陆云兄弟在司马颖手下干得很认真，很起劲，无奈幕府内的权力结构太复杂了。

司马颖宠爱宦官孟玖，卢志又在幕府中担任左长史。孟玖曾打算让老父亲当邯郸县令，陆云坚决反对，说："担任大县县令必须具备一定资格，怎么可以任用宦官之父？"孟玖的弟弟孟超被安排为司马颖麾下的将领。孟超放纵部属大肆抢掠，陆机逮捕了肇事官兵，孟超率骑兵一百余人冲进陆机营帐抢走犯人，还骂陆机是南蛮。孙拯劝陆机寻机诛杀孟超，陆机没有同意。相反孟玖等人恨死了陆机、陆云兄弟，必欲除之而后快。

仿佛是回光返照，事事不顺的陆机突然被司马颖任命为后将军、河北大都督，统率成都王麾下二十余万兵马，讨伐在洛阳的长沙王司马乂。陆机欣喜若狂，自从东吴灭亡之后陆家还是第一次领军，而且是如此重大的任务。陆机兴奋地判断建功立业的机会来了！

出征前,司马颖向陆机许诺:"若功成事定,当爵为郡公,位以台司。将军勉之矣!"

陆机说:"历史上齐桓公任用管仲,建九合之功;燕惠王怀疑乐毅,结果功败垂成。今日之事,在公不在机也。"

可见陆机对自己的能力很自信,但对战斗结果不太自信。他怕司马颖用己而疑己,更担心司马颖设置的出征将领队伍。陆机是主帅,但有冠军将军牵秀、北中郎将王粹分兵协助。王粹、牵秀等主要将领出身北方贵族,不仅不听从陆机指挥,作战时还从中作梗。他们联合孟玖、卢志等人,严重限制了陆机施展拳脚。司马颖用了陆机,同时又用了一系列的宵小之辈,怎能不让陆机担心呢?同乡孙惠劝陆机让位给王粹,陆机又犹豫不决,最终不愿放弃荣华富贵的希望,领兵奔洛阳去了。

果然战斗一开始,孟超就不听指挥,贪功冒进,全军覆没。成都王大军在洛阳郊外被打得溃败而逃,几乎全军覆没。兵败回来后,全军上下非但不总结经验教训,反而开始推卸责任,寻找替罪羊。南方来的、与北方政治空气格格不入、看起来上蹿下跳的陆机等人就是最好的替罪羊。卢志趁机向司马颖进谗言,说陆机有异心,意战败。司马颖不分青红皂白,将陆机、陆云等南方士人逮捕下狱。

江统、蔡克、枣嵩等上疏司马颖,为陆机鸣不平。"如果要为战败负责,诛杀陆机一人就足够了。有关陆家等人叛逆的事情,应该列出证据,不可草率。等证据确凿了,再诛杀陆云等人不迟。"司马颖迟疑不决,拖了三天。蔡克直接指出这是宦官孟玖等人迫害陆云的丑行，远近无人不知。求情的人多了，都言辞恳切，司马颖流露出了宽恕陆云等人的表情。一旁的孟玖赶紧把司马颖扶进后房，催促他火速诛杀陆云、陆耽，诛灭陆家三族。陆机知道难逃一死，反而流露出潇洒大度来，洋洋洒洒写下长信，给成都王司马颖，然后从容受刑，面不改色。

为了收集"证据"，孟玖对孙拯严刑拷打，直到血肉模糊、骨头外露孙拯都坚称陆机冤枉。最后孟玖等人不得不杜撰了一份假口供。司马颖本来对诛杀陆家的事情感到后悔，现在见到孙拯认罪状，竟然大喜，夸奖孟玖说："要不是你忠心，怎么能追查出这等叛逆阴谋来。"司马颖此举完全是为自己脱罪。他糊涂成这样，却有陆机等一代名士屈身相随，真是令人扼腕叹息。

陆机临刑前感叹："华亭鹤唳，岂可复闻乎？"是啊，华亭海边远眺海天一色的壮阔美景，仰头看蓝天中一只只飞过的白鹤，听那声声鹤唳，这样的日子曾经享受过，也多次有机会回去重温，可惜一一错过了，现在已成绝响。功成名就的热望、复兴吴县陆家的责任感，让天性高傲、才华横溢的陆机、陆云兄弟为之奋斗终生。他们赶上了一个坏时节，锋芒毕露又不懂委曲求全，不懂韬光养晦，更不会识人。后人评价陆机"不知机"，急功近利，贪图名利，最终赔上了性命，赔上了整个吴县陆家。

李白《行路难》第三首感叹道："华亭鹤唳讵可闻？上蔡苍鹰[①]

---

① 秦朝丞相李斯因"谋逆"罪被满门抄斩。临刑前，李斯想起当年当平民百姓时，在家乡上蔡城东门外打野兔的事儿，对儿子说："吾欲与若复牵黄犬俱出上蔡东门逐狡兔，放鹰纵犬，岂可得乎！"父子相对哭泣而死。

何足道?君不见吴中张翰称达生,秋风忽忆江东行。且乐生前一杯酒,何须身后千载名?""华亭鹤唳"从此成了形容陆机这样不合时宜的权力败客的专用词。

从权术走向艺术

——东晋王导、王敦、王羲之、王献之家族

西晋末年，八王兵戎相见，天下大乱。山东琅琊国临沂的王家决定举族迁徙到相对安定的东南地区去。王家的王导即将渡过淮河的时候，担心前途，找到大占卜家郭璞算命。郭璞给算了一卦，说："吉，无不利。淮水绝，王氏灭。"于是王家高高兴兴南下去了，果真如郭璞所言在南方繁衍生息，成为南朝第一大名门望族。

王与马不敢共天下

一

王家的举族迁徙，只是发生在 310 年前后著名的永嘉南渡的一部分而已。

在永嘉南渡中，许多北方的名门望族、朝堂大臣带着族人，裹着金银细软，吆喝着仆从车驾，逃过淮河，来到了长江下游沿岸。乱哄哄的这股移民潮，给东南地区带来了大约九十万的新人口。琅琊王氏除了王导外，还有王廙、王含、王舒、王彬等兄弟和王羲之、王胡之、王彪之等子侄辈，统统搬迁到了建邺（今江苏南京）。王家在秦淮河边一条叫乌衣巷的街道里聚族而居。来自陈郡的谢家紧随其后，也搬到了这条巷子里，和王家做起了邻居。

事实上，尽管王家对南渡心存疑虑，但南渡事件很大程度上是王导和堂兄弟王敦、王旷向琅琊王司马睿建议的。兄弟几人认为北方正遭受少数民族铁骑的蹂躏，官兵无力抵抗，不如转移到东南地区，留得青山在，再想报仇复国的大业。

此时的王家，还只是晋朝若干二流家族之一，和政治权力的关系并不紧密。琅琊王家最大的骄傲是家族道德凛然，家风高尚。王导的曾祖母朱氏是曾祖父的续弦，对王导的伯祖父王祥和祖父王览极尽虐待之事。王祥两兄弟无怨无悔，真心侍奉后母。朱氏就变着法子地折磨两个孩子。寒冬腊月，朱氏深夜要吃鱼，逼王祥去捉活鱼。王祥跑到河边，开始凿厚厚的冰层，准备捕鱼。不料，冰面自动裂开，两条鲜活的鲤鱼蹦到王祥脚下。这就是《二十四孝》中"卧病求鲤"的故事。王览则进入了《二十四悌图》，为了防止朱氏把王祥毒死，每次饭前他都替兄弟尝毒。兄弟俩的道德故事感天动地，惊动了以道德作为选拔官员标准的汉朝政府。东汉朝廷多次征辟两兄弟做官，都被兄弟俩拒绝了。直到年老了，王祥才千呼万唤始出来，出任了曹魏王朝的徐州别驾。这是琅琊王氏家族步入政坛的开始。

可见，王家的政治根基并不深。但他们一来没有"历史遗留问题"，没有政治冤家和宿敌，二来树立了超高的道德标准，把握了官场升迁的利器，官越当越大。王祥、王览两人先后担任了朝廷重臣。等到甘露五年（260年），司马昭发动政变，杀死小皇帝曹髦的时候，图谋篡位的司马家族已经不得不考虑王家的意见了。当时小皇帝的尸体还没有入殓，司马昭一再催促王祥来商量后事。王祥很聪明，来了后先抱着小皇帝的尸体大哭一场，自责救驾来迟，可又赞同司马昭的后事安排。在这里，王祥给家人树立了既重视道德说教，又注重政治实效的好榜样。王祥死前，对王览说："你的后人会大红大紫的。"果然王览的孙子辈飞黄腾达。先是王衍担任了太尉，成为掌权人物，再是王澄出任荆州刺史，王敦出任青州刺史。王衍很得意地说："荆州有江、汉之固，青州有负海之险，卿二人在外，而吾居中，足以为三窟矣。"王衍这个人平日里看着不干正事，迎合西晋初年社会思想观念开始从儒家道德向虚幻的玄学转变的趋势，整天拿着一把拂尘夸夸其谈，信口雌黄。暗地里，王衍意识到了危险，早设计了王家"狡兔三窟"的退路，得到了祖父辈的真传。

　　王家政治上崛起的时期，正是西晋八王之乱时期。王衍被乱军推倒墙，压死了。那一边，永兴二年（305年）八王之一、东海王司马越授意同阵营的琅琊王司马睿去守下邳，并派东海王参军王导给司马睿当助手。王导的入场，比王衍、王敦几个堂兄弟都要晚，但站好了队、跟对了人。这个人就是琅琊王司马睿。司马睿的封地就是王导的老家。司马睿对封地内的望族王氏很有好感，刻意笼络，而王导的真本事也为司马睿解决了不少问题。两人很快组成了政坛好搭档。当时中原大乱，王导建议司马睿去东南地区独当一面，很快就得到了司马睿的赞成。两人找机会，拉上人马在309年搬到了建邺。

　　司马睿初到江东，当地人对他很冷淡。那时候的江浙人民风彪悍得很。西晋王朝已经分崩离析了，皇室成员在江东士人心中早已大大贬值。而司马睿这个琅琊王又是西晋皇室中的边缘人物，他要向上追溯到司马懿才能和晋皇扯上直接关系。现在，司马睿带着一大帮人逃到南方来，谁又能保证他们能长久在南方立足？铁打的州县，流水的官。司马睿说不定过几年就被人给撤了。所以，江东的世族大姓轻蔑地称司马睿、王导等人为"伧父"，很不礼貌。东南人心不附。

　　王导着急了。对他们那些南下的北方世族来说，司马睿的命运就是他们的命运。南方土著排斥司马睿就是间接地排斥王家。司马睿在南方站不住脚，王家等世家也站不住脚。于是在南下建邺的一个多月后的三月三日"修禊节"①，秦淮河边出现了这么一幕：

司马睿坐在奢华的肩舆之上，在皇家仪仗的簇拥下，缓缓而来。王导等北方世族和名流都恭恭敬敬地骑马跟随其后。整个队伍威严肃穆又不失豪华热闹，将西晋王朝的泱泱皇室风范展现给了当时在江边过节的江南世人。江东的纪瞻、顾荣等著名大族都在江边搭着席位，占着地盘过节。目睹这一幕，他们的内心受到了极大震撼。皇室骨肉相残之后竟然还能保持这么威严的阵势；原来司马睿在北方的地位这么高，得到了这么多大人物的支持；原来司马睿等人还知道南方的节日，主动参加，与民同乐。震撼之余，南方人士纷纷拜倒在路旁。司马睿落座后，江东各大族的代表人物纷纷前来拜见。司马睿、王导等人专门挑一些南方人不知道的新闻、礼仪、赏赐来说事，把那些世代居住在江东的世族大家听得晕头转向的。回家后，世族大家们纷纷感叹，司马睿这批人不可小瞧啊。

紧接着，南方各大人物和名流先后接到了司马睿的聘书。司马睿一下子征辟了一百六十个幕僚，许诺以高官厚爵。东吴灭亡后，江东士人的仕途变得很不顺畅。如今司马睿大施恩惠，迅速将士人团结在了身边。史载"*由是吴会风靡，百姓归心焉*"。

南方是安定了，北方却出了大麻烦。318年四月，长安被匈奴攻破，晋愍帝遇害。王导赶紧劝说司马睿继承帝位。东晋王朝很快

---

① 江东风俗，三月三日去江边洗濯，祈求驱灾避祸。不论是达官贵人，还是平民百姓，都过"修禊节"。

在建康（建邺改名）建立了，司马睿就是晋元帝。司马睿和王导的"王马搭档"也就升级为了司马睿当皇帝，王导当丞相的政治结构。至此，王导助司马睿势力在南方扎下了根，也让自己在南方政坛扎下了根，更为琅琊王家奠定了富贵百年的基业。

二

王导这个人，是东晋王朝和琅琊王家的关键人物。他继承了王家做人为善、为政务实的作风。在王朝南迁、万事草创的东晋初期，王导这一性格和执政思想，非常符合形势的需要。一个初建的王朝最需要什么？安定。这种安定既包括政治军事上的安定，也包括人心上的安定。南北方世族势力之间的矛盾、中原少数民族对南方的觊觎，都威胁着东晋的安全。王导觉得，内乱也好，北伐也好，都会给脆弱得经不起折腾的新王朝带来致命的危险。最好的对策就是以不变应万变，不出乱子就好。所以王导的执政核心就一个字——静。调和南北方世族的关系，在政策上清静无为。

王导经常大摆筵席、款待宾客。邻居谢家的小孩子谢安在若干年后依然对王导谈笑风生的形象和王家气氛和洽的酒席留有深刻的印象。一次，南方名士刘真长来拜访王导。时值盛夏，王导正把大肚子贴在弹棋盘降暑。他看到刘真长来，忙自嘲自己的不雅动作，说："何乃渹？"渹是南方方言中冷的意思，整句话就是"真凉快"的意思。刘真长出来后，旁人问他："王公这个人怎么样啊？"他感叹："没有什么特别的，只是听到他在说吴语。"小小的一句吴语，一下子就拉近了政府和南方世族的距离。还有一次，众人在长江边的新亭观赏江南美景。周顗感叹道："风景没什么不同，但却只能看到长江，看不到黄河了啊！"想起国破南逃，在座的许多人落下泪来。王导见状愀然变色："当共戮力王室，克复神州，何至作楚囚，相对泣邪！"王导其实是不赞成北伐的，但他能用一句口号振奋人心，扭转士气，不愧有政治家风度。

朝廷刚成立的时候，国库空虚，只有练布数千端。王导灵机一动，做了一套宽大的布衣服，穿在身上出去走了一圈。结果，朝野官员和建康的士人认定这是服装界的新风尚，纷纷购买练布做衣服。国库中的练布很快就以"一端一金"的高价销售一空。府库充裕了，王导在士人中的号召力也得到了验证。

正是因为王导有这样的号召力，他的思想和言行直接影响了东晋人的世界观和处世态度。王导的执政，客观上"镇之以静，群情自安"，把"静"和"无为"抬到了极高的地位。东晋的政局和人心得到了稳定，但政坛的进取心和事业心也受到了压抑。对世族大家来说，平静稳定的统治符合他们的利益。因为他们是既得利益者，在王导时期扩充了政治和经济利益。可随着时间的推移，世族势力在南方恶性膨胀，大家族大人物们以清谈玄学为风尚，耻于干具体政务了。南方各大家族（包括琅琊王家）日后的思想转变，多少是由王导引起的。

司马睿登基之日，感慨万分，对王导的辅助和拥立之功深深感激。他竟然在庄严肃穆、百官列队的时候，拍拍龙椅的空处，招呼王导"升御床共坐"。当皇帝哪能是排排坐分果果的事情，王导连忙推辞。司马睿招呼他三四次，言辞恳切。王导眼看再僵持下去，登基大典要泡汤了，只好跪地启奏："如果天上的太阳和地下的万物一样升列高位，苍生到底要仰照哪一个呢？"司马睿一想，原来皇帝是天上的太阳，一天的确不能有二日，这才不再坚持要王导同坐了。民间用一个俗语形象地形容这一幕："王与马，共天下。"这句俗语恰如其分地表现了当时王家的权势。东晋初期，司马睿完全信任王导，叫他"仲父"，把他比作自己的"萧何"。王导也经常劝谏司马睿克己勤俭，优待南方，与人为善。司马睿和王导在草创期上演了一场君臣相敬相爱的佳话。琅琊王家也达到了权势的高峰，除了王导担任丞相，王敦控制着长江中游，兵强马壮；四分之三的朝野官员是王家人或者与王家相关的人。另外，王家在南朝时期出了八位皇后。王导主观上不敢与司马睿共坐龙椅，但说王家和司马家族共享天下，也并不过分。

等司马睿坐稳了龙椅，慢慢开始享受独一无二的太阳的感觉后，他开始对"王与马，共天下"的传言产生了酸酸的感觉。王家势力的膨胀侵犯了皇权独尊的敏感神经。司马睿开始暗中限制、削弱王家的势力。他提升重用琅琊王时的王府旧人刘隗和刁协。刘、刁两人没什么本事，但对尊马抑王一事不遗余力，不断出头打压王家势力。

王导被疏远了。我们知道王导既与人为善又很务实，面对皇权的打压，他采取了谦抑自守的对策，退居家中静观时局变化。司马睿一时也找不到理由，也不想进一步把王导怎么样。可王导忍得了，堂兄弟王敦就忍不了。王敦和王导是兄弟，性格却截然不同。

王导主静，王敦好动。他放荡不羁，性情外露，对王家受到打压愤慨难平，并把怒气表现了出来。鉴于王敦控制着长江中游各州的政权和军队，司马睿派刘、刁二人出任地方刺史，企图钳制王敦的势力。这一下，王敦干脆造反了，招呼兄长王含等人带上大军，顺江而下，冲向建康找司马睿等人算账。

对王导来说，司马睿的打压不是什么大问题，王敦的造反却带来了棘手的大麻烦。造反是诛灭满门的重罪。王导赶紧给领军冲在前面的王含写信，劝他罢手。王敦、王含等人坚持造反。王导只得选择坚定地站在司马睿一边，反对王敦等人造反。王导认为东晋初建，安定是最大的王朝利益；王家还不具备推翻东晋，出头当皇帝的实力，必须依靠东晋政权，才能保持权势。所以，王导从琅琊王氏的安全和最高利益考虑，必须与王敦划清界限，拥戴司马睿。听说刘隗和刁协已经在劝司马睿诛杀王导和王家的所有成员了，王导赶紧带上王邃、王彬、王侃等在朝廷任职的王氏宗族二十多人，每天跪到宫门外候罪。

王家的危险得到了许多朝臣的同情，王导平日经营的人情关系在关键时刻起作用了。尚书仆射周颉就认为："皇帝又不是神仙，怎么可能不犯错呢？但大臣（指王敦）怎么可以举兵造反？"他决定进宫保王导等人。周颉来到宫门口，王导情急之下冲着他大呼："伯仁（周颉的字），我一家老小百余口性命都交到你手上了！"周颉是来帮王家的，却不能把它外露出来，让司马睿觉得自己就是来当说客的——这是说服的技巧。所以周颉看都不看王导，从他身边径直进宫去了。在宫中，周颉竭力向司马睿担保王导的忠诚，言辞恳切。本来，劝完皇帝，周颛就可以出来安慰王导了。可周颛是个酒鬼，在宫中喝得酩酊大醉才出来。王导在宫外跪了一天了，又向周颛呼救。大醉的周颛还在伪装，这次不但不搭理王导，还转头对随从说："我要杀尽乱臣贼子，换取金印，挂在手肘后！"在这种情况下，换了谁，都会对周颛产生误会。王导就对周颛恨之入骨，不知道他在力保自己，更不知道他回家后还上疏力证王家无罪。在周颛等人的力保下，司马睿在宫中召见了王导。王导跪地请罪："逆臣贼子，何世无之，岂意今者近出臣族！"司马睿被感动了，光着脚走下龙椅，扶起王导，拍拍他的手表示绝对相信王导。

王家的危机解决了，不想王敦的军队攻占了建康。刘隗和刁协一个逃往北方，一个被杀。王敦把持了朝政，官员进退操于其手。王敦因为周颛声望很高，想让他出任三司，特地跑来征询王导的意见，王导没说话。王敦就想降低任用周颛，王导还是沉默。既然周颛不能用，王敦说："那就只有杀掉了。"王导依然不说话，看着王敦下令斩周颛。后来王导从文书中得知真相，大哭道："我虽不杀伯仁，伯仁因我而死。"

王敦的叛乱，并没有给东晋王朝造成太大的伤害。只有少数人死于战乱，朝野官员基本各安其位。司马睿依然做他的皇帝，只是王敦不愿意见他。继续当丞相的王导就在王敦和司马睿之间充当沟通的桥梁，努力维持着朝廷的稳定。对于王敦进一步擅权逼宫的做法，王导坚决抵制。王敦起初也没有自己做皇帝的想法，不久就退兵长江中游，局势逐渐降温。不想，王敦退兵后身体越来越差，在周边宵小的蛊惑下，重新发兵进攻建康。这次他摆出了倾覆朝廷的样式。王导再次坚决站在司马睿一边，主动挂帅，提兵与王敦叛军作战。王敦随即病死，兄长王含、继子王应被杀，叛乱彻底消除。

王导对策得当，让琅琊王家非但没有受牵连，还因讨伐王敦有功得到加官晋爵。王导以司徒进位太保，王舒升湘州刺史，王彬任度支尚书。王家跨过这道坎，保住了天下第一望族的地位。

三

王敦之乱后，王导作为世族大家的代表和朝廷的稳定中坚，继续存在。

王导的老搭档司马睿在王敦第一次叛乱后不久郁闷而死。王导等人拥立太子司马绍即位。司马绍当了三年皇帝，也死了。王导等人又拥戴五岁的皇太子司马衍即位。

司马绍临死前，考虑到继承人年幼，留下遗诏，让太保王导录尚书事，与中书令庾亮一同辅政。司马衍即位，司马绍的皇后庾氏以皇太后身份临朝称制。庾亮是庾太后的弟弟，当今皇帝的舅舅，很快就把实权集中到了自己手中。尽管王导是三朝元老，皇帝对他下诏书都是用敬语，但王导离实权越来越远了。见惯荣辱浮沉的王导淡然处之。庾亮是个有很多想法的年轻人，雄心勃勃。有人曾经向王导进谗，说庾亮可能举兵擅权，对王导不利，劝王导多加防备。王导说："他若逼我，我就一身布衣服，回家养老去，有什么可怕呢？"后来苏峻起兵叛乱，建康遭焚。朝廷一度考虑迁都，有人建议迁都豫章，有人要求南迁会稽。王导则哪都不去，坚持定都建康。许多朝臣对照王导的恬淡无争，引为榜样。之后尽管东晋屡次出现政治变动，朝廷始终能保持大致稳定，变动也没有波及普通百姓的生活，王导的"静"和"无争"在其中起到了不小的作用。朝廷一有动静，政治一有裂缝，他就上前和稀泥。

东晋朝臣给晚年的王导起了一个雅号：糊涂宰相。原因是王导每年考察官员的时候，都流于形式，考察的结果你好、他好、大家好。有人有意见，王导就说，害国之鱼我们都能容忍，何必每年纠缠于那些小鱼小虾呢？的确，王导的一生对威胁王朝利益的大问题都采取拖延、打太极的对策，让时间去消化它们，根本就没必要在每年的官员考核上较真。他晚年常说："现在说我糊涂，只怕将来有人还要怀念我的糊涂呢！"

咸康五年（339年），王导病逝，终年六十四岁。

王导一生最大的成就是建立了"王与马，共天下"的权力格局。他坚定地认为只有司马家族的东晋王朝稳定了，才有琅琊王氏遮风挡雨的地盘。结果王导辅助司马家族为王家赢得了一块远远超过了遮风挡雨需要的大地盘，风光得很，都可以和皇帝"排排坐分果果"了。好在王导是个成熟老练的政治家，恭敬自律，没有反称司马睿"你真是我的刘邦啊"，更没有跑上去坐在龙椅上拍拍司马睿的肩膀套近乎，所以琅琊王家在东晋初期根基日渐深入，繁衍昌盛。

王敦是豪杰，不是政治家

一

西晋末期，豫章（今南昌）曾经发生一桩震惊一时的凶杀案。

时任荆州刺史王澄受琅琊王司马睿征召去建邺途中，在豫章被堂弟、扬州刺史王敦杀害。

事情是王澄挑起的。他在荆州当地头蛇当惯了，加上性格桀骜不驯、出道比王敦早，所以在豫章盛气凌人，对王敦很不客气，多有谩骂之语。王敦也是桀骜不驯的人，也很傲慢，竟然对堂兄弟起了杀心。可是王澄功夫不错，随身带有玉枕自卫，还有卫士二十人，如何下手呢？知情者描述是这样的：王敦先招待荆州的卫士痛饮，将他们灌醉，然后向王澄借玉枕"欣赏"。拿到玉枕之后，王敦脸色突变，随即诬陷王澄叛乱，要就地正法。王澄发觉上当，马上扑过来和王敦拼命。王敦被他撕掉了衣带，成功逃脱了。在激烈打斗中，王澄爬上了房梁，对王敦破口大骂，可惜寡不敌众，被王敦带人杀死了。

这桩血案将王敦的性格暴露无遗。王敦和王导是堂兄弟，但他们俩继承了政治世家不同的风范。

龙生龙，凤生凤，世家子弟自然有不同于普通人家子弟的风范。他们受到家风和政治环境过早的熏陶，往往继承了家族的政治遗产和行为风范。先不说政治世家对子弟仕途的帮助作用，我们只看世族大家到底有什么样的行为风范。一种是大家族从丰富的政治实践中得出的经验教训，积累的做事稳重、言行成熟的风范；一种是豪迈爽快、言谈睿智、行为潇洒的风范。王导主要继承了家族的第一类风范，王敦则继承了后者。王敦从小就是个潇洒的公子哥，光鲜亮丽，放荡不羁，自尊心强，睚眦必报，是那种一眼就能从人堆里看出来的焦点人物。在讲述魏晋豪爽气度的《世说新语》一书中，他是当仁不让的主要角色。

西晋建立者晋武帝司马炎曾经召集当时的名流和世家子弟讨论技艺。在座的人都畅所欲言，争着在司马炎面前表现自己，只有王敦一副与己无关、满脸不屑的样子。司马炎注意到这个年轻人，就问他会什么。王敦回答说会打鼓，司马炎就给了他一面鼓。王敦卷起袖子，离开座位，"扬槌奋击，音节谐捷，神气豪上"，旁若无人，自我陶醉起来。当时是满座皆惊，司马炎很喜欢王敦这个相貌不凡、举止雄豪的孩子，就把女儿襄城公主嫁给了他。王敦幸运地做了驸马爷。

可并不是所有的人都喜欢王敦，家族内外都有人把他看作"问题少年"。太子洗马潘滔曾评价王敦"处仲（王敦的字）蜂目已露，但豺声未振，若不噬人，亦当为人所噬"。他说，王敦不是一般人，不是害人，就是被别人害死。王恺和石崇比富的时候，王恺宴请宾客时都让美女陪酒，如果客人不饮就杀掉陪酒女郎。王敦去他家做客的时候，坚决不喝酒，陪酒的美女悲声哀求，王敦都傲然不视。先后三个陪酒美女都被杀了，王敦一直无动于衷。王导也去了，不会喝酒的他不忍心美女被杀,竭力喝酒。后来,王敦去石崇家做客。石家的厕所里有十多个婢女充当服务员。她们穿着华丽的衣服,捧着甲煎粉、沉香等东西,服侍宾客上厕所,宾客出来前还给他换上新衣服。客人们一般都不好意思在石家上厕所。王敦却大方地接受婢女们的服侍,脱衣穿衣,喷香抹粉,神色傲然。婢女们私下里议论:"这个客人日后一定做贼!"

当然,王敦身上也有令人称赞的一面。贾南风专权,将太子陷害到许昌幽禁。她下令太子离京时,官属不得相送。时任太子舍人的王敦和太子洗马的江统、潘滔等人却不畏强权,公开前往相送。天下大乱之初,王敦将妻子襄城公主的一百多个侍婢和自家的金银财宝全都分发给手下。可见,王敦的特立独行有时候也用对了地方。

二

王敦这样的人很适合乱世。

因为王衍的提携,王敦在西晋末年早早成为封疆大吏。他所辖的扬州境内有许多乱匪。王敦知人善任,提拔陶侃(陶渊明的曾祖父)等人,苦战数载,肃清了境内的乱匪。因为他掌握军队,能力不俗,更因为王家对东晋王朝的拥戴之功,王敦在东晋初年成为大将军,都督江扬荆湘交广六州军事,被封为汉安侯,控制着长江中游地区,成为东晋最大的实权人物之一。他和王导,一个在外,一个在内,是朝廷的中流砥柱。

可王敦很快就造反了。为什么？首先，王敦是一个闲不住的人。王导的清静无为和朝廷的安然无事，让王敦"淡"出心理问题来了。他不适应慢慢老去的生活。其次，王敦身边聚集了一批奸佞小人。不安分的权臣身边容易聚集奸佞小人，就像有裂缝的鸡蛋容易招来苍蝇一样，这是中国历史的一个小规律。王敦身边就聚集了王含、王廙等同族，开始骄横专擅起来。最后，司马睿等人对王家的打压，推动了轻狂的王敦的造反。在司马睿的授意下，御史中丞刘隗和尚书左仆射刁协全力抑制王氏势力，暗中做军事部署。王敦对此愤愤不平，常常在酒后手持玉如意，边击痰盂边吟诵曹操的"老骥伏枥，志在千里。烈士暮年，壮心不已"。

王敦先是上疏指责司马睿，为王导抱不平。上疏送到建康后，先到达王导手中，老好人王导把它退给了王敦。王敦不甘心，第二次直接给司马睿上疏。这一次，王导不知道，更阻拦不了。司马睿看完王敦的上疏，第一反应就是王敦可能要发兵造反了。他赶紧派戴渊镇守合肥、刘隗镇守泗口，预防王敦顺江东下。

王敦毕竟是名门之后，先客气地给刘隗写了一封信。他在信中以国家大义劝说刘隗和自己联手，共扶朝政。"圣上信重阁下，今大贼未灭，中原鼎沸，欲与您戮力王室，共静海内。如果大家同心，帝业得以兴隆，否则，天下永无望矣！"可刘隗是个得志小人，粗鲁地回信说像他这样的朝廷股肱之臣，是不会和王敦同流合污的，他要效忠皇室，做个大忠臣。这分明是把王敦推到了对立面。他似乎忘记了王敦是个自尊心很强的人。王敦果然大怒，决心给刘隗一个去地狱做忠臣的机会。于是，王敦就这么造反了。

王敦在武昌兴兵东进，举起的大旗是：清君侧。他说司马睿宠信奸臣，弄得民不聊生，他这才出兵清除奸贼，拯救百姓的。沈充在吴兴起兵响应王敦，叛军迅速推进到建康附近。司马睿派出的刁协、戴渊、刘隗等人，都不是王敦的对手。早在王敦起兵之初，刘隗和刁协就劝司马睿尽诛王氏全族。司马睿离不开王家的支持，没有答应，刘隗等人"始有惧色"。从一开始，这就是一场最高层间的权力游戏，刘隗这样的初学者注定是牺牲品。三个月后，建康石头城的守将周札给王敦打开了城门，叛军兵不血刃入城。王敦胜利了！司马睿陷入狼狈的境地，身边一度只剩下一个警卫将领和两个侍中。他放了个马后炮，说："王敦如果没有忘记社稷宗庙，则天下尚可共安；如果想要我的龙椅，早点说嘛，我自己会回琅琊去，何必骚扰百姓？"王敦的性格决定了社稷宗庙在他心中没有多少分量，而他又不想尊奉司马睿这个打压王家的皇帝。他进入石头城后，一时也不知道应该怎么办，放纵士卒劫掠。

很明显，司马睿和王敦两个人，谁都不能彻底离开谁。

王大将军还算是个厚道人。他没有废黜司马睿，更没有对他动刀子，而是保留了司马睿政权。从法律上来说，王敦所做的真的仅仅是"清君侧"，没有丝毫违法谋逆之处。司马睿下诏大赦，赦免参与叛乱诸人的罪过，并封王敦为丞相、都督中外诸军事、录尚书事。王敦拒绝接受。

司马睿曾派公卿百官去石头城拜见王敦。王敦丝毫不改豪杰本色、名士风范，坐在上座，先去戏问手下败将戴渊："之前打仗，你输了。当时还有余力吗？"戴渊坦言："哪里还有余力，真的是力量不足！"王敦问他："天下会怎么看我今天的所作所为？"戴渊暗中顶了一句："见形者谓之逆，体诚者谓之忠。"意思是说，只有真正理解你内心的人才知道怎么回事，从表面来看是乱臣贼子所为。王敦哈哈一笑，夸戴渊是"能言之人"。王敦又对周顗说："伯仁，你对不起我！"周顗依然满不在乎地说："王公举兵，下官亲率六军，没有成功抵挡住贵军，致使朝廷军队落败。在这一点上，我对不起你！"既然是清君侧，就要杀死几个奸臣。王敦最后挑选了周顗、戴渊杀鸡儆猴，并在朝野职位上安插了若干党羽，打道回武昌去了。

王敦的这一次叛乱，轻率地置王家于族诛的危险边缘，在家族内部遭到了反对。王导战前劝说王敦、王含罢兵，战后努力做王敦和司马睿沟通的桥梁，尽量让事件平安结束。另一个堂兄弟王彬在王敦杀周顗时，公开去给周顗哭别，哭得悲切异常。王彬见王敦时，脸上还带有悲痛之情。王敦不解，王彬回答："我为周顗哭得情难自已。"对于王敦，王彬痛批他不义，批得声泪俱下！王敦当场大怒，扬言要杀掉王彬。王导连忙做和事佬，拉王彬跪下谢罪。王彬却说："我脚有病，在天子面前都不下跪，更别说你了！"王敦差点背过气去，逼问："脚疼和脖子疼，你选一个！"王彬依然不卑不亢地看着他。王敦还有一些厚道，对同族人很客气，没有把王彬怎么样。

王敦的豪杰性格决定了他做不了政治家。王敦不屑于花时间去学习烦琐的政治技巧、营造各种人脉关系，更没时间像兄弟王导那样参与实际事务。他起兵反对司马睿，是仓促起兵，并没有成熟的设想，更谈不上详细的善后措施了。他的成功只是反证了刘隗等人更加无能，证明了离开王敦等实力人物支持的司马睿政权是多么虚弱，根本不能说明王敦的强大和正确。历史上，像王敦这样光芒四射的明星，注定是昙花一现的流星，成不了政治家。政治家需要耐心、细致和脚踏实地的性格，王敦显然不是。绝对的、硕大的权力让王敦迅速腐化堕落。史载"敦既得志，暴慢愈甚，四方贡献多入己府，将相岳牧悉出其门"。可见，他没有收敛张扬的个性，更没有学会稳重地处理好各方面关系，而是疯狂享受着从各地搜刮来的珍宝财富和支配人事调动的乐趣。更糟糕的是，王敦宠信沈充和钱凤，听任他们二人胡作非为。这两个人出身土豪，也不是政治家，得势后"大起营府，侵人田宅，发掘古墓，剽掠市道"，把所有得罪他们的人都整死。朝野上下、官僚百姓都希望做尽坏事的沈、王等人早点消失，顺带也希望王敦集团早点失败才好。

在建康，司马睿忧愤而死后，继位的司马绍一心要铲除王敦集团。

王敦的身体状况越来越差。人将死的时候，头脑都特别清醒。王敦意识到自己和王家的力量都不能推翻东晋王朝，而在无力推翻朝廷的前提下做个与朝廷不和的权臣是没有前途的。病重的王敦很明白自己的继子王应年纪很小，担心自己死后王应指控不了部队。他给部属设计了上、中、下三策：上策是解散军队，归身朝廷，保全门户；中策是退兵武昌，屯兵自卫，同时和朝廷和睦共处；下策是趁着自己还活着，集中全力推翻朝廷，万一侥幸就能开创一个新王朝了。钱凤和沈充等人却觉得王敦的下策是上策，决定挟着王敦的余威，兴兵作乱。

王敦身不由己，将军队向东移，任命自己为扬州牧，并大肆任命党羽为朝官和地方官吏。王敦没有儿子，兄长王含把儿子王应过继给他。现在，王敦假传圣旨拜王应为武卫将军，拜王含为骠骑大将军。司马绍于是正式下诏讨伐王敦。王敦派王含率领水陆大军，气势汹汹杀向建康。朝廷方面是王导挂帅。他知道王敦病重，出兵前率领宗族子弟为王敦发丧，宣传王敦已死。假消息越传越广，朝廷阵营军心大振，王敦阵营人心大慌。王含也实在没用，大败而归。王敦气急败坏，痛骂兄长是没用的老婢，挣扎着要带病亲征。走了没多远，王敦就病死了。党羽沈充等人继续进攻建康，无奈大势已去，被一一镇压。王含、王应父子俩逃离战场，去投靠族人、荆州刺史王舒。王舒不是王敦那样的豪杰，也不是王含那样志大才疏的小人，做出了最平稳的选择：大义灭亲。王舒把王含父子俩痛殴一顿后扔进长江喂鱼去了。

王敦的命运最悲惨，葬入了坟墓还被挖出来，尸体被戮，脑袋被割下来挂在朱雀桥上示众。其实，王敦是个很有才华、很有个性的人物，颇具开国皇帝或者割据君主的潜质。但他放荡不羁的个性，被要求安定团结的东晋政治大环境给埋葬了。王敦之后的乱臣贼子，几乎没有人能够做到他那样的豪爽、率性、不羁和惊天动地。王敦因此成为许多雄心勃勃或者蠢蠢欲动的豪杰志士的标杆、榜样，被后来人推崇："恨卿辈不见王大将军！"

王家的华丽转身

一

魏晋是个宣扬个性的时代，怪人怪事特多。这不，东晋王朝承平日久，出现了有人屡次拒绝朝廷征召，不愿升官的奇闻。而且这个人，还是世代为官的琅琊王氏子弟、江州刺史王羲之。

王羲之的才华就不用说了，在江州刺史任上干得也不错，朝廷屡次提升他让他来做京官，王羲之就是不去。当时有人写信劝他，说他傻。王羲之回信表白说："我没有廊庙之志。"在他之前和在他之后，都有无数人信誓旦旦地说："我不想当官，我没有野心。"但那多数是虚伪的表演。王羲之则是真的没有廊庙之志，不想攀爬权力的金字塔。他追求的是人生的品质，追求理想的修为。听说安徽宣城的风光不错，王羲之向朝廷请求，希望能去宣城当太守。朝廷原来是想把王羲之提拔到更高的岗位上去，没料到王羲之要求的官越当越小，要去一个小郡当太守，当然不干了。朝廷的世家高官们更不干了：你王羲之可是天下第一望族的子弟，去当什么宣城太守？你不怕掉价，我们这些同伴还觉得掉价呢？于是，也不征询王羲之本人的意见，朝廷宣布提升他为右军将军、会稽内史。

王羲之会接受吗？会稽（今浙江绍兴）是东南大郡，是江东世族和南渡大族的聚居地，地位突出。会稽内史的地位自然也很重要。这一回，王羲之高兴地接受了提拔自己的任命——因为他早就听说会稽山水秀美，人文典雅。于是，他打点行装来到了顾恺之形容的"千岩竞秀，万壑争流，草木蒙笼其上，若云兴霞蔚"的会稽。千年之后，我们会发现王羲之的这个选择是中国文化之大幸。

王羲之，王览曾孙，王导之侄，王旷之子。父亲王旷做过淮南太守，曾劝司马睿南迁。据说王家南迁后信奉五斗米道教，给子弟取名都带个"之"字。除王羲之外，平辈的还有王胡之、王彪之、王晏之、王允之等兄弟，晚辈的有王徽之、王献之、王恢之等人。这似乎是区分王家子弟的一大特征。

被无数父母挂在嘴边用来教育小孩子的"聪明孩子"王羲之，小的时候一点都不聪明，相反还有点笨，连话都说不好。虽然名士周颚曾摸着十三岁的王羲之的脑袋，说孺子可教，前途不可限量，但一般人还是把这看作是周颚判断失误。王羲之二十岁的时候，太尉郗鉴想和王家攀亲戚，把女儿嫁入王家。王导说，我们家人才济济，你随便挑吧。郗家就真的派人来挑女婿了。回去后，郗鉴问有什么好人选。家人报告说，王家的小伙子都挺好的，精心打扮，相貌堂堂，只有一个人除外。那个人躺在东边房间的床上，露着肚子啃东西吃呢。郗鉴一拍大腿，就是他了，我要选那个挺着肚子的小伙子。不用说，这个特立独行的小伙子就是王羲之。虽然郗鉴很自豪地夸王羲之是"东床快婿"，但多数人心中都不以为然，觉得郗老太尉也看走了眼。

事实上，王羲之是那种大智若愚、大器晚成的孩子。小时候不出色并不代表长大了不出色。一些小时候异常聪慧、高调领跑的孩子往往长大了平庸无奇，而小时候埋头低调学习的孩子，比如，王羲之，常常是一鸣惊人的主。王羲之正常进入仕途后，表现出了不俗的政治素质。王导之后，东晋王朝高层政治纷争不断。老有那么几个人鼓动北伐，想借北伐给自己贴金。殷浩北伐的时候，王羲之明确写信反对，劝阻他。担任地方官时，王羲之开仓赈灾，奏请朝廷减免苛捐杂税，很有父母官的样子。可令人不解的是，出身显赫、政绩不错的王羲之一直拒绝升官，比如，这次的会稽内史的任职，放着更高的职位不要，摆明了心思就没在仕途之上。在那些终日钻营官场的人看来，王羲之是一如既往的傻。

他们不知道，想当官容易，不想当官难。像王羲之这样进入仕途易如反掌，因为家族影响和个人能力在官场一帆风顺的人，他们不追求高官厚禄是因为看破了官场，开始追求其他的生活。官场吸引力之大，家族影响之深，他们能够不随波逐流，更加不易。

王羲之追求的便是平淡的生活，幽雅的精神。他来到清丽秀美的会稽，做官是次要的，享受是主要的。当时的会稽人文荟萃，有和王羲之伯父王导认识、正隐居在东山离"东山再起"还有段日子的谢安，有大人物都以得到他撰写的墓碑为荣的文人孙绰，有游寓江南、提出"色即为空"大论的名僧支遁，有隐居山林、大谈玄学和山水诗的隐士许询等。王羲之很快就和这些人打成了一片，还在兰亭组织了一个盛会把大家聚集到一起。

永和九年（353年）暮春之初的三月三日，又是一年一度的修禊节。

这一天，王羲之、谢安、孙绰等四十多人齐聚会稽山阴城外的兰亭，洗洗身子，喝喝酒水，清谈闲聊。他们不知道，永和九年暮春的兰亭，将会成为中国文化史上的一座丰碑。

根据王羲之的记载，当日的兰亭"天朗气清"，"惠风和畅，群贤毕至，少长咸集"。此地的风光也相当对得起群众，"此地有崇山峻岭，茂林修竹，又有清流激湍，映带左右，引以为流觞曲水，列坐其次"。因此虽然聚会上没有丝竹管弦、歌舞助兴，但聚会的文人雅士们一觞一咏，大到宇宙，下到具体的花草品类，畅叙幽情。恍惚之间，王羲之感叹上天公平地给予每个人一个生命，每个人都要走完一生，有的人飞黄腾达，有的人感悟良多，有的人放浪形骸，殊途同归而已。行走之人，不知老之将至，常常是刚刚欣赏的东西转眼就成为陈迹。"每览昔人兴感之由，若合一契，未尝不临文嗟悼，不能喻之于怀。"王羲之的结论是："固知一死生为虚诞，齐彭殇为妄作。"和王羲之一样，参会者纷纷提笔写文，抒发感想。这些文章，多少带有当时玄学兴盛，要专门写得让人看不懂的意思，更多的是抒发对人生、对宇宙的看法。

会后，众人把文章收集起来，集成一本小集子，委托王羲之作序。王羲之当时已经微醺，也不推辞，提笔立马写了一篇序言。这篇因为编辑需要被定名为《兰亭集序》的文章，一气呵成，初正楷后小草，庄中有变，变中有雅，令人赏心悦目，是书法和文章的双重瑰宝。后人有爱书者，认真察看了帖子，发现王羲之在里面没有写两个完全相同的"之"字。

据说，王羲之事后对原稿不甚满意，想重写一份，超越原稿。他聚精会神认真重写了几份，感觉都不如醉酒的时候写得好。索性，王羲之不写了，就将写于兰亭的、带有修改痕迹的原稿定为作品。

《兰亭集序》之所以成为书法极品，一大原因是王羲之将书法提到了一个新的境界。之前人们是为了写字而写字，王羲之是为了欣赏而写字，为了表达而写字，为了内在的修养而写字、练字、赏字。书法开始在王羲之的手中，从实务超脱成了艺术。这是王羲之的书法境界，也成为中国书法的入门认识。

王羲之是琅琊王家最优秀的书法家，却不是唯一的书法家。官宦世家往往也是文化世家，家人文化素质高于常人。琅琊王家的前辈王衍、王戎等人都是书法家。二人擅长草书，轻便没有拘束，很符合玄学大家的气质。之后，王敦、王导、王廙、王旷等王羲之的父辈也都写得一手好字。与王家交往的谢家、庾家也出了多位书法大家，王羲之的岳母郗夫人就是有"女中仙笔"美誉的大书法家。王羲之在这样的环境中养成了习书练字的习惯，更得益于大家族的雄厚物质基础和优越生活条件，能将书法从其他事情中独立出来，当作一门艺术来对待。也只有琅琊王家这样的门阀世家才能培养出新艺术门类的大师。

王羲之在书法的世界中越走越远，后人用八个字来形容他的作品：飘若浮云，矫若惊龙。永和十一年（355年）初，厌倦了官场的王羲之弃官而去，在会稽金庭定居下来。晚年的他种地盖院子，教导子弟书画，也去河边放鹅钓鱼，悠然自得。

王羲之的身上完全没有父辈辗转奔波、指点江山的气度了。同样褪去政治光芒和雄心的还有同辈的王胡之等人。王胡之是王廙的儿子，他们父子俩都是老庄之说的信徒。王胡之的经历和王羲之近似，在山水优美的吴兴当一个生活优裕的太守，心情很爽，不管朝廷怎么调动他的职位，就是在吴兴太守任上赖着不走。朝廷拿这样的"钉子户"无计可施。和王羲之一样，王胡之和谢安的关系也不错，两人常有诗歌唱和。王胡之曾向谢安写道："巢由坦步，稷契王佐。太公奇拔，首阳空饿。各乘其道，两无贰过。愿弘玄契，废疾高卧。"在他看来，功成名就的姜子牙也好，不食周粟饿死的伯夷叔齐也好，每个人都有自己的生活状态，他王胡之的理想就是高卧山林，听听风声，抚摩泉水。

很多人不理解琅琊王家在王导、王敦一代人之后就暗淡了呼风唤雨的权势，替王家惋惜。王羲之这一辈的多数人的确把注意力从政治上转移走了，但是王家的权势依然存在。王羲之等人占据着太守朝臣的高位，琅琊王家声望依旧冲天。东晋王朝建立在东南世家大族的支持上，制定了一整套保障世家大族利益的制度，王羲之这一代人不需要创业实干就能保持权位。王家若还像王导、王敦那样掌权掌军，反而会触动清静无为的东晋王朝的敏感神经。

二

那么，王家还有没有人留在朝堂中央呢？有。他就是王彪之。

东晋王朝一直将琅琊王家作为朝廷的依靠。是依靠，就得有人在权力中央，领取朝廷的官爵利益，也把家族的支持传达给中央。而王彪之就是沟通朝廷和王家的新一代桥梁。

王彪之是王彬的儿子,是个典型的"少白头",刚过二十岁,就须发皆白,人称"王白须"。他须发皆白的重要原因是读书太用功了,尤其对历代规章制度用力很深,举凡周礼儒学、历朝历代典章制度、文物典故等都认真学了。他一个人钻研浩如烟海的规章典籍,能不少白头吗?王彪之还有收集文献的习惯,把相关的学习资料都收藏在一个青箱之中,后来又把自己的著作和文章也收入箱子里,让后人世代相传。王彪之的这个习惯成就了一门学问:王氏青箱学。

朝廷考虑到王彪之的实际情况,任命他为太常。太常是九卿之一,地位很高,但那是汉朝的事情了,到东晋太常的地位大大削弱了。因为太常主管朝廷的典章制度,可算是朝廷中专业性最高的岗位了。然而,专业性岗位始终敌不过政治性岗位,这是政治发展的一大趋势。

不过王彪之还真是很适合太常的岗位,他学问深厚,为人严谨庄重。

早年,王彪之也任过会稽内史。他严于执法,六亲不认。当地横行乡里的中小世族对王彪之恨得牙痒痒,但想想斗不过琅琊王家,不得不收敛气焰。三万多户被世族大家逼得远走他乡的百姓先后迁回会稽。

桓家势力后来居上,与琅琊王家、陈郡谢家平分秋色之后,大将军桓温试图控制朝廷,让桓家子弟镇守军事要地。许多世家子弟争相向桓家靠拢,派亲信向桓温表忠心。王彪之是极少数拒绝向桓温献媚的人之一。恒温对他怀恨在心,将王彪之罢官,还将他逮捕入狱。好在琅琊王家势力尚在，借一个大赦让王彪之先降职后调任回京，还升任了尚书仆射（相当于副丞相）。王彪之和谢安（他想通了，出来当官了）、王坦之（名字很像琅琊王家子弟，其实是太原王家的人）三个人一起联合起来对付桓温日益膨胀的野心。

东晋孝武帝司马曜即位时只有十一岁，皇太后褚氏打算请桓温摄政。王彪之、谢安、王坦之三个人都不同意。桓温和王敦一样，身体不好，遇到挫折后病重了。临终时，桓温也决心最后一搏，向朝廷要求"九锡"（天子赐给权臣的礼器，后来演变成了奸臣篡逆的先兆），还让笔杆子袁宏草拟了《九锡文》。袁宏把《九锡文》拿给王彪之看，王彪之讽刺他说："你这样的大才，怎么写这种文章！"袁宏碰壁后，去找谢安。谢安的政治技巧很高，不说同意不同意，而是笑着让袁宏反复修改。袁宏修改了一遍又一遍，谢安都笑说不满意，只好又去请教王彪之。王彪之知道谢安的用意，说："谢安的用意，你还不明白吗？桓温病情一天比一天重，马上要死了，你着什么急啊？"袁宏恍然大悟，对《九锡文》也不再热心了。没多久，桓温就死了，请九锡的事情不了了之。

桓温被众人拖死后，朝廷由谢安、桓冲、王彪之三人辅政。桓家势力大降，谢家势力上升，政令大多出自谢安之手。琅琊王家和陈郡谢家的关系不错，王彪之和谢安的私交也不错。但王彪之对谢安不合礼制的做法依然毫不留情地批评抵制。谢安痛打落水狗，要把桓冲排挤出朝，表面上恭请皇太后临朝，深层次意思是方便谢家操纵实权。王彪之引经据典，认为谢安这么做不合制度，坚决反对。谢安政治手腕比王彪之厉害，成功排挤了桓冲，但不如王彪之为人严谨、自律。谢安艺术细胞比较多，讲排场，对修宫殿等"艺术行为"有浓厚的兴趣。王彪之坚持要与民生息，而且外面还有强敌呢，所以反对大兴土木扰民。王彪之立论严谨、义正词严，谢安反驳不了，在王彪之在世时都不能放开手脚进行"艺术创作"。

377年，王彪之逝世。他的一生，看似继承了王导、王敦父辈的衣钵，其实不然。王导这一代人奠定了家族兴旺发达的根基，是草创的英雄；王彪之则是守成的英雄，安分地扮演好王朝支柱的角色，不越位，不退缩。和王羲之等堂兄弟一样，王彪之也实现了角色的转变。

书法重于政治

一

从王羲之开始，琅琊王家的声望更多的是从书法艺术而来。

王羲之一共有七子一女，这八个子女都在书法上小有成就。先说他那女儿。我们虽然不知道王羲之唯一女儿的名字，但知道她后来嫁给了浙江余姚的刘畅。她和刘畅有个女儿，嫁入了陈郡谢家，生了一个儿子，取名谢灵运。大诗人谢灵运就是王羲之的重外孙。

王羲之七个儿子中，最有名的是王献之。王献之曾担任过吴兴太守，官职终于中书令，但他最大的成就还是在书法方面。书史上把他与父亲王羲之并称为"二王"。王家的人书法成就斐然，得益于家庭提供的优越物质基础，更是他们刻苦练习的结果。王羲之练习书法，连吃饭走路都不放过，人们常常看到他用手指在身上画来画去，因此王羲之的衣服换得特别勤。教科书中经常举王羲之两个练字的例子。第一个例子是一次王羲之在书房练字忘了吃饭，家人把馒头送入书房，王羲之太投入了摸了一个馒头就蘸着墨吃起来。家人进来收拾的时候，看到满嘴黑墨的王羲之还在啃"墨水馒头"呢。还有一个例子是王羲之洗砚把一池水都给洗黑了。人们把这样的水池称为"墨池"，现在绍兴、永嘉、庐山等地都争着说王羲之牌"墨池"在自己的地盘里。王献之开始练字的时候，问父亲王羲之书法的秘诀是什么。王羲之指着院子中满满的十八口大水缸说，那就是秘诀。王献之练字研磨，把那么多水都给用完了，书法水平果真大进。王献之的书法，继承了父亲的风格，又更加无拘无束。中国书法史上"一笔书"的狂草就是王献之的创举。

王献之的婚姻生活很不幸。他先是娶二舅郗昙之女为妻，小两口子感情很深，但被迫与爱妻离婚，当了新安公主的驸马。王献之和新安公主生有一女，就是后来的安僖皇后。

王羲之后代中经历最传奇的是王徽之。王徽之也是书法家，但成就逊于父亲和弟弟王献之。他的官也小，只做过参军和黄门侍郎之类的中级官员，他的心思也不在官场上，平日不修边幅，工作时也是蓬首散带，根本不过问职责内的事情。一次桓温问他："王先生现在是什么职务啊？"王徽之挠完痒痒，说看到衙门口马匹进进出出，可能是个管马的衙门（实际上是军府）。桓温又问："最近衙门里有马匹死亡吗？"王徽之冷冷地说："我连衙门里有几匹活马都不知道，哪里知道有几匹死马啊？"这么不负责任的回答，竟然让王徽之获得了玄学界的一致好评。上级知道这段奇闻后，脸上挂不住，找王徽之谈话，要求他工作要严肃，要好好上班。王徽之盯着天花板，一副爱搭不理的模样。谈话结束后，王徽之干脆弃官而去。相比官场，王徽之更喜欢山阴的乡间生活。一夜，山阴大雪。半夜，王徽之醒来，发现大地白茫茫的一片，自饮自酌起来。彷徨间，王徽之想起了居住在剡县的好友戴逵，连夜叫人备船要去造访。当夜，皎月当空，一叶小舟穿行在浙东的水系之间。王徽之边饮酒、边吟诗，等天边露出鱼肚白的时候终于到达了戴逵府前。奇怪的是，王徽之却叫船夫掉头回山阴。船夫问其故，王徽之答："吾本乘兴而行，兴尽而返，何必见戴？"他要的就是造访的过程和期待的感觉。

丞相谢安想和王家联姻，原先挑中的人选就是王徽之。听说王徽之"雪夜访戴"一事后，谢安反悔了，将侄女转嫁给了王徽之的哥哥王凝之。王徽之原本就是闲云野鹤之人，毫不介意。他的后半生与竹子为伴。浙江丘陵的竹子挺拔茂盛，成林后气象万千，王徽之自评生活不可一日无竹，最后终老竹林之中。

代替弟弟成为谢家女婿的王凝之，成绩不如兄弟，活得也不够潇洒。他最后担任的职务是会稽内史，掌管地方军政大权。正赶上海匪孙恩起义，起义军围攻会稽。部下建议备战，王凝之却相信道家神祖能够保佑会稽无恙，只是终日闭门祈祷。部下催得急了，王凝之就说："吾已请大道，许鬼兵相助，贼自破矣。"结果起义军长驱直入，杀入会稽。王凝之和子女一同遇害。后世喜欢用王凝之的极端例子，来证明王家势力的衰败，进而论证整个门阀世族势力在南朝的逐渐没落。这有一定的道理，但东晋南朝的大政治是清静无为，不喜欢出事情。后人想当然的奋发进取的政治姿态，并不利于世族势力的维持与发展，相反只能让他们与王朝政治格格不入，带来危险。既然制度保障了世族的利益，世族子弟们当然选择清静，漫天神侃。王家选择从政治场走向艺术领域，也是一种必然的选择。起码在整个东晋南朝，琅琊王家都保持了南朝第一家族的地位。

二

唐朝初年，会稽有位老和尚智永在弥留之际，将弟子辨才叫到了自己床头。

正在辨才为师父抽泣的时候，智永郑重其事地将一个包裹严密的匣子托付给了辨才。辨才打开，发现里面竟然是东晋著名书画家王羲之的代表作《兰亭集序》。辨才疑惑地看着病重的师父。智永缓缓地向辨才吐露了一个惊天秘密：

智永和尚出家前姓王，正是王羲之的第七代嫡系子孙，保管着先辈的代表作《兰亭集序》。《兰亭集序》是王家的传家宝，被子孙世代珍藏。传到智永手中的时候，智永少年出家，虽然酷爱书法，无奈没有子嗣可以继续流传下去，只好在死前将《兰亭集序》传给心爱的弟子辨才和尚。辨才和尚对书法也很有研究，自然知道《兰亭集序》的价值，严肃地接过了师父的临终嘱托，发誓不会辜负师父，无论艰难困苦都会将这件书法名作保存下去。智永欣慰地合上了双眼。

辨才和尚将《兰亭集序》藏在他卧室梁上特意凿好的一个洞内，小心守护，除了亲近和尚，从不给外人看。

天下没有不透风的墙。辨才和尚保存着《兰亭集序》的信息还是流传了出去，最后传到了唐太宗的耳朵里。唐太宗李世民喜爱书法，尤其喜爱王羲之的书法作品。唐太宗广泛地征集王羲之的书法，献书者纷纷涌献，都获得了优厚的奖赏。李世民经常临习，但他梦寐以求的王羲之《兰亭集序》一直没有现身。当他听说王羲之的书法珍品《兰亭集序》在辨才和尚那里，便多次派人去索取。辨才和尚为了师父的嘱托，硬是连皇帝的面子都不给。皇帝的使者来一次，辨才和尚就推说一次不知真迹下落。辨才咬紧牙关，就是不承认自己有王羲之的真迹在手。

李世民还算是一个相当仁慈的皇帝，没有恼羞成怒，更没有发兵硬抢。李世民决定智取《兰亭集序》。他派同样谙熟书法的监察御史萧翼装扮成书生模样，去与辨才接近，寻机取得《兰亭集序》。萧翼对王羲之书法也很有研究，和辨才和尚谈得很投机。辨才和尚很信任这个书生。有一天，萧翼兴高采烈地来找辨才和尚。待两人寒暄之后，萧翼郑重其事地从怀里拿出几件王羲之的书法作品给辨才和尚欣赏。这些都是萧翼从皇帝手中拿来的王羲之的真迹。辨才和尚也是第一次看到这些王羲之的作品，一时兴起，不以为然地说："这些虽然是王羲之的真迹，但不是佳品。我这里有王羲之的代表作。"萧翼忙问是什么作品。辨才和尚兴奋地告诉他是《兰亭集序》真迹。萧翼假装不信，说《兰亭集序》早已从世间消失了。辨才和尚从屋梁上取下真迹给萧翼观看，萧翼一看，果真是《兰亭集序》真迹，大声称赞。这一次，辨才和萧翼两人畅谈书法，通宵达旦。结果辨才和尚不知不觉，昏昏睡去。等第二天醒来的时候，辨才吃惊地发现《兰亭集序》不知去向，书生萧翼也不知去向了。辨才和尚恍然大悟，方知上当。

后来，辨才知道《兰亭集序》进入了皇宫。他失去了真迹，内心不忍，积郁成疾，不到一年就去世了。此时，琅琊王家也没入了历史。

旧时王谢堂前燕

——东晋谢衡、谢安、谢玄、谢灵运家族

这是一个家族的奋斗史。陈郡谢家和王导王羲之他们家是乌衣巷的邻居，也是南朝可以比肩的名门望族，世代公卿。"王谢"并称，成为世族的代名词，一起见证了两晋南北朝时期世族大家的兴衰荣辱。不同的是，陈郡谢家崛起的历程更曲折，宦海沉浮的代价也更大。祖宗留下的声望是福是祸，个中冷暖后人自知。

在乱世寻找支点

一

陈郡的谢家子弟富有奋斗精神,因为他家的起点很低。

举凡名门望族都喜欢给自己列谱系,谢家后人发达了,祖先只能向上推到曹魏时期的典农中郎将谢缵。谢家发迹之晚可见一斑。谢缵的这个典农中郎将相当于太守级别,但是负责屯田事务的,不属于正牌的地方官职,政治地位极其一般。谢缵的儿子谢衡入晋后在国子监谋事,相继做了博士、国子祭酒,终于散骑常侍,算是坐了一辈子清水衙门的冷板凳。谢衡耐得住清贫,努力钻研业务,成为一代大儒。在"本朝历史从何时算起"①、一夫多妻家庭的儿子是否应该为非亲生母亲服丧等问题上,谢衡提出了许多理论意见。他的意见很可惜地没被采纳,但被史官忠实地记录了下来,让后人能够确认陈郡谢氏的早期作为。

谢衡守着一肚子学问,没能飞黄腾达,是有深刻社会原因的。因为他精通的是儒家,而当时社会盛行玄学。西晋经历短暂的统一后,陷入了八王之乱,社会动荡不安。人们普遍追求玄而又玄的清

---

① 晋朝是司马家族篡位得来的。建立后,有关王朝历史到底从司马懿算起,还是从司马昭算起,或者干脆从司马炎正式登基算起,朝野存在争议。在儒学上,朝代起始问题是重大"理论难题"。

谈，大谈宇宙人生，将儒家礼法视为迂腐的俗务。谢衡的不得志由此注定了。所以到了谢衡的儿子谢鲲长大成年后，他毅然抛弃家学转学玄学，钻研《老子》和《易经》，大谈特谈云彩和人心的关系。

谢鲲的能力用对了地方，很快引起了社会注意，二十岁就跻身"名士"行列。

有的人醉心玄学是逃避乱世，有的人完全是附庸风雅将玄学作为敲门砖，谢鲲由儒入玄，不敢说没有功利的目的，但就玄学功力来说，他完全是第一等的。真正的玄学大师是精通世故又看破世事，能超然物外宠辱不惊的，用心灵指导言行。表面的清谈和悖理不羁是掩藏内在深刻和豁达的迷雾。谢鲲就不修威仪，整天唱歌鼓琴。邻居高家有个漂亮的女儿，常常在窗前织布，看得谢鲲心痒不已。谢鲲没有"检讨肮脏的思想"，而是公然去窗前向邻家女子表明爱意。郎有情来妾无意，谢鲲的率真被邻家女子看作是轻浮的挑逗，拿起织梭就向他扔去。谢鲲的两颗牙齿被打掉了。时人笑话说："任达不已，幼舆（谢鲲的字）折齿。"谢鲲听了也不生气。既然人家不接受那就算了，我继续逍遥率性的生活。牙齿掉了没关系，又不影响我长啸高歌。

谢鲲引起了大臣和名士们的瞩目，其中就包括王衍、嵇绍等大人物。那时候进入官场全靠领导的一句话，需要官府的征辟。谁声名大，得到大臣们的交口称赞，谁就拿到了官场入场券。这不，谢鲲被东海王司马越征辟为掾吏。可惜官运不佳，因为小故被除名。长沙王司马乂看不起谢鲲，曾把他抓起来要加以鞭挞。谢鲲主动解衣，要接受惩罚，没有害怕的神情。司马乂只好放了他，谢鲲也没有欢喜之色，一切都平淡自如。谢鲲屡受挫折和屈辱，反而名气更大了。士族名士们都替他感到可惜。谢鲲却没有一个字的牢骚，清歌鼓琴，悠哉乐哉。

一个人对名利可以荣辱不惊，但对人生和家庭责任不能不时刻保持清醒细致的认识。鼓琴高歌间，谢鲲意识到了国家大乱，北方终将沦陷。所以当东海王司马越不久再次征辟他出任参军一职时，谢鲲托病辞职，举家迁往南方。他最先来到豫章（今江西省北部）。传说该地有座空亭，闹鬼，发生过多次杀人事件。谢鲲毅然搬到院落中居住。拂晓，有个黄衣人呼唤着谢鲲的名字，叫开门。谢鲲淡然无惧色，从门旁的窗子伸手把黄衣人用力拉了过来，挥刀砍断了他的肩胛，落了一块皮肉。仔细一看，竟然是一块鹿皮。谢鲲循着血迹，最后消灭了鹿怪，该地从此再无妖怪了。谢家一搬再搬，谢鲲最后选定建康城里秦淮河畔朱雀桥边的乌衣巷安家，成了乌衣巷里谢家的第一代主人。

谢鲲避祸豫章，被大名士、大将军王敦征辟为长史，有了固定的政治舞台。

王敦也是不修边幅、率性而为的名士，许多地方与谢鲲惺惺相惜，常常感叹只有和谢长史才有话说。而谢鲲也不为功名所累，说话也不看着王敦，平静而真诚地对待工作。可怕的是，谢、王二人气质相同，政治观点却是相反的。王敦有不臣之心，企图叛乱擅权。谢鲲渐渐知道王敦这个人不是匡扶社稷的同道中人，开始不屑政事，集会时候从容议论，巧妙讽谏王敦，平日优游寄遇，与一帮名士纵酒高歌。王敦鉴于谢鲲名高望重，一直以礼相待。

王敦最终走上了叛乱的道路。他对谢鲲说："刘隗这个奸邪，危害社稷，我要消灭君侧之恶，匡主济时，怎么样？"谢鲲回答："刘隗的确是个祸害，但只是城狐社鼠而已。"意思是杀鸡焉用宰牛刀，用不着王大将军去打刘小老鼠。王敦骂了声"庸才"，也不问谢鲲愿意不愿意就任命他为豫章太守，借助他的才望，拉着他一起兵逼建康。谢鲲被迫成了叛军一员。

叛军进展顺利，王敦攻下要塞石头城后，狂傲地感叹："我以后不能再和大家一起造福地方了。"意思是自己要去中央工作了，要掌国家大权了。谢鲲又泼了回冷水："怎么会呢？只要你愿意，每天都可以。"攻下建康后，王敦问谢鲲形势和人情如何。谢鲲回答："明公之举虽欲存社稷，但普通人未必了解您的苦心。"谢鲲还跑去皇宫拜见了司马睿，又建议王敦任用周𫖮、戴若思等原来的大臣。王敦不听，逮捕了周、戴二人要杀头。参军王峤劝阻，王敦连王峤也要一起杀。部属畏惧不敢说话，只有谢鲲说："明公办大事都没有杀戮一人，现在王峤提了不当的建议就要被杀，是不是用刑太过了？"王敦这才赦免了王峤。最终，王敦在世族势力的联合抵制后，退出建康。谢鲲劝他撤退前进宫拜见皇帝一次。王敦闹情绪，不愿进宫，以安全无法保证为由推托。谢鲲再劝他，说自己入觐皇上，发现宫中秩序穆然，不会有危险，如果王敦入朝自己愿意侍从。王敦没被劝动，不朝而去。

撤退后，许多人为谢鲲的安全担心。王敦对谢鲲的确不满意，感到厌烦，打发他去豫章实任太守。谢鲲为政清廉，得到百姓的拥戴，可惜没多久就死在了任上，时年四十三岁。半年后，王敦败亡。谢鲲早死，省去了许多麻烦。更因为谢鲲在王敦叛乱期间，说了很多对朝廷有利的话，努力劝谏王敦，所以并没有被视作叛党乱匪受到处理。相反，东晋王朝追赠谢鲲为太常，追谥"康"。

至此，陈郡终于混出了有头有脸的人物。从谢鲲开始，谢家辉煌的序幕正式拉开了。

二

谢鲲死时，儿子谢尚才十岁出头。

一个家族在崛起时期，必然要求子孙一代超过一代。谢尚从小就有"长江后浪推前浪"的趋势，成名比父亲早，在歌舞和玄学上的造诣也比父亲要高。谢尚刚会走路，父亲谢鲲曾带他一起迎来送往。一次有客人夸奖谢尚是"当代颜回"。颜回是孔门最出色的学生，声望极高。谢尚马上应声答了句："这里没有孔子，哪里来的颜回！"一句话既表达了谦逊之情，又轻松幽默，让宾客感叹不已。在技艺方面，谢尚精通音律，擅长舞蹈和书法，史称"博综众艺"。谢尚最擅长的是"鸲鹆舞"，跳得很好，好到丞相王导曾当众要求谢尚起舞，让在座的大小臣工为他击掌为节。谢尚在桓温手下当官时，桓温知道他善于弹筝，结果谢尚理弦抚筝，因歌秋风，意气甚遒，让同样多才多艺的大名士桓温为之赞叹。

当然了，谢尚为家族博取功名利禄的利器并不是唱歌跳舞或者弹琴，而是清谈玄学。他继承了父亲的清玄风范，并且理论化，写了一篇《谈赋》，专门侃清谈，认为清谈内容"若有若无"，追求"辞简心虚"的效果。这里的"心虚"不是做了坏事害怕的意思，而是内心豁达超然物外的意思。成年的谢尚"开率颖秀，辨悟绝伦，脱略细行，不为流俗之事"，一副典型玄家名士的派头。他长得一表人才，服饰华丽，满是精美的装饰。王敦的小妾宋玮在王敦败亡后辗转归了谢尚。谢尚曾问宋玮自己与王大将军比，如何？宋玮回答，王敦和谢尚相比就如同是乡下人与贵人一样。宋玮的意见代表了大众的看法，社会普遍认为谢尚"妖冶"——这词现在用在男人身上是个灾难，在东晋时则是莫大的荣耀。

当权宰相王导特别看重谢尚，将他比作王家长辈、竹林七贤之一的王戎。

有了如此之高的声望和如此地位的粉丝，谢尚的仕途一帆风顺。两晋南北朝时期，入仕靠上级征辟，年轻人们抓紧机会"养望"（培养声望，让大家知道自己）。谢尚的声望这么高，年纪轻轻就被大将军桓温征辟为官。更大的机遇还在后面，谢尚的外甥女褚蒜子成为东晋的皇后，继而是皇太后。谢尚外面有声望，朝中有后台，政治地位开始直线上升，刚过而立之年就被任命为建武将军、历阳太守，后转督江夏义阳随三郡军事、江夏相，开始威震一方。

许多东晋名士都是绣花枕头大草包，谢尚一介清谈客，能做好守土有责的大将吗？当时镇守武昌的安西将军庾翼就看不起谢尚，认为谢尚这样的清谈书生适合在安逸和平的环境中耍嘴皮子，生逢乱世只能添乱。谢尚也知道地位的提高、身份的转变对自己是个挑战，数次虚心地向庾翼咨谋军事。一次，谢尚和庾翼一起射箭。庾翼不屑地对谢尚说:"你如果能射中靶心,我就送你一支军乐队。"谢尚拉弓出箭,正中靶心。庾翼很佩服,真的把自己的军乐队送给了谢尚。在驻扎地,谢尚为政清简,不惊扰军民。刚上任时,郡府用四十匹布给谢尚造了一顶乌布帐。谢尚下令拆除布帐,给军士们制作衣物被褥,一下子就在军队中赢得了声誉。谢尚治政声名传到朝廷后,朝廷多次提拔谢尚,军衔官职一路飞升。

大司马桓温专政,发动北伐。谢尚顶着安西将军的名号,率军从淮南进攻河南,作为一支偏师。进军之初很顺利,前秦的张遇率军投降。可能是谢尚的名士派头和张遇的军旅作风格格不入,使得两人关系破裂。张遇降而复叛,还占据许昌与谢尚军队为敌。谢尚大军进攻,竟然被张遇杀得大败,损兵折将逃回东晋。按律,谢尚罪行很大,够不上砍头标准也得罢官为民。结果在他的外甥女皇后的干预下,谢尚仅仅是降为建威将军而已,依然在前线领兵。他的运气也实在好,北方战乱不止,政权更替频繁,象征至高无上皇权的传国玉玺竟然流落到了谢尚的手中。谢尚极为重视,派铁骑三百夜以继日将玉玺送到建康。东晋王朝在建康延续晋朝国号,依然以中华正朔自居。但是东晋皇帝并没有发号施令的玉玺,被天下讥刺为"白板天子"。谢尚及时送来传国玉玺,解决了王朝的法统难题,功劳远远超过败军南逃的罪过,地位再次提升。东晋王朝实授谢尚豫州刺史,把淮南地区的防务委托给了他。

淮南地处东晋王朝核心的东南地区和战乱中的中原大地之间,连接洛阳旧都和新都建康,是南北拉锯的东部主战场。战争最容易让前线将领掌握实权,将领的地位往往随着战事水涨船高。谢尚占据并经营淮南，有了固定的地盘，承担了王朝安全重任，在东晋朝廷的地位也就不可代替了。陈郡谢家此时真正进入了上流社会，不再是被动等人征辟的政治边缘家族了。更为重要的是，大司马桓温有步王敦后尘，篡位夺权的野心。桓家控制了长江中流，子弟掌握了荆州、江州、扬州等要地，控制了大部分国土。谢家控制的豫州在军事要地之外，又多了一层抗衡政治野心家的重要意义。谢尚不是东晋政坛可有可无的角色，而是关键人物了。

残酷的权力现实和沉重的政治责任并没有影响谢尚洒脱的生活态度。淮南首府寿阳城内大路旁，人们经常看到有一个中年人坐在酒楼门口的胡床上，穿着紫罗襦，抱着琵琶弹奏《大道曲》。歌声高亢，歌手陶醉，往来路人不是以为他是酒楼揽客的艺人，就是视之为行为艺术家。没有人知道他是镇守淮南的镇西将军谢尚。谢尚和桓温的关系也很奇妙。按说他们是相互制衡的政治对手，却惺惺相惜，不像敌人倒像是知心朋友。谢尚在桓温手下当官的时候，桓温就很欣赏他。桓温北伐成功，收复洛阳后，还上疏请求让谢尚都督新收复的领土，出镇洛阳。谢尚对桓温也没有恶语相向。

也许是生活过于洒脱，缺乏规律，谢尚不到五十岁，身体情况就每况愈下。镇守洛阳的事情，谢尚以疾病在身为由推辞了。这不是他不愿意离开老巢，而是真的病得不行了。朝廷得知谢尚病重，提升他为卫将军，加散骑常侍，召他回建康养病。谢尚没能回去，死在了历阳，时年五十岁。

谢尚之前，陈郡谢家只是一户普通士族，是他让家族暴露在闪光灯照耀之下。但在老牌大世族看来，陈郡谢家还是暴发户，他们称之为"新出门户"。在门第决定前途的社会中,在以清谈玄学相互标榜的气氛中,谢尚虽然也是玄学名家,却是依靠裙带关系和行军打仗获取实际地位的。老牌世族把这些都看作"俗务"。大家都巴不得去归隐山林高谈阔论,你谢尚却还在官场沉浮,能不被人看低吗?真正的"名门子弟"应该是坐享高官厚禄,不去干活。可谢家还处于奋斗时期,不干出点名堂提升不了地位,不缠身俗务不行。可以说,谢尚为家族的崛起承担了世人的诟病。

有一个趣闻可以看出陈郡谢家当时的地位。谢尚暴得大名,想和世族大家攀亲,就替堂弟谢石向诸葛家族提亲。这个诸葛家族就是诸葛亮他们家,早在三国时期就是名门大家了,后来随着司马睿南渡,算是"中朝显贵",在南方地位尊显。诸葛家的掌门人诸葛恢一向以名望凌人。一次,丞相王导和他谈起名门望族的排名先后,说:"人们都说王葛,为什么不说葛王呢?"诸葛恢毫不留情面地回答:"譬如说驴马,不说马驴,驴难道胜过马吗!"诸葛家的气焰可见一斑。现在诸葛恢见陈郡谢家来提亲,断然回绝:"我们这样的人家,都是有固定的世代姻亲的,我的女儿已经有人家了,可不能再和谢家结亲。"谢家讨了个没趣,谢石却对诸葛家的女儿念念不忘。等到诸葛恢死后,诸葛氏家道中落,谢家地位飞升,谢石这才娶到诸葛恢的小女儿诸葛文熊。

三

谢尚去世,豫州地盘不能落入桓温的手中。朝廷的看法是继续让谢家子弟都督淮南军事，作为王朝的方镇屏藩。他们选择的继位人选是谢奕。

谢奕是谢尚的堂弟。谢奕的父亲谢裒，从跟随司马睿开始，基本在中央谋职，终于吏部尚书。他本人没有什么值得称道的事迹，却生下了一群日后赫赫有名的儿子：谢奕、谢据、谢安、谢万、谢石、谢铁。

谢奕为人放达，也是玄学中人，也是从桓温的幕府开始政治生涯的。他和桓温虽然是上下级，言谈举止却像是老朋友。谢奕竟然随便戴块头巾，就跑到桓温家里做客，长啸吟唱，一点都不把自己当外人。桓温常说："谢奕是我的方外司马。"谢奕酗酒，还逼着桓温陪酒。桓温酒量不行，不胜其烦，最后发展到看到醉醺醺的谢奕就跑到老婆房间里躲藏起来。桓温是驸马爷，老婆是南康公主。因为桓温工作很忙，南康公主难得见到丈夫，所以很感激谢奕，说："如果没有谢奕这个放荡司马，我怎么能见到驸马呢！"谢奕找不到桓温，就在桓温府上随便拉人一起喝酒。年轻人跑得快，最后被谢奕抓住陪酒的都是老兵。谢奕就自嘲说："失一老兵，得一老兵。"东晋人以当兵为耻，谢奕将桓温比作老兵，桓温为人豪放，也不生气，任由谢奕胡闹。谢奕和桓温保持着密切的感情。现在，谢奕突然被破格提拔为与桓温抗衡的藩镇将领，两人念及感情，依然相安无事。

谢奕在豫州刺史任上只有一年，就死了。

谢奕二弟谢据早死，三弟谢安本该出任豫州刺史，可是谢安把机会让给了四弟谢万。

朝廷任命谢万出掌淮南，在世族内部引起了轩然大波。因为谢万过于洒脱，狂妄自大，常年不理政事——这是玄学氛围要求的。怎么看他都不像是做前线主帅的材料。谢安的好朋友王羲之曾经自问自答："某人和谢安、谢万相比，谁更好？如果是谢安遇到这个问题，肯定与人为善，说自己不如某人；如果是谢万，则会因为听到这个问题，和某人怒目相争。"王羲之听到谢万的任命后，特地写信给谢万，要他收束情绪，勤勉政事。谢万根本没听进去。

桓温和谢万关系一般，却支持谢万出任豫州刺史，因为他等着谢万犯大错好收拾谢家势力。果然上任第二年，谢万就受命与徐州方向的郗昙兵分两路，北伐前燕。谢万把北伐当作郊游，一路饮酒唱歌，一点端庄办事的样子都没有，更谈不上和将士们同仇敌忾同甘共苦了。三哥谢安千里迢迢写信劝他说："你现在是主帅，不是可以任性生活的隐士，应该懂得率军打仗。要多和将领们交流，让大家和你同心协力。"谢万一想，交流不就是吃饭喝酒嘛，于是大摆宴席，招待众将。宴会开始，谢万自顾自吃喝得很高兴，突然觉得应该说几句话。憋了半天，谢万终于对众将说："诸位都是劲卒。"他不想想，各位将军都是有头有脸的人，他叫大家是兵勇，在将领们听来就是讽刺和贬低了。这个饭局目的没达到，反而把部将都得罪光了。战争开始，徐州方向主将郗昙病倒，率军暂退。谢万误以为友军败了，慌忙下令后撤。豫州军队趁机一哄而散，众将各自组织撤退，结果北伐不战而败，前燕反攻占领了东晋大片土地。晋军喘息稳定后，竟然找不到主帅了。原来谢万逃得最快，早早躲到大后方去了，成为光杆将军。事后追究责任，谢万是罪魁祸首，被废为庶民。

　　这个处理结果还是给陈郡谢家留了面子的，没要了谢万的性命。然而谢家在淮南声名坏了，待不下去了，不可能再让谢家子弟出掌淮南军政大权了。陈郡谢家几代人努力的成果，轰然倒塌，付诸东流。谢万真是罪人，挥霍了祖父兄长几代人奋斗的成果。谢家只能从头再来了。

走出东山去淝水

一

谢家重新崛起的希望落在了老三谢安头上。

谢安身上有那个时代搏击政坛的雄厚资本——卓越声望。谢安四岁的时候，桓温的老爸桓彝见到谢安就喜欢不已，赞叹这个孩子"风神秀彻"，日后肯定能扬名立万。桓彝这时已经闻名天下了，桓家后来的风光很大程度上是他奠基的。幼小的谢安能得到这么大人物的赞扬，立即扬名。谢安还曾拜访过晚年王导，王大丞相对这个邻家后辈也大为赞赏，结果谢安的声名又上了一个台阶。

别人是拼命搏名养望，谢安小小年纪就名扬江左，仕途前景可谓一帆风顺。在美妙前程即将开始的时候，谢安做出了惊人的选择：隐居东山，纵情山水。我们知道，当时的绍兴东山是东晋名人隐士避世的大本营。谢安在这里认识了许多同道中人，还参加了名垂千古的兰亭集会。暮春时节曲水流觞的兰亭，谢安留下了两首诗作："伊昔先子，有怀春游。契兹言执，寄傲林丘。森森连岭，茫茫原畴。迥霄垂雾，凝泉散流。""相与欣佳节，率尔同褰裳。薄云罗阳景，微风翼轻航。醇醪陶丹府，兀若游羲唐。万殊混一理，安复觉彭殇。"他醉情山水，一副与世无争的样子。

两晋南朝的多数隐士，满口玄学，声名很大也不参与政治，实际上是没有处理政务的能力。百无一用的书生，纸上谈谈虚幻的宇宙人生还行，真的把内政军事外交摆在他们面前，玄学名气越高可能办事的结果越糟糕。谢安则是少数稳重而超脱，有能力处理好政务却不愿意从政的人。一次，谢安与王羲之、孙绰等人出海游玩。海上突起大浪，波涛汹涌，船只有倾覆的危险。王羲之和孙绰被吓坏了，风度全无，船头船尾跑来跑去，惊慌失措，抓住人就问怎么办。谢安平静地说，大家再这么慌乱瞎闹，船没被海浪掀翻反而可能被船上的人给跑翻了，到时候大家都别想回去了。王羲之等人很惭愧，佩服谢安的沉稳宁静，有条不紊地返航，平安上岸了。有些大名士嘴巴呱呱叫，却经受不了大事考验，比如，王衍。谢安则能临危不乱，时刻保持头脑清醒，真正领悟了玄学虚中有定的真谛。事后，王羲之等人对谢安钦佩不已。王羲之公开说："安石（谢安字安石）有镇国气度，我们应该推举他出仕。"大名士刘惔则说："如果安石不出山，我们就聚集天下的名士一起来推举他。"

　　有人花钱买官，有人矫情造势，都是为了进入官场。而官场的大门对谢安来说，早早就敞开了，里面的诱惑越来越大。问题是官场对谢安狂抛橄榄枝，谢安他就是不接。司徒、亲王、吏部等反复征辟谢安走出东山来当官，更不用说那些当了官的名士来招揽谢安进入幕府了，谢安统统拒绝。朝廷觉得谢安可能是不愿意接受虚职，竟然拿出掌管全国官员考核升迁的吏部郎这样的实职来授予谢安，谢安依然拒绝了。一直到四十岁，谢安都在东山中与花鸟鱼虫为伴。

　　朝廷屡次被拒，感到特别没面子，干脆宣布对谢安"禁锢终身"。不想这从反面对谢安的声望"火上浇油"。

魏晋多名士,而谢安可能是魏晋名士中最潇洒风流的一位。《晋书·谢安传》说时人比谢安为王导,但是谢安"文雅过之"。两人都能力出众,都沉稳持重,但王导在潇洒超脱和文人气上明显输于谢安。就连王导的五世孙王俭多年后依然承认:"江左风流宰相,唯有谢安。"

二

如果说谢安的东山隐居生活是完美的,那就错了。谢安的心中有隐痛。那就是责任之痛。

谢夫人刘氏试探丈夫说,一辈子当隐士也不错。谢安无奈地说:"我可能不会一辈子当隐士。"因为谢安的心中有强烈的责任感,有对国家社稷的责任,更有对陈郡谢家势力发展的责任。他默默关注着东晋王朝的政治走向和亲戚们的仕途命运。

谢安不想当官,所以把家族的淮南地盘让给了弟弟谢万。但振兴家族的责任感让他一直在幕后辅助谢万,出主意想办法。谢万当吴兴太守时,谢安一度在郡衙里督促弟弟从政。谢万懒散惯了,早上不能及时起床办公。谢安就每天早上叩屏风催弟弟赶紧起床。谢万后来镇守一方,恶性不改。谢安亲自拜访谢万的部将,替弟弟抚慰众人,也拜托他们协助谢万工作。谢万日后狼狈地只剩下光杆司令,部队没有哗变,其中就有谢安在谢万部队中苦心经营的因素。等到谢万被废,谢家势力落入低谷,东晋王朝北伐失败,在与北方的对抗中处于下风，谢安看到国事危难，家族衰败，强烈的责任感油然而生。

家人催谢安出山复兴门户。天下名士则高呼："斯人不出，若苍生何？"谢安不出来做官，朝廷乱局势必难以收拾。谢安成了大家的救世主。他终于在四十一岁的时候走出了东山。

谢安出仕的时机特别不好。一来，他年过不惑了，别人不好给这么大年纪的"新人"安排位置；二来，朝廷的禁锢令依然生效，一般的官员不敢征辟他为官。巧合的是，依然是野心家桓温给了谢安第一份工作，给了他幕府中的一个小职位。谢安接受了，在一片哗然和嘲笑中接受了。谢安放着之前清闲显要的好官不做，一大把年纪了来和年轻人抢小职位，怎么能不成为大家的笑柄？谢安默默忍受了嘲笑和不解。他知道闲适的隐居生活已经一去不返了，前方是险恶的政治旋涡，每一个旋涡都可能要了自己甚至家族的性命。玄家鄙视血腥的政治，视之为俗务。但真正看透俗世的玄学名士，一旦操持起俗务来应该得心应手，游刃有余。谢安就在充满了杀戮的官场保持着稳如泰山、淡若池水的隐士风范。这才是真正的名士！

桓温接纳谢安的心态很复杂，有同情，也有帮一把的意思。谢安出山前后，桓温势力膨胀，不断抓权，渐渐露出了篡位的狐狸尾巴。东晋君臣都对他敬畏三分。谢安在他手下办事，又要寻求仕途发展，难度之大，可想而知。他的做法是站在朝廷一边又不和桓温翻脸，处理本职工作又不乱掺和事儿，借着桓温这艘大船，凭着能力和声名逐步提升。

371年桓温废黜司马奕，改立司马昱为帝，并族诛了陈郡殷氏、颍川庾氏两家，操纵了东晋实权，声势如日中天。桓温的做法侵害了其他世族大家的利益。已跳到朝中为官的谢安坚定地和另两大世族——太原王氏和琅琊王氏站在一边，反对桓氏篡权，改朝换代。他们拉拢一批中小世族，形成共同抵制桓温的联盟。而谢安也在这个大趋势下，趁机与各个世族大家联姻，壮大本族力量。从此，谢家子女婚嫁基本不出大世族家庭，开始编织盘根错节的权势网络。

司马昱当了两年皇帝，也死了。桓温一度授意司马昱立下遗诏，将天下传给自己。谢安赶紧联合王坦之、王彪之等人逼简文帝改写遗诏，将政权传给儿子司马曜。王、谢抓紧时间，将生米煮成熟饭，拥戴新皇帝即位。桓温得知即将到手的江山落空了，勃然大怒，率军入京"朝觐"新皇帝。桓温引兵入朝，朝野盛传此来是"诛王谢，移晋鼎"，一日数惊。

东晋朝廷没有力量阻挡桓温的军事威胁，皇上只能下令王坦之、谢安等率领百官到新亭迎接桓温。事前，王坦之手忙脚乱地跑来向谢安问计。谢安也不知道怎么办，也害怕，但平静地说："大晋存亡，就看这一回啦。"世事本无定论，政事也一样，到时候随机应变吧！

历史上有名的"新亭风波"就此上演。一方是气势汹汹、大兵压境的桓温，一方是王坦之和谢安等朝臣，所争的就是东晋王朝的江山社稷。你把他说成"鸿门宴"也好，说成是关羽的"单刀会"也好，反正桓温在新亭摆出了吓人的阵仗，大军环列，刀甲鲜明，官兵们对朝臣怒目而视。更可怕的是，桓温拉起了许多帏帐，不用风吹起帐脚肉眼都能看到帐后密密麻麻的持械武士。朝廷上的王公大臣们平日里威风凛凛，可在武士巨阵面前威风扫地。文武百官跪拜在道路两旁，甚至连抬头看一眼桓温的勇气都没有。领头的王坦之惊得汗流浃背，紧张得连手板都拿倒了。朝臣中只有谢安面对层层重兵，用他那带有浓厚洛阳口音的"普通话"像模像样地夸奖了一番桓温的部队，然后从容地质问桓温："有道诸侯训练甲士替朝廷防守四方，现在明公在幕后埋伏武士，唱的又是哪出戏啊？"桓温预想了许多结局，就是没料到谢安会这么直接这么坦然。好在桓温也是名士，心胸也很豁达潇洒，虽然受了谢安当头一棒，立马调整了情绪，撤去了埋伏的武士，客气地接待起谢安来。桓温也是深入玄学的名士，潇洒得很，现在被谢安的镇静洒脱勾引出了那潇洒脱俗的劲头来，拉着谢安就高谈阔论起来，把其他人都晾在一边。桓温的一生都在追求权力和沉溺玄学之间徘徊，犹豫不决，错过了许多揽权的机会。谢家的许多子弟明明不是一伙人，却因为风范独特得到了桓温的提携。谢安的最初舞台就是桓温提供的。现在，桓温又因为谢安的阻挠，放弃了逼宫夺权的计划，和谢安做了一场长谈之后竟然撤军了。

从此，桓温和皇帝宝座永远告别了。而谢安独得大功，几乎成了再造社稷的功臣，更因为临危不惧的名士风范，地位迅速跃升。王坦之原来名望在谢安之上，从新亭回来后声望就落在了谢安之后。

谢安的无畏稳定了东晋王朝的局势，但桓温的野心依然，还在长江上游做着皇帝梦。撤军后，桓温大病一场，借口生病搬到建康附近的姑孰养病，派人暗示朝廷授他九锡。九锡是皇帝独享的礼器，霸占九锡礼器几乎成了历代权臣篡位前的最后一个动作。随着病情越来越重，桓温求九锡的心情也越来越强烈，直接授意文臣袁宏起草加授九锡的诏令。袁宏赶紧写好，按照程序将诏令草稿拿给中枢重臣谢安看，需要谢安的批准。谢安看完，摇摇头，对袁宏说需要修改。袁宏修改后再拿给谢安看。谢安还是不满意，两人单在程序上就这样往来了几十天，诏令迟迟不能定稿。袁宏也算是一代文豪，后来生气了，不解地问谢安为什么老不满意。谢安默默说了一句：拖着好，拖久了问题就解决了。袁宏一下子就明白了。果然，拖到七月桓温没等到诏令就病死了。谢安不动声色，不费力就给东晋王朝扳倒了一大祸患。

司马曜的皇位是谢安等人拥立的，又是谢安巩固的，桓温死后就让谢安取代了相位。谢安顺顺当当地位极人臣，连带着陈郡谢家不仅收复了政治失地还大获其利，和各大老牌世族大家都不相上下地平起平坐了。

谢安是个比桓温更能令人接受的权臣。桓温死后，谢安并没有党同伐异，大开清洗桓家势力之门，而是仿佛没事发生一样。桓温的弟弟桓冲继承了哥哥的荆州地盘。别人提醒他要和谢安争权。桓冲承认自己名望能力都在谢安之下，甘居地方藩镇，没有异心。东晋朝廷在王敦、桓温之乱后一度出现了团结稳定的局面。

然而，谢家的地位没稳定就遭遇了巨大挑战。383年，北方前秦的苻坚倾巢而出，发兵南征，扬言要灭亡东晋统一天下。前秦大军有多少人呢？苻坚对外宣称是百万大军，只要大家都把马鞭扔到长江里就能截断江面，轻而易举走到江南溜一圈。是否真有一百万人难说，反正前秦大军攻占寿阳时，前线打得轰轰烈烈的时候前秦的大部队还有从长安洛阳刚刚动身的。所以当前秦大军攻过淮河后，建康全城震动，百姓惊恐不安。东晋王朝文恬武嬉，时间久了，早丧失了勇气。他们唯一的救命稻草就是谢安。朝廷任命谢安为征讨大都督，全权负责抵抗救国。

谢安也不知道如何抵抗前秦大军，但他知道临危不惧、坦然应对的道理。平静应对总比惊慌失措要好。谢安平静地任命弟弟谢石、侄子谢玄等家人为将帅，组织前线军队作战。除此之外，谢安没有进一步举动。他这么做显然不能安抚建康的人心，除了个别人自欺欺人说谢丞相肯定胸有成竹，其他人都相信东晋王朝要完蛋了。荆州的桓冲实在看不下去，挑选了三千精锐派往京城，交给谢安调遣，以备安排朝廷逃跑的时候可以用。谢安谢绝了，说国家存亡不在于几千士兵，倒是荆州是上游重镇，更需要精兵加强防守。谢安还给桓冲传话说，一切他自有安排，桓冲好好守住长江中游就可以了。侄子谢玄被任命为前线主将，也心虚得很，跑回来问谢安怎么办。谢安一如既往地坦然，平静地说："到时候会有旨意的。"谢玄不敢再问，托部下张玄来找谢安询问怎么办。谢安也不回答，带着张玄来到别院。别院里亲朋毕集，谢安拉着张玄下围棋，谢安的棋技比张玄要差，但当天张玄心里恐惧，竟然输给了谢安。战争时期，谢安经常连夜游玩，时间久了建康的人心竟然安稳了下来。谢安都不怕，成竹在胸，我们平民百姓还怕什么呢？

史载谢安在大战中只是"指授将帅，各当其任"而已。事实上，毫无军事经验的谢安这么做是正确的，总比既不懂也要瞎指挥强。果然前线的兄弟侄子大展拳脚，竟然在淝水打败前秦大军，取得了辉煌的胜利。谢玄等人大破苻坚后，快马向谢安报捷。谢安正在和客人下围棋，结果捷报看完，就放到床上，面不改色继续下棋。客人问是怎么回事，谢安慢慢回答："晚辈们在前方打败了贼军而已。"坚持下完棋，谢安回到内室终于抑制不住狂喜的心情，过门槛的时候连鞋被碰坏了都没有发觉。

在淝水大战中，东晋以八万军队大败前秦百万大军，不仅使国家转危为安，而且促使前秦崩溃，北方大乱，局势朝着有利于南方的方向发展。东晋乘胜收复了河南、巴蜀和汉中等广大地区。朝廷为表彰功臣，封谢安为庐陵郡公，谢石为南康公，谢玄为康乐公，谢琰为望蔡公。陈郡谢家一门四公，从此尊贵无比，成为东晋顶尖的名门望族。

从东山到淝水，谢安的路程相对简单，过的是"两点一线"的生活。东山是隐逸的象征，象征着谢家的玄学风范和潇洒个性，是理想的生活；淝水是奋进的象征，象征着谢家参与政治和奋斗的历程，是现实的生活。对东晋世族来说，两者不可偏废。陈郡谢家成功游刃于理想与现实之间，既迎合了社会舆论又解决了实际问题。然而太成功了，家族势力太昌盛了，迅速引起了皇室的猜忌。司马曜很担心谢安成为第二个桓温。谢安修身那么多年，很清楚盛极而衰、月盈则亏的道理，刚好东晋乘胜收复失地后前方事务繁重，谢安就在385年主动要求离京出镇广陵，以督促前线为名行避祸之实。在广陵，谢安生病了，只好申请回京养病。朝廷高规格地派遣侍中慰劳。夏末，谢安在建康病逝，享年六十六岁，得以善终。死后极尽哀荣，朝廷追赐太傅，谢安史称"谢太傅"。

有人评价谢安："他年轻时是个智者，年老时是个师者；在野时是个诗人，在朝时是个政治家和军事家；游历时是文人的核心，居家时是家族的核心，主政时是朝廷和国家的核心。仿佛那个时代正是存心为了等待谢安的到来而破败不堪，好给他一个舞台，让他尽情表演以一己之力挽救家族、挽救世道、挽救国家。"千年之后，北宋宰相、大文豪王安石登会稽东山，还因为自己的名和谢安的字相同而沾沾自喜。

三

淝水战后封公的谢琰是谢安的儿子。淝水大战让谢琰染上了骄傲狂妄的毛病。孙恩在浙东大起义，朝廷派遣徐州刺史谢琰前往镇压。史载谢琰到浙东后，无绥抚之能，又不整军备战。部将进谏说强贼就在海边，不能松懈，应该做好准备。谢琰不以为然，说："苻坚百万大军都在淮南被我们谢家人给打败了，何况孙恩那样只会骚扰海边的流寇。"400年，孙恩趁谢琰不做防备集中军队偷袭，谢琰兵败逃亡，被部下杀害。儿子谢肇和谢峻同时遇害。

谢琰的小儿子谢混从小就有美誉，但走的是文学路线，善于写诗。谢混的诗歌清新浅显，不流俗，对东晋诗风的转变有一定影响。谢混历任中书令、中领军、尚书左仆射，多少延续了祖父的地位，不幸的是他卷入了东晋末年的政治旋涡。谢混与大将军刘毅关系密切，而刘毅偏偏在与权臣刘裕的党争中失败。谢混在东晋末期被准备篡位的刘裕杀害。谢混的死与社会大环境变迁有关，留待后文细说。

名将之花凋谢

一

谢安看人很准。他生前很讨厌女婿王国宝。王国宝是同事王坦之的第三子,长得一副美男子的样子,但沾染上了世家子弟很容易患上的大毛病:狂妄自大、外强中干、趋炎附势。谢安生前,千方百计压制这个女婿的官职地位,不给他好脸色看。只可惜王国宝的年龄优势很明显,又到处钻营,没等谢安死去就跟着谢安的政敌们鼓吹自己的老丈人居功自傲,有不臣之心。谢安死后,王国宝的好日子就来了,像墙头草一样到处找强硬的靠山,地位蹿升,很快位列宰辅。史书记载他"纳贿穷奢,不知极纪",家中妻妾歌伎成百上千,贪污的奇珍异宝不计其数。

谢安生前最喜欢、最看好的是侄子谢玄,将家族的兴盛传承希望寄托在了他身上。

这个谢玄也和王国宝一样,一副娇贵美男子的模样,小时候喜欢华丽衣着,腰上别着别致的丝巾,手里拿着漂亮的紫罗香囊把玩。谢安很担心谢玄的成长,就把他叫到面前来说:"伯伯和你打赌玩,好不好?"谢玄欣然答应,没几下就中了谢安的套子,输了。谢安说:"我要拿走你的紫罗香囊作为赌注。"谢玄满不在乎地将香囊给了伯伯,谢安赢到香囊,看了一下就轻轻扔到火炉里烧掉了。小谢玄看到眼里，心里明白叔叔不赞成自己的纨绔作风，下决心痛改前非。又一次，谢安问子侄们将来要做什么样的人。其他人的回答大同小异，无非是说要学好，做有能力有道德有声望的人。只有谢玄仔细思考后回答说要像"芝兰玉树"一样自由茁壮地成长，庇护一家门庭！谢安很欣赏谢玄的回答，认为他有独立的思想和强烈的责任感。他果然没看走眼，谢玄日后成了下一代中最出色的一位。

长大后，谢玄却并没有成为伯伯谢安那样玄学风范卓越的名士，而是成了一位大将军。一个玄学名家怎么培养出了一个武夫将领呢？从一件小事上可以看出谢玄的成长变化。谢安谢太傅曾在一个下雪天和子侄们谈文论艺。窗外雪下得很大，谢安就问晚辈们："白雪纷纷，像什么东西啊？"谢玄说："像在空中撒盐。"侄女谢道韫说："像柳絮因风起。"谢玄的比喻没有谢道韫的好，可将下雪比作撒盐，既朴实又有力道。长大后，谢道韫成为才女，谢玄很自然成了领兵打仗的将军。

时代也为谢玄创造了良机。他进入仕途之时，正是东晋王朝面临北方强大的苻坚，边境数被侵寇的时候。朝廷急需良将，镇御北方。遗憾啊，东晋要找谈天说地的文人雅士，一抓一大把，但领兵打仗的人才却寥寥可数。谢安推举谢玄出任建武将军、兖州刺史、领广陵相、监江北诸军事，去前线打仗。中书郎郗超平日里和谢玄的关系不好，听到任命后叹息说："谢安举贤不避亲，看来是看好谢玄的能力。谢玄这次去必定不负推举，有一番作为。"其他人都不以为然，觉得富贵人家的英俊公子谢玄去前线，能镀镀金就不错了，不会有所作为。

谢安不顾非议，坚持重用侄子谢玄，除了看好他外，还因为谢家虽然有自己在朝中，但在外地缺乏掌握地盘与兵权之人，迫切需要谢玄去外地站稳脚跟，和自己内外呼应，巩固陈郡谢家的势力。谢玄不负重托，多次取得与前秦军队接触战的胜利，有效地稳定了边界的局势。朝中的谢安也名正言顺地提升侄子为冠军将军，加领徐州刺史，又以功封他为东兴县侯。谢玄负责前方军事，有一个举措对东晋南朝的历史发展产生了深远的发展。当时前方聚集了许多北方逃难来的流民。这些流民仇恨北方政权，战斗力强，但是流离失所、生活窘迫，谢玄就挑选流民中的骁勇之士，组建训练一支精锐部队。因为他镇守江北，部下的这支部队被称为"北府兵"。谢玄带着"北府兵"驰骋前线，后来又作为主力参加了淝水大战。这支部队逐渐成了东晋王朝战斗力最强的部队。刘牢之、刘裕等人都是在北府兵中扛枪打仗，逐步崛起的。尤其是刘裕，原本是一个在赌场输得一无所有的赌徒，走投无路当了兵，竟然靠着军功一步步掌握军队，最后推翻了东晋王朝建立了刘宋。谢玄可谓是刘裕的政治恩人。而北府兵随着形势发展逐渐摆脱谢家势力的影响，成为左右南朝政局的独立力量，呼风唤雨近百年，也完全出乎了谢安、谢玄等人的预料。

在组建初期，北府兵还是听从指挥的天下精兵。当时普遍认为南方军队柔弱，无法与北方少数民族铁骑对阵。后来南北大战，一代枭雄苻坚远远看到北府兵的阵势就对左右北方将领说："谁说南方没有劲旅，我看对面就有一支强敌。"

前秦发动百万大军，恶狠狠向东晋扑来的时候，谢安手中的牌只有两张：一张是荆州的桓家势力桓冲。但桓冲要阻挡从四川和湖北杀来的前秦军队，自顾不暇。谢安只能打出最后一张牌，来抵抗从淮南正面杀向建康的前秦主力。它就是谢玄。朝廷给谢玄加了"都督徐兖青三州、扬州之晋陵、幽州之燕国诸军事"，作为前锋与前秦大军迎头相撞，务必挡住敌人进攻的步伐。谢玄的叔父、征虏将军谢石，堂弟、辅国将军谢琰等率领大军与他会合。东晋部队一共八万人，而对面的前秦大军有百万人。

谢玄明白王朝的命运和家族的命运都在此一搏，没有退路了。当时前秦军队推进很快，已经突破了东晋边防，正长驱直入。谢玄冷静抓住前秦军队盘子太大，全面出击却各部分散，缺乏统一步伐的弱点，集中北府兵精锐五千人交由将领刘牢之率领，首先击溃前秦梁成部队，阵斩敌军大将。前秦大军猝不及防，步骑争相后撤，结果在淮河边争抢着渡河，乱成一团。刘牢之纵兵扫荡，生擒敌将多人，缴获大量军需物资。东晋开战大捷。

瘦死的骆驼比马大，前秦虽败，依然掌握着战场优势。苻坚进屯寿阳，在淝水北岸安营扎寨，对东晋部队虎视眈眈。谢玄等人的部队被压迫在南岸，情势危急。

却说前秦虽然兵强马壮，内部则矛盾重重。苻坚刚刚强力统一北方不久，人心不稳。为了统一天下，前秦暴力征发了北方各民族、各前政权的部队。一百万大军中，多数是投降的部队，真心真意听从苻坚指挥的氐族部队比例很小。领军的将领中许多是投降的各前政权君主和各处降将，其中就包括被迫投降的东晋将领朱序。

朱序派人与谢玄联系，争取临阵倒戈，并把前秦军队的弱点和盘托出。谢玄等人判断只要予以前秦军队一次重创，就可能激发矛盾引发内讧，打倒这只纸老虎。于是，谢玄主动向前秦下战书，说："你们远涉我国国境，却临水为阵，明摆着不想速战速决。现在，请你们稍微向后撤退，让我军将士有渡河周转回旋的地方。到时，我要和你们一见高下！"前秦将领认为不应该撤军让东晋军队渡河，我众彼寡迟早会把谢玄等人拖死。苻坚则乐观地认为："我们暂且退军，让敌人渡河。等他们还没列好阵势，我们的数十万铁骑就突然杀过去，把敌人逼进淝水里杀死，不是更好吗？"苻坚的弟弟苻融很赞同，就组织部队后撤，给谢玄的部队腾地方。前秦大军的人心本来就是散的，队伍很不好带。上头说是战术性撤退，下级却一下子相信前锋部队失败了。更有甚者，后面的部队见前面尘土飞扬，纷纷后撤，巴不得早点回家的降卒和壮丁们想当然地以为失败了，扭头就跑。朱序趁机大喊："败了，我们被打败了！"军心瞬间涣散，各怀鬼胎的将领们纷纷拉起队伍逃跑。而后方大军还在源源不断向前行军，前方大军突然向后拥，挤成一团，乱成一锅粥。苻坚、苻融等人根本制止不了，谢玄也压根没有想到会出现这样的好事，率精锐八千强渡淝水，也不列阵了，追着前秦败军的部队就猛杀猛砍。前秦皇帝苻坚中了流矢，苻融被乱军杀死。前秦百万大军奇迹般地一败涂地。苻坚曾自负地认为只要每人把马鞭扔进长江，就能使之截流，现在前秦大军自相踩踏溺水而死的尸体真的堵塞了淝水，淝水因此断流多时。逃跑的路上，前秦大军丢盔弃甲，日夜逃命，听到风声鹤唳都以为东晋追兵来了，结果沿途又饿死、冻死了十分之七八的官兵。统一大半个中国的前秦王朝就此瓦解,苻坚被杀。

　　谢玄取得了史称"淝水之战"的辉煌胜利,杀敌数十万人,缴获仪服、器械、军资、珍宝等堆积如山,其中包括苻坚的座车,另有牛、马、驴、骡、骆驼十万余头。谢玄战后乘胜开拓中原,基本收复了黄河南岸地区,带动四川、汉中等地投降东晋。如此战功堪称南朝第一人。朝廷专门遣殿中将军慰劳谢玄,升他为前将军、假节,赐钱百万彩千匹。

　　陈郡谢家也因为淝水大捷,彻底奠定了顶尖望族的基础。谢玄为家族做出的贡献不下于谢安。

　　只可惜,长期的奔波行军和风餐露宿的作战极大损害了谢玄的身体。淝水大捷后,谢玄的身体每况愈下。朝廷调任他为左将军、会稽内史,让他去气候温良的绍兴地区养病。第二年,谢玄病死在会稽,终年四十五岁。朝廷追封谢玄为车骑将军,谥号"献武"。

　　谢玄是陈郡谢家推出的"异类"的名将。可惜这朵名将之花过早地凋谢了。

二

　　经过几代人的努力,尤其是在谢安等人的奋斗和"淝水之战"的推动下,没有一个人能否认陈郡谢家世族领袖的地位了。由东晋后期直至南梁,陈郡谢家一直和琅琊王氏并称"王谢",是南朝的最高门第。

谢家的崇高地位体现在三方面，或者说这三方面支撑了谢家的权势。首先，谢家世代为官，而且都是大官。自东晋至南梁（317年—557年），谢氏共有十二代、一百余人见于史传。基本上，州县以下的小官谢家子弟不屑一顾，即使担任了也是"增加基层工作经历"，去锻炼镀金的。其次，谢家聚集了大量资产。比如，谢安的孙子谢混有"田业十余处，僮仆千人"。到刘宋元嘉年间，谢混这一支还有"资财巨万，田宅十余所"，"奴僮数百人"。而谢玄的孙子谢灵运在会稽老家的地产更多，包括两座山、五个果园和数不清的竹林菜圃。经济基础决定上层建筑，强大的经济实力让谢家子弟能安心从政。钱财太多如果没有文化素养，那就是土财主。最后，谢家子弟大多才华出众，家族重视文化教育和知识积累。政治世家不管是怎么发家的，发达后都会重视家族教育。文化素养可以提升家族的形象，保障子弟的素质。在崇高清谈、醉心文艺的南朝，文教更是世族子弟不可缺少的必修课。

发展到最后，谢家门第高、势力大，连皇帝都不得不有求于谢家。比如，历代皇帝登基加冕的时候，都喜欢找谢家辈分高的人来当司仪，有面子，也象征着世族大家对新皇帝的支持。谢家子弟慢慢地隐退幕后，不喜欢打理实际政务，但头等门户的光辉始终不退。南梁时，王琮娶了始兴王的女儿繁昌县主为妻。后来，始兴王悔婚，要王琮和女儿离婚。王琮的父亲王峻向始兴王求情。始兴王推托道："这是皇上的意思，我也不愿如此。"王峻就放狠话说："臣太祖是谢仁祖（谢尚）的外孙，我们家也不需要借与殿下联姻来提高门户。"好几代之后，谢家外孙的身份都能让人在王爷面前强硬起来，谢家的门户势力可见一斑。

侯景之乱时，野心家侯景一度夺取政权。为了自我贴金，侯景让梁武帝替他向王家或谢家联姻。梁武帝肯定地告诉他，王、谢两家门第太高了，你侯家高攀不起，还是找找江南朱家、张家那样的次等门第吧。侯景是个搞破坏的跳梁小丑，求婚遭拒，竟然对王、谢等世家子弟痛下杀手。陈郡谢家遭此一劫，力量有所削弱。

说到陈郡谢家的衰落，最直接的原因就是连年的战乱和杀戮。孙恩造反时，谢家势力正处于巅峰时期，主持了镇压造反的工作。结果，两年中近十位谢家青壮子弟死于战火。好几支血脉遭到了灭门。之后，桓温的儿子桓玄继承父亲的野心，再次造反作乱，悍然称帝。桓玄一度要占乌衣巷的谢家做兵营。谢安的孙子谢混苦苦哀求。桓玄考虑到桓、谢两家的先人关系不错，最后放弃了占谢家为兵营的念头。这两次大劫加上侯景的杀戮，让谢家蒙受了重大损失。其次，新的政治人物和势力，尤其是寒门子弟的崛起冲击了陈郡谢家等老牌门户。出身贫寒的角色从世族子弟不愿意做的基层干部干起，逐渐掌握了实权。宋朝的刘裕、陈朝的陈霸先等人都是寒门子弟。他们必然和世族大家争夺权势。政治气候变了，谢家的政治田地不再旱涝保收，后代要想重掌祖辈的权力难上加难。最后，很多人批评谢家等世族子弟满足于清闲的官职，不思作为，整天清谈享福，没有了祖辈的实干精神。这没错，在争权夺利、阴谋诡计加剧的政坛，缺乏文治武功和有为人才的老牌世族大家必然走向没落。可如果考虑到整个社会氛围以实干为俗、清谈为高，通过清谈无为来保持门第也是无奈之举。所以说世族子弟的无所作为，与政治渐行渐远是有必然性的。

　　后期,陈郡谢家子弟虽然遍布南朝各代,但有所作为的政治人物已不多见。他们走上了另外的道路。

无奈的另类天才

一

让我们再回到谢安。他隐居的时间最长,生活最闲,似乎谢家兄弟都把子女留在东山托付给他教育了。谢安仿佛是一大家子的家庭教师,不仅教书育人,还给晚辈们筹划前途、求亲婚配。不过谢安的教育内容与政治技巧有关的不多,多数是与文学和做人有关。也许谢安本人就是玄学色彩浓厚、文艺味道突出的角色,无意中也塑造了陈郡谢家重文学、喜清谈潇洒的家风。后世一直用"芝兰玉树"来指代谢氏子弟,说的也是谢家子弟自由洒脱的才气、秀气。

陈郡谢家后期最著名的人物是一代文豪谢灵运。

谢灵运是一代名将谢玄之孙,谢瑛之子。谢瑛资质平庸,只担任过秘书郎,娶了王羲之的外孙女,生下谢灵运。也许是隔代遗传,谢灵运继承了王羲之、谢玄的若干优点,成就远远超过父亲。

谢灵运的政治起点很高,因为父亲早死谢灵运八岁就世袭了家族的康乐公,食邑两千户。加冠后,谢灵运就出任了抚军将军刘毅的参军。但同时他的仕途曲折,一生颠沛流离。因为谢灵运不幸赶上了权力乱世,上层风浪迭起。谢家已渐渐远离了实权,虚名为多,只能在政治风波中随波逐流,难有作为。刘毅在与刘裕的权争中兵败自杀,谢灵运堂叔谢混受到诛杀。刘裕却没有追究跟随刘毅、与谢混关系密切的谢灵运，反而起用他为太尉参军，表示拉拢。此后谢灵运在一系列可有可无的小官职位上时断时续，起起伏伏。不久刘裕取代东晋，当起皇帝建立了宋朝。新王朝建立后，晋朝的封爵不算数了。刘裕为了表示对前朝世族大家的尊崇，宣布对王导、谢安、温峤、陶侃、谢玄五家保留封爵，但爵位下降一级，食邑减少。谢灵运因此由公爵降为"康乐县侯"，食邑缩为五百户。

谢灵运继承了家族精讲玄学和精通文学的传统，多少有点隐逸自娱的性情和豁达宽松的胸怀。官运不佳没关系，谢灵运把精力都花在写诗吟词上。刘裕的次子、庐陵王刘义真人聪明，是文学的和蔼倾听者和慷慨支持者。他很欣赏谢灵运的文才，对谢灵运的诗文爱不释手，对谢灵运的洒脱也很认可，认为自古文人皆如此。刘义真还声称有朝一日要是当了皇帝一定任命谢灵运为宰相——看来刘义真也是轻浮率性之人。

刘裕死后，太子刘义符即位。刘义符年少无才，不久被权臣废黜。按封建宗法，刘义符之后就轮到刘裕次子刘义真继位，但徐羡之等权臣拥戴了刘裕三子刘义隆。权臣们先下诏将刘义真调离京城，接着又以不拘小节、诽谤朝臣的罪名贬谢灵运为永嘉太守，铲除刘义真的羽翼。安排停当，刘义隆顺利登了基坐了龙椅。

永嘉在今浙江温州，山水旖旎，风光秀丽，是当今的旅游胜地。但在南朝时，永嘉却是乌烟瘴气，闭塞落后得很。那雁荡山是横亘在人前的天险。谢灵运到了任上，也不问政事，整天寻思着怎么征服山山水水，攀登幽静险峻的山峰。据说谢灵运为了登山发明了木质的钉鞋，上山取掉前掌的齿钉，下山取掉后掌的齿钉，这样上下山既省力又稳当，史称"谢公屐"。美丽的山山水水净化了谢灵运的心灵。他本因政治斗争失败而来，登山多少也有逃避现实寻求心灵宁静的目的。永嘉的山水让谢灵运找到了心灵栖息地。很少有人能够在一生中找到抚慰滋补心灵的内容，谢灵运在不幸之后幸运地找到了，并激发出了巨大的创作热情。仕途失利的谢灵运在文学诗歌上获得了成功。他吟唱山水，书写四季，记录日月，发展出了一种全新的诗歌形式——山水诗。谢灵运就是中国山水诗的鼻祖。

"池塘生春草，园柳变鸣禽。"在这里，谢灵运将一个普通的南方庭院有声有色地推到了读者面前。"密林含余清，远峰隐半规。"在这里，谢灵运和读者分享看到的山色美景。他的诗歌没有两晋诗歌玄思虚幻的色彩，更绝少说教与晦涩，清新美丽，平实易懂，彻底扭转了后世的诗风。钟嵘在《诗品》中说谢灵运的山水诗"犹青松之拔灌木，白玉之映尘沙"，上千年后依然被人传唱。当时永嘉和建康通信不便，但谢灵运一有新作，立即以最快速度被传抄到建康。人们称"谢康乐的大作来了"，争相传阅，成为时尚标志。

谢灵运在永嘉时无为而治，纵情名山胜水，即便如此他也觉得太守的岗位难熬，杵在那里并非自己心愿。到任两年多后，谢灵运称病辞职，回到上虞东山隐居。

宋文帝刘义隆逐渐长大，也加入了谢灵运崇拜者的行列。在铲除权臣巩固皇权后，刘义隆征召谢灵运回朝廷，先任命为秘书监，随即升迁为侍中，恩宠无比。刘义隆称赞谢灵运的诗和字为"二宝"。谢灵运的春天来了！谢灵运身上的文人陋习膨胀爆炸了出来。他自恃门第高贵，又才华横溢名望在外，夸耀说："天下才共一石（一石等于十斗），三国大才子曹植独占八斗，我占了一斗，剩下的一斗天下人平分。"他盲目乐观，以为位极人臣、重塑陈郡谢家辉煌的日子就在眼前。他踊跃向朝廷建议，积极和同僚们商谈政事，刘义隆无一采纳。刘义隆很尊重谢灵运，但那是文艺领域的尊重，不涉及权力。他提拔谢灵运到身边，"**唯以文义见接**"，只是当作文学侍从而已。不料，谢灵运一厢情愿地要介入政治。没多久，谢灵运也看出了皇帝的真实意思，皇上对他是用文字轻政治，朝廷上真正得道的是另外一些有能力的实干之才。他们的门第和名望都不能和谢灵运相比，但他们得势了。也许朝政真的需要他们。谢灵运第二次选择了辞官。他知道这个选择基本上意味着告别了政坛，人生不会再有先前的良机了。谢灵运给自己的政治前途判了死刑。

辞官回乡后，谢灵运守着硕大的庄园，写诗作画，找朋友游玩取乐。他是个待不住的人，不时率领数百随从去深山幽谷探险览胜。会稽南边的临海郡在崇山峻岭环抱之中，交通极其不便，据说风景优美但很少有人去过，更没有多少吟诵文章。谢灵运好奇心切，带上五百个家丁家将就出发了，逢山开路遇水搭桥，就是要一览庐山真面目。临海太守王秀得到报告说，有几百人开通了天台山和括苍山，奔临海郡城而来。临海很少有人造访，王秀的第一反应就是这是一伙匪人，不是来攻打郡城就是来打劫的，下令紧闭城门做好防范。谢灵运是来旅游的,却吃了个闭门羹。经过交涉,王秀才知道是大名鼎鼎的谢灵运来临海搞创作了,虚惊一场。谢灵运游兴不减,在临海玩够后临别时还拉着王秀,邀请他一起继续探索深山老林。王秀可没有谢灵运那样的闲情雅致,更不敢擅离职守,赶紧推辞了。

居家的谢灵运又惹上了麻烦。他要填湖开田,会稽太守孟𫖮不同意。谢灵运说孟𫖮不让他开发农田是因为迷信佛教,怕填湖让鱼虾丧生,并嘲笑他说:"得道靠的是天性聪慧,你生在我前,成佛必在我后。"太守孟𫖮恨死谢灵运了,告了他一状,说他有"异志"。谢灵运吓得赶紧连夜进京申辩。刘义隆对谢灵运很了解,不仅没有追究,还留他在建康主持典籍编辑。半年之内,谢灵运联合他人编订图书上万卷。

刘义隆觉得谢灵运这个人可惜了,起用他担任临川内史。到了临川,谢灵运仍旧不理政事,终日游荡。人际关系也没搞好,谢灵运再次被地方官员弹劾。自己满腔抱负,非但得不到重用,却多次和那些泥鳅王八纠缠申辩,苍天真是不公啊!谢灵运这次来了气,把告他的人扣押了起来,还赋诗一首:"韩亡子房奋,秦帝鲁连耻。本自江海人,忠义感君子。"满腹牢骚的谢灵运将刘宋王朝比作暴秦,自比张良、鲁仲连。这两位都是要推翻暴秦的人。诗中的暴秦是谁?人们第一时间就联想起本朝来。那么谢灵运是要推翻朝廷了。刘义隆终于忍受不了谢灵运了,决心要治他的罪。司徒刘义康亲自派人搜捕他,谢灵运一不做二不休,竟然调兵拒捕。结果罪上加罪,被捕后降死一等,流放广州。

谢灵运依然不改狂放本色，坦荡地到广州去了。不想，刚到广州，新的诏书就跟到了。朝廷称谢灵运叛逆不道，下令就地正法。谢灵运在广州被当众斩首，年仅四十九岁。同时被朝廷下令杀害的还有刘义真。我们由此可推测谢灵运真实的死因了。

谢灵运的命运不由得令人叹息："真是小狂风雅，中狂讨嫌，大狂送命。"

二

谢灵运的死多少意味着陈郡谢家不可挽回的衰败。在他之后，谢家又出现了一位谢朓。谢灵运与谢朓并称文学史上的"大小谢"。谢朓留下了"鱼戏新荷动，鸟散余花落"的诗句，风格与谢灵运相近，性情也是洒脱不羁，声名在外，被南齐藩王器重。南齐后期，始安王萧遥光阴谋篡位，谢朓不预其谋，反遭诬陷，下狱冤死。"大小谢"极其类似的悲剧命运何尝不是谢家走向没落的反复宣示。

陈郡谢家在史书上的最后一个名士是谢安的九世孙谢贞。谢贞一生如浮萍一般在乱世中飘荡。侯景叛乱中，谢贞随无数难民被掳掠到长安，后回到南陈，又遇到整天唱着《玉树后庭花》的陈后主。人生多舛、国家无望，谢贞苦闷异常，又遇到母亲去世，他痛哭气绝竟然也死了。也许正是这件看似异常的"孝行"才让谢贞在史书上为家族争得了最后的赞誉。

谢贞诗歌才华不错，流传下来的却只有"风定花犹落"一句。有人说，只凭这一句谢贞就能在中国文学史上占有一席之地，也有人说谢贞这句残诗一语成谶，写出了陈郡谢家和两晋南北朝整个贵族门阀的没落。

谢贞死后第四年，腐朽的南陈王朝覆灭了，金陵王气黯然收物。两晋南北朝世族门阀的昌盛时代正式结束，王谢子弟踪迹难寻，旧时堂前的燕子现在都出入寻常百姓家了。

开眼看世界的父子

——晚清曾国藩、曾国荃、曾纪泽家族

晚清内忧外患,社会动荡不安。这样的乱世容易成就英雄豪杰,却不是诞生稳定的政治世家的沃土。来自湖南乡间的曾国藩趁势而起,既平定太平天国获取富贵,又在朝廷的猜忌之下保持势力和荣华富贵。曾家富贵繁衍至民国时期,成为近代首屈一指的权贵家族。

精神的力量

一

咸丰二年（1852年），江西乡试正考官曾国藩在赴任途中接到了母亲病逝的讣闻。陷入深深的悲痛之余，曾国藩发起愁来。愁什么？没钱回家奔丧。

这事一说出来，谁都不信。曾国藩四十二岁了，历任朝廷各部侍郎，其中包括主管天下工程建设的工部、负责审讯判案的刑部和掌握官员职位升迁的吏部。曾国藩在这些肥得流油的部门担任了十几年的侍郎，会穷得没钱回家？就算他在北京两袖清风，没有积蓄，那现在外放江西负责乡试，难道没有考生或者大小官员来找他"意思意思"——谁都知道，乡试考官是来钱最快的肥缺。

事实上，曾国藩的确穷得叮当响。出京前，北京家里已经一个铜板都没有了，全靠友人毛寄云资助才勉强支撑。母亲死了，曾国藩要带领家眷回家奔丧，粗粗计算一下，需要四五百两银子做盘缠。他只好厚着脸皮，又向毛寄云借了钱。赶到九江时，江西官员和各地朋友凑的奠金（份子钱）一千两送到了。久旱逢甘霖，曾国藩赶紧拿出三百两托人捎回京城还债，又拿出二百多两送到省城还债，拿着剩下不到四百两银子回家给母亲操办丧事。

一个堂堂朝廷大员，怎么会穷到这个地步呢？这要从曾国藩的成长经历和个性中寻找答案。

曾国藩出生于湖南长沙府湘乡白杨坪（今属湖南娄底市双峰县）的普通农家。祖父曾玉屏靠勤勉耕种、俭朴持家让全家人过上了温饱生活；父亲曾麟书开始读书，无奈资质一般，考了几十年科举，到四十多岁才中了秀才。曾国藩的资质也很一般，长辈也没有给他设定太高的要求。但曾家的道德要求很高。曾玉屏常常教导儿孙："君子居下则排一方之难，在上则息万物之嚣。""人以懦弱无刚四字为大耻，男儿自立，必须有倔强之气。"曾国藩就是在这么一个家教严格、家境寻常的家庭中成长起来的。

年少的曾国藩放牛砍柴，拉着弟弟去镇上卖菜篮子。劳作之余，曾国藩也上学读书。他读书没有什么好的学习方法，就全靠两个字：用功。他回忆自己从小"愚陋"，八岁开始接受秀才父亲的家塾教育，"晨夕讲授，指画耳提"。许多文章，曾国藩学一两遍后还是云里雾里，不知所云，曾麟书就不厌其烦，再三教导。曾国藩会在干活的时候或者睡觉前默念所学课文，直到烂熟于胸为止。这样的小学生，全天下到处都是。说曾国藩智商平平、貌不出众，一点都不为过。二十岁后，曾国藩被送到衡阳唐氏家塾跟从汪觉庵学习。汪觉庵对憨厚愚笨、沉默不语的曾国藩很不满意，曾训斥他是"蠢货"，断定曾国藩没有前途。他还下了一个有意思的誓言，如果曾国藩日后发达了，他这个老师就去给学生背伞。

曾国藩的长处是脾气好，任凭别人怎么说都不放到心里去，泰然处之。对于老师汪觉庵，曾国藩始终心存感激，飞黄腾达后还给他写了篇《汪觉庵师寿序》。平常出身和不顺的早年让曾国藩性情内向，注意内心的平衡和修养，很早就接受了程朱理学修身养性的思想。每天旭日东升前，曾国藩就端坐在书房中，静观太阳升起，然后埋头苦读。他没有超常的才智，但凭着终生手不释卷，日夜苦读，最后也成为一代理学宗师。等到他转到湘乡涟滨书院学习时，诗文见识已经让老师刘元堂称赞不已了。学识长进的同时，曾国藩的精神世界不断充实、坚强。他站立行走稳稳当当，读书时目不斜视，在坐时聚精会神，与人交谈不卑不亢，对师长恭恭敬敬，对同窗忠厚友爱，整个人端庄严肃，无可指责。就是这样，曾国藩还每天静坐自省，反思自己有没有做错的地方、有没有需要改进的地方。

不管存在什么漏洞和错误，每一套教育体系都为学生指出了向善、向好、成为知识和精神大师的道路。只要你认真按照它的要求去做，肯定能成为好人、大师。可许多人忙于指责教育或者埋怨社会，却忽视了自身的学习与修养。内向早熟的曾国藩则把全部心力投到儒家思想的学习和个人修养上，最终成为儒家教育体系的完美产物。老师刘元堂一口判定曾国藩必成大器。果然，曾国藩二十四岁中举，二十八岁考中进士，进入了翰林院。

金榜题名后，曾国藩对自己的要求更严格了。他开始写日记，将每日的言行和学习情况忠实记录下来，总结言行、反省不足。不管是宦海沉浮或者戎马倥偬，曾国藩的日记从未间断，他留下了一千五百多万字的日记、书信和公文等资料。许多人将翰林院作为镀金场所，曾国藩却在其中勤奋温习学业，学习治水、漕运、税金等实务；许多人将交际作为升迁的筹码，曾国藩却和大学士倭仁、同乡吴廷栋、何桂珍、陈懿辰等交流学问，不谈官场。为了净化灵魂强健精神，曾国藩制定了十二条规矩：主敬，静坐，早起，读书不二，读史书，说话谨慎，养浩然之气，保持身体健康，每天记茶余偶谈，每月作诗文数首，练字，夜晚不出门。这十二条看似平淡无奇，但极少有官场中人能够做到。

我们来看看曾国藩是否做到了：一天晚上，曾国藩梦到有官员拿到了下面的"孝敬"，心动了一下，起床后他赶紧在日记中"痛自惩责"，责骂自己"何以卑鄙若此"。第二天，曾国藩又在宴席听到同僚拿灰色收入，又心动了一次。回去后，曾国藩直接骂自己"下流"了。曾国藩和小珊发生口角，在日记中反省，认为全是自己不对。如果自己忠信待人，如果自己礼人以敬，怎么会和人产生矛盾呢？就算别人有不是，自己也不能谩骂他人。曾国藩戒烟之后心神彷徨，在日记中感叹"过欲之难，类如此矣"，决心要"挟破釜沉舟之势"与烟瘾做斗争。友人纳妾，曾国藩好奇地要去看热闹。在友人家谈话时，言辞不严肃，回程的车中有游思。到家后，曾国藩赶紧静坐半时，读史书十页……

晚清官场的黑暗不是一时半会儿能够说清楚的。当官的家缠万贯的不在少数。曾国藩完全是其中的另类。高尚的精神和自律促使他守着俸禄生活，极为清苦，举债度日。三十八岁时，曾国藩在家信中称："余自去岁以来，日日想归省亲，所以不能者，一则京城欠账将近一千，归家则途费接礼，又须数百，甚是难以措办。"从信中可见，曾国藩债台高筑，仅在北京债务就超过一千两白银（当时县令年薪四十八两白银），想回湖南老家都办不到了。所以，他在江西接到母亲病逝噩耗时的窘迫情况就完全可以理解了。

曾国藩为什么会欠下那么多钱呢？一来俸禄低（清朝低俸养廉），二来家庭负担重（父母需要供养；弟弟多，需要资助），三来就是应酬太多。随着职位的提升，曾国藩的应酬越来越多，都是自掏腰包。他这个人还有个毛病——乐于助人。虽然自己快成乞丐了，但朋友、同僚一有难，曾国藩总是鼎力相助，不落人后。曾国藩一点不以为苦，还说："淡泊二字最好，淡，恬淡也；泊，安泊也。恬淡安泊，无他妄念也。此心多么快乐啊！而趋炎附势，蝇头微利，则心智日益蹉跎也。"他安贫乐道，终其一生都认为钱财"以少取为贵"，不为财富所动。

一个人无欲则刚，没有缺点就是不可战胜的。曾国藩虽然和官场的黑暗格格不入，但无可挑剔的品行让他官运亨通。他学识过人，在翰林院的考试中常常名列前茅；他与人为善，慷慨助人，和同事关系很好；他洁身自好，廉洁奉公，没有政治问题；他时刻反省，几乎成为一个精神上的"完人"。于是，曾国藩几年后就升为翰林院侍读，之后历任侍讲学士、文渊阁值阁事、内阁学士、稽察中书科事务、礼部侍郎及署兵部、工部、刑部、吏部侍郎等职，十年内连升十级，从七品翰林成为二品高官。

三十八岁的曾国藩成为朝廷大员，名位突显，门庭热闹起来。他赶紧把书房命名为"求阙（缺）斋"，提醒自己满招损，谦受益，并坚持所有品格：勤奋、谦虚、严肃、稳重、谨慎、廉洁、自律、坚强、淡泊、坚忍……渐渐地，湖南籍京官奏事自觉不自觉地推曾国藩领衔具折。曾国藩开始声名远播。他可能不是北京最耀眼的政治明星，但肯定是声名最好的明星之一。

之所以不厌其烦地说曾国藩的高尚品格，是为了说明曾国藩具有多么强大的精神力量。一百多年后，人们可能忘记了曾国藩的政治作为，但越来越多的人开始捧着曾国藩的日记和家书，学习他的精神修养。精神不死，精神无敌。权力斗争最终往往能够还原成精神之争，曾国藩就是首先成为精神贵族，再逐步成为权势贵族的。也正是精神的力量，让曾国藩把握住了隐藏在乱世中的历史机遇，成就了轰轰烈烈的事业。

因为，声名远播的曾国藩丁忧回湖南老家之时，正是太平天国运动气势汹汹涌入湖南之际。

二

曾国藩回乡守孝的咸丰二年（1852年），太平军纵横湖南，围困长沙。当年年底，太平军北上，攻克了华中重镇武昌。

曾国藩早在一年前（咸丰元年，1851年）就注意到刚刚爆发的太平天国起义了，认为远在广西的星星之火可能会给王朝带来生死危机，上疏提醒朝廷严加防范。可惜咸丰皇帝没有接受。讲究静修的曾国藩有着经世致用之心，对国情政事很留心。他痛心地看到朝廷发动大军征剿太平军，"时日不为不久，糜饷不为不多，调集大兵不为不众"，却临阵逃溃，不敢与敌人鏖战。清军往往远远跟着太平军，用大炮、鸟枪骚扰一下，如果太平军掉头，清军拔腿就跑。曾国藩认为这是天下道德沦丧，人心不古的后果。"今日不可救药之端，惟在人心陷溺，绝无廉耻。"所以，当在乡间收到咸丰皇帝要他帮办团练的圣旨后，曾国藩应声而起。

咸丰皇帝是这么写的："前任丁忧侍郎曾国藩籍隶湘乡，闻其在籍，其于湖南地方人情自必熟悉，着该抚（湖南巡抚张亮基）传旨，令其帮同办理本省团练乡民、搜查土匪诸事务。"圣旨只是让曾国藩"帮同办理"保家卫国的事情，而且咸丰皇帝给许多官僚下了同样的圣旨，但只有曾国藩将它当作拯救天下兴亡、恢复人间正气的大事来办。

儒家学说也好，程朱理学也好，都是经世治世的学问。作为儒家教育的结晶和晚清理学宗室，曾国藩不断学习积累，不断自省改正的目的都是救国济民。现在有了这样的实践机会，有心有力如曾国藩者，怎么可能放过呢？

1853年曾国藩正式建立地方团练，称为"湘军"。

湘军是一支全新的军队。曾国藩用同族、师生、同学等关系网罗骨干。现存可考的湘军将领一百七十九人中，书生出身的有一百零四人，占58.1%；高级将领三十二人中，书生出身的有二十七人，占84.4%。其中罗泽南、胡林翼、郭嵩焘等人，和曾国藩一样都是程朱理学的信徒。曾国藩要求"带勇之人，第一要才堪治民，第二要不怕死，第三要不急急名利，第四要耐受辛苦"。有了将领后，湘军实行募兵制。骨干分子自己去招募兵丁，按照募兵的数量授予相应的官职。如此一级一级推广，湘军上下熟悉，兵将相识，最后聚拢在曾国藩周围。清朝的军队之前兵不知将，将不知兵，士兵之间也来自各地，互不相识，打仗的时候保命为主。而湘军全都是老乡、老同学或者老朋友，谁都不愿意当孬种，不愿意在人脉圈子中抬不起头来，所以人人争先。

湘军常被称为军阀部队，曾国藩招募军队的方法也被后来的军阀效仿。但是曾国藩不是军阀，他也不是单纯依靠血缘和亲缘组织湘军的。湘军是曾国藩实践理想志向的工具，他在全军上下推行程朱理学，号召大家克己复礼、安定天下。曾国藩希望湘军是一支有理想有追求的军队。同时，曾国藩在故乡"一呼万应"并非因为他以升官发财招揽人心，而得益于他的人格力量。人称湘军"书生领山民"，由"忠义血性"不染奢靡世风的读书人领导湘乡一带农民为主的士兵组成，不无道理。这就让湘军有别于后世的军阀部队。

光有理想号召是不行的，曾国藩还以厚薪和严刑峻法治军。他开出了一般绿营三倍左右的月薪发给士兵，还用劫掠财物、封官赏爵的办法来鼓舞士气。行军作战中，曾国藩用法严峻，对抓到的太平军"重则立决，轻则毙之杖下，又轻则鞭之千百……案至即时讯供，即时正法，亦无所期待迁延"。这让曾国藩获得了"曾剃头"的绰号，也让这支文人军队养成了凶猛残酷的特性。

1854年，湘军水陆军两军二十三营在湘潭誓师出征。

湘军发展前期，极为不顺。出征之初，湘军就在岳州、靖港被太平军杀得大败。曾国藩几乎跳水自尽，被属下拉住后上疏朝廷，以"屡败屡战"自嘲。最严重的一次失败是咸丰五年（1855年），湘军水营被石达开攻破，湘军损失战船一百余艘，曾国藩座船被俘，文卷册牍全部失去。曾国藩恼怒至极，策马拨缰就要冲向太平天国大军去送死。罗泽南、刘蓉等人又一次死死把他从死亡线上拉了回来。天京内讧后，太平军元气大伤，湘军的情况有所改观，但依然困守江西数年。战局的困顿让曾国藩情绪低落，心生退意。1857年，曾国藩以回家为父亲守孝为名，弃军而去。第二年，湘军李续宾等部攻陷九江，曾国藩决心出山。可没等他回到大营，湘军又遭遇了三河大败。李续宾和弟弟曾国华阵亡。

除了战事不利，政治上的限制更让人灰心丧气。湘军是一支体制外的军队。早在曾国藩练兵之时就由于表现得过于抢眼，受到湖南几任巡抚、布政使、按察使及提督、副将的排挤，甚至发生了冲击曾国藩私宅、杀伤随从的事件——谁让湘军的勇猛善战衬托出八旗军和绿营的无能呢？朝廷也猜忌湘军。因为湘军不仅是体制外的军队，而且掌握在曾国藩这个汉人手中。满族权贵需要汉族官僚组织团练维持统治，但不想这些汉人成为手握重兵的藩镇和权臣。所以，朝廷长期不给湘军体制内的身份，也不授予曾国藩正式官职。曾国藩非官非民，作为"帮忙"的前任官员，身份尴尬，办事多方受掣。

湘军收复武昌，是清朝对太平军的第一次重大胜利。咸丰帝一时兴起，任命曾国藩代理湖北巡抚，并赏戴花翎。曾国藩代理了七天后，咸丰帝的第二道圣旨送达了："曾国藩毋庸署理湖北巡抚，赏给兵部侍郎衔。"圣旨还训斥曾国藩："好名之过尚小，违旨之罪甚大，着严行申饬。"据说，咸丰帝授予曾国藩巡抚职位后，军机大臣提醒说："曾国藩虽然是在籍的侍郎，但属于平民百姓。匹夫居闾里一呼，上万人呼啸跟从。这恐怕不是国家之福。"咸丰恍然大悟，赶紧下诏削去曾国藩官职。

因此，尽管湘军节节胜利，尽管湘军将领李续宾任浙江布政使加巡抚衔，杨载福升提督赏穿黄马褂，胡林翼任湖北巡抚加太子少保衔，但曾国藩依然是一介草民。胡林翼等人多次奏请任用曾国藩（下级给上级求官也算是奇闻），朝廷依旧不理不睬。更过分的是，曾国藩为父亲守孝期间，他的兵部侍郎虚职也被撤了。曾国藩曾主动要求出任江西巡抚，自然也没有结果。没有地方官职就没有地盘，曾国藩长期没有地方实权，筹不到军饷。湘军客军孤悬，领不到足额军饷。因为没有官方身份、关防屡经更换，湘军甚至被一些地方怀疑是伪军。许多湘军官兵缺乏饷银和驻地，不得不"仰食于地方官"。地方官就指挥这些部队去攻打太平军主力和重兵把守的城镇，结果不是全军覆没就是用完即弃，命运悲惨。

曾国藩只能死撑着，屡败屡战，二度自杀，"养活一团春意思，撑起两根穷骨头"。大学者王闿运读到曾国藩困在江西时的奏折时，泪流满面，感叹："夜览涤公奏，其在江西时实悲苦，令人泣下……'闻春风之怒号，则寸心欲碎；见贼帆之上驶，则绕屋彷徨'，《出师表》无此沉痛。"

曾国藩能够坚持下来，归功于他顽强的精神。人无欲则刚，曾国藩出兵不是为了地盘，不是为了官职，尽管他需要地盘和官职解决实际问题。他是为了理想出兵的。再加上曾国藩的坚忍顽强和不断的反省适应，他和他的湘军坚持了下来！

咸丰十年（1860年），困局有所改观。当年曾国藩以兵部尚书衔署理两江总督，弟弟曾国荃也包围了安庆。好转的原因，一是朝廷认识到了湘军才是王朝主力；更主要的是英法联军打到北京了，咸丰皇帝需要抽调湘军北上勤王，和英法联军作战。

第二年，曾国藩的情况更加好转。当年，慈禧太后通过政变上台了。她是一个务实的人，需要借助实权人物对抗太平天国。另据说在辛酉政变中，肃顺被杀。在他家里搜出大小官员与他交往的私信一大箱，里面唯独没有曾国藩的只言片语。这让慈禧太后对为人正直清廉的曾国藩很有好感。一上台，慈禧就任命曾国藩为钦差大臣、两江总督，统筹江、浙、皖、赣四省军务。曾国藩苦尽甘来，获得了四省实权。弟弟曾国荃以记名按察使赏给头品顶戴。秋，湘军攻陷安庆。曾国藩在安庆设立了湘军大本营，开始全心全意对付太平天国。年底，湘军定三路军进军之策，曾国荃直插天京（今南京），左宗棠进军浙江，李鸿章收复江苏。

湘军的天京之战打得很辛苦。迅速推进到天京城下的湘军不足三万，而单单1862年9月，忠王李秀成就督率十三王，领兵超过十万回援天京。天京攻守战开始时是湘军面对优势太平军的围攻。好在太平军上下离心，各自为战，加上李秀成一度出兵安徽，图谋湖北，曾国荃部得以逐一攻占外围。战斗最激烈时，太平军集中力量攻击湘军东翼，攻破营墙多处。湘军拼命挡住。太平军往返冲杀五六次，没有攻破。最终天京在1865年被攻破，太平天国运动被镇压。

从起兵到胜利，曾国藩度过了艰苦卓绝的十三年。他从零开始组建了作为王朝中流砥柱的大军，以一介书生带兵镇压了朝廷的心腹大患，将朝廷从危如累卵的局面下拯救了过来。漫山遍野的敌人、有上顿没下顿的供给、地方官员的敌视破坏、朝廷的不信任、湘军内部的问题,所有的困难都被曾国藩一一化解了。其中的艰辛困苦,只有曾国藩知道。曾国藩也只能用精神的力量化解它们。

咸丰皇帝生前曾发誓:谁能平定太平军,就是再造国家的功臣,要封王酬谢,甚至封"铁帽子王"也在所不惜。如今,曾国藩攻下了天京,镇压了太平天国。他会受封王爵吗?

天京：权力的风口浪尖

一

天京城破之日，曾国荃连夜上奏报捷。湘军上下满心欢喜。功成名就、大受封赏的时候即将来到了！

几天后，圣旨发到了天京，没有丝毫称赞之语，满纸苛责的话。朝廷斥责曾国荃不应在城破当夜返回雨花台大营，斥责他让上千太平军突围而出。原本以为能够封侯拜将的曾国荃心情降到了冰点。朝廷明显是在吹毛求疵嘛！

不久，朝廷果然"兑现"先帝的许诺了，下诏封曾国藩为一等侯、曾国荃为一等伯。但同时要求追查天京宝藏下落，命令曾国藩查清追回上缴。

所谓天京宝藏指的是太平天国积蓄在天京的财富。太平天国实行财产公有制度，规定收入和出产全部存在"圣库"里。百姓家里财富超过五两银子不上缴的，按律治罪。太平天国的总圣库就在天京。立国十多年，人们普遍相信太平天国在天京积蓄了无数的财富。但是最先攻入天京的曾国荃却说没发现宝藏，引起了天下沸议。

这是怎么回事呢？是真的没有宝物，还是被曾国荃等人贪污了？

首先得承认，连绵战火让天京受到极大的破坏。尤其是天京城破时曾发生激烈的巷战。曾国藩说："此次金陵城破，十万余贼无一降者，至聚众自焚而不悔，实为古今罕见之剧寇。"三天三夜，天京城内战火冲天，秦淮河上陈尸如麻，根据湘军的说法，他们一共毙敌十多万人。除了巷战外，湘军还在城内大肆焚掠。南京文士李圭曾记载："至官军一面，则溃败后之虏掠，或战胜后之焚杀，尤耳不忍闻，目不忍睹，其惨毒实较'贼'又有过之无不及，余不欲言，余亦不敢言也。"曾国荃之前有过纵兵焚城的不良记录，和杀人如麻的不好名声。而湘军又有以抢劫所得作为饷银的习惯，所以人们怀疑曾国荃等部湘军贪污了太平天国囤积的财富，并不是空穴来风。

相关的民间传言很多。比如说，曾国荃在天王府看到殿上悬着四个大圆灯笼，大于五石瓠，黑柱内撑如儿臂，外面装饰着红纱。旁人指出这是元朝的宝物，是用风磨铜鼓铸而成的。曾国荃将它们据为己有。此外曾国荃霸占了大如指顶、圆若弹丸的上百颗东珠，大于簏筐、黑斑如子、红质如瓤、朗润鲜明的翡翠西瓜一个。好事者折算曾国荃可能的现金收入，认为攻占天京让曾国荃获得超过千万白银的收入。许多湘军官兵在战后不断往湖南运送财物，似乎验证了人们的怀疑。

现在朝廷特地追查此事，曾国藩不得不在百忙之中清查。严查的结果是，湘军的确在城破后查封太平天国的财物，充作军饷。但这部分钱很少，多数都押往北京户部或者赈济灾民。之后，曾国藩等人忙于巷战，等战后查询，并没有发现所谓的"圣库"。而许多

"伪宫贼馆"在战火中被一炬烧成灰了。

太平军忠王李秀成战后被俘,曾国藩专门就圣库宝藏一事审问他。李秀成说,太平天国的确有"圣库"之名,但后来成了洪秀全的私藏,并非公有。太平天国的官兵没有俸饷,当权者都用穷刑峻法搜刮各地的银米。因此,即便是富庶的苏州,也没有公帑积贮。所以,"圣库"只存在于理论中,不存在于现实中。

曾国荃一度也相信太平天国有宝藏,太平军官兵有私财,怀疑部下可能贪污了这些财富,于是勒令各营缴出。曾国藩认为这是一个坏主意。勇丁所得的赃款多寡不均,如果要求他们吐出到手的财宝,必然弱者刑求而不得,强者抗令而遁逃,搅乱军心。因此,曾国藩晓谕湘军:凡是从太平军身上获得的财物,一概不问;凡是从太平天国官署和仓库中抢得的财物,必须报官充公,违者治罪。但考虑到官兵作战辛苦,操作起来,都以抵欠饷等名义默许官兵的劫掠所得。

最后,曾国藩仅向朝廷上缴了"玉玺"两方和金印一枚。对于没有其他财物,曾国藩承认"实出微臣意计之外,亦为从来罕见之事"。天京宝藏风波就此被曾国藩出面"压"了下去。

随着时间的推移,闹得沸沸扬扬的天京宝藏被越来越多地认为是子虚乌有的。史家谭伯牛根据曾国荃的家财情况断定"曾九不仅不是贪污犯,而且还比较廉洁"。曾国荃一生积蓄了百万两白银的财物,但他带兵多年,又历任封疆大吏,正常收入就有几十万之巨。三年清知府还有十万雪花银呢,更何况曾国荃了。如果他贪污受贿,聚敛的财富会多得惊人。这也反证了天京宝藏并不存在。

那么，朝廷为什么特地抓住此事不放呢？我们要注意追查此事的时机。那是曾国藩兄弟攻破天京，湘军势力如日中天的时候。朝廷斥责曾国荃，实际上是在"敲打"曾国藩。正如同时期的圣旨指出的："曾国藩以儒臣从戎，历年最久，战功最多，自能慎终如始，永保勋名。惟所部诸将，自曾国荃以下，均应由该大臣随时申儆，勿使骤胜而骄，庶可长承恩眷。"

曾国荃满心以为天京是王冠上的明珠，摘下它就能盛名满天下、官爵封赏随之而来。可是他犯了权力场的忌讳。功高震主也好，拥兵自重也好，攻占天京就是这个忌讳的爆发点。曾国荃一心摘王冠，却忽视了这一点，难怪要受到斥责，还连累了哥哥。

与曾国荃的短视不同，当时在曾国藩幕府中的李鸿章就做出了正确的选择，得到了实利。1862年春，太平军逼近上海，上海的士绅派人邀请湘军去上海"协防"。曾国藩开始拒绝了，因为他没有力量抽军去上海。求援的士绅就偷偷找到了李鸿章。李鸿章是安徽人，在京城当翰林院编修的时候遇到了太平军。一天，李鸿章在琉璃厂淘书时听到了安徽省城被太平军攻占，巡抚殉国的消息。他忧心故乡，毅然投笔从戎，赶回合肥兴办团练。和曾国藩一样，李鸿章无权无兵无饷无军旅知识。和曾国藩不同，李鸿章没有顽强坚韧的精神力量。因此李鸿章的团练一败再败，不得不在1859年无奈投入曾国藩幕府。李鸿章敏锐感觉到增援上海是一次良机，可以抢占富庶地盘，独树一帜，于是用上海的物力财力说动曾国藩出兵。曾国藩计划以曾国荃为主将，李鸿章为辅增援上海。可曾国荃看中攻克天京的头功，不愿意舍弃天京去华洋杂处的上海。就这样，李鸿章成为增援上海的主将。他借鉴湘军的组织和训练方法，召集合肥一带的团练头目，迅速训练了"淮军"。在湘军的支持下，淮军迅速抵达上海；李鸿章当上了江苏巡抚。十里洋场给李鸿章提供了充实的军需和外国列强的支持，使他逐渐超越曾国藩，成为晚清最重要的实力派。

史家常用李鸿章的自立过程，来反衬曾国藩、曾国荃兄弟的短视。

曾国藩历尽艰险才攻下天京，消灭了太平军的主力，却遭到了朝廷的训斥和猜忌；而李鸿章渔翁得利，和上海士绅、列强势力建立了良好的沟通，逐步壮大。但站在曾国藩的立场上来说，抛去救国济民的志向不说，他扛起了与太平天国势不两立的大旗，声名在外，就必须把兵锋指向天京。曾国藩的活动不如李鸿章自由。这是他身上的政治限制，而不是他眼光不如别人的地方。从某个角度说，天京是权力旋涡的风口，李鸿章可以不跳进去，但是曾国藩必须跳进去。受到训斥和猜忌是必然的，天京宝藏问题只是一个工具而已。

权力场就是如此有趣。我们说不清其中的奥秘，因为它远非表面现象所展现的那样。

二

一天夜晚，曾国藩审讯完李秀成回到寓所。

他刚要去卧室休息，大厅里突然拥入湘军将领三十余人。这些人情绪高昂，要求见曾国藩。曾国藩不得不拖着疲惫的身躯，出来见这些人。他们高声叫喊"东南半壁无主，曾公岂有意乎"。曾国藩熟读史书，对这一幕很熟悉了。当年赵匡胤在陈桥就是被慷慨激昂的部将拿出龙袍来，披在身上，当了皇帝的。现在，曾国藩不知道这些部下是不是也准备好了龙袍，等着他点头同意呢？曾国藩清楚的是，攻占天京后朝廷非但没有封赏湘军，反而斥责不断，追查宝藏，摆出鸟尽弓藏的架势来。湘军上下窝着一肚子火。环顾长江中下游，遍布湘军各部，各省督抚也出身湘军，其中难免有人想逐鹿中原，做新朝的开国元勋。而他们挑选的新朝皇帝，就是自己。

曾国藩冷冷地扫视众人，对大家的要求毫无反应，而是缓缓地拿出纸笔，写道："倚天照海花无数，流水高山心自知！"部将们见领袖没有称帝的意思，这才怏怏而散。

这不是曾国藩第一次处理这样的情况。早在扎营安庆的时候，就有人向曾国藩劝进了。那时候，英法联军占领了北京，咸丰在热河行宫驾崩，天下大乱。东南地区全靠湘军在勉力支撑。安庆城里骤然多了许多湘军人士和与湘军有关系的官僚文人。不少人认为幼帝登基、民心惊慌，曾国藩可以取清朝而代之。部下李元度甚至送给曾国藩对联"王侯无种，帝王有真"。曾国藩见后，当场撕毁对联，把李元度痛斥了一顿。

尽管曾国藩宣布不愿意割据造反，但鼎盛期的湘军内部依然蠢蠢欲动。曾国荃、彭玉麟、左宗棠和鲍超四人，成为鼓动曾国藩造反的核心集团。浙江巡抚左宗棠送曾国藩对联："鼎之轻重，似可问焉！"曾国藩将"似"字改为"未"字，退给左宗棠。安徽巡抚彭玉麟送来密信，曾国藩打开一看，白纸几张，只在最后一页写了十二个字"东南半壁无主，老师岂有意乎？"曾国藩付之一炬。曾国荃对大哥的选择很不理解，推心置腹地劝说道，湘军超过二十万人，其中二十多人担任各省总督、巡抚，曾国藩又直接控制着苏、皖、赣、浙等地，振臂起兵，以恢复汉家天下相号召，即使不能取代清朝也能坐拥南方半壁江山。曾国藩耐心地解释道，虽然我的门生部下掌握各处实权，但今非昔比，这些人成了封疆大吏后不见得就能跟随我兴兵造反。没准我今天造反，明天李鸿章就打到家门口了。湘军是人多势众，但过了鼎盛期，已经成兵老无用了。况且，清朝在北方立国二百多年，不是想推翻就能推翻的。

在曾国藩的三点理由中，最根本的理由他没说。那就是曾国藩天性就不是乱臣贼子。他是儒家传统教育的结晶，是忠君爱国思想的载体，怎么可能违背思想，谋逆造反呢？

但是曾国藩手里的牌实在是太好了。就算慈禧太后再信任曾国藩，也极为担心曾国藩在南京成了第二个洪秀全。因此朝廷在太平天国覆灭后，就抽调军队全力应付湘军可能的反叛。曾国藩和朝廷的关系在1865年前后在绚丽的表象下走到了崩溃的边缘。清朝先是派庸庸碌碌的满人官文担任湖广总督，坐镇武昌，监督湘军；又派遣富明阿进驻扬州、冯子材守卫镇江、僧格林沁屯兵皖鄂交界，从北部对湘军形成包围。同时，清朝也来软的，大规模封赏、提拔曾国藩的部下，死去的罗泽南、江忠源、胡林翼、李续宾等人和活着的左宗棠、李鸿章、沈葆桢等人都蒙受"浩荡皇恩"。尤其是活着的各位封疆各地，实际上形成了与曾国藩相对独立的势力。这样就影响了湘军的内部团结。

应该说，朝廷的手法并不高明。这样的布置和日益加重的猜忌情绪，即便对防范湘军造反有所作用，但极有可能把湘军和曾国藩"逼"上造反的道路。历史上许多乱臣贼子不是天生的乱臣贼子，而是被皇帝逼反的。湘军上下对曾国藩的劝进，一定程度上是清廷的防范和猜忌推动的。可曾国藩的脾气和心理素质都很好，不想造反，而是审时度势，让朝廷相信自己不会造反。天京还没攻下的时候，曾国藩就两次奏请朝廷派亲信大臣给湘军监军，又代表曾家谢绝朝廷的封赏。对于统兵之人最渴望的用人之权，曾国藩也主动放弃，凡是用人总是奏请朝廷决定。攻下天京后，湘军和朝廷的关系日益微妙，曾国藩主动奏请裁撤湘军。为了以身作则，曾国藩代弟弟曾国荃上奏朝廷，以健康原因请求朝廷"恩准"曾国荃回家养病。朝廷对曾国荃挺不喜欢的，立即批准了曾国藩的奏请。绝大部分湘军都被裁撤了，直接归属曾国藩指挥的湘军很快就不足两万人。数以十万计的湖南子弟，在背井离乡、鏖战多年后，身心俱疲，返回故乡。据说曾国藩曾在南京街头看到有遭裁撤的湘军将官，挑着顶戴花翎，混迹平民之中。曾国藩下轿，花钱买下了他们的顶戴，说服他们回乡去。

除了政治上的低调，曾国藩在生活上依然保持俭朴、谦虚的作风。即使成了天下第一实权人物，当上了世袭的一等侯，曾国藩还是布衣布袜，只有一件天青缎马褂。那件好衣服还是他三十岁时在翰林院做的，从不轻易穿，只在庆典和新年时才穿一下。等他六十岁了，马褂还崭新如初。他的鞋子，都是女儿、儿媳们做的。人们还叫曾国藩"一品"宰相,因为他每天都只吃一个荤菜。

曾国藩的主动和低调让朝廷和湘军间的火药味降低了许多。可就在这时,捻军联合太平军残部,摧毁了清朝在华北的统治。镇压捻军的重担落在了曾国藩头上。为什么是曾国藩?因为他声名在外,因为他有实力,舍他有谁?盛名之下,曾国藩不得不组织军队北上平叛。遗憾的是,湘军已经被裁撤得差不多了。曾国藩只能用两万湘军,加上六万淮军,配备洋枪洋炮去迎战捻军。湘军暮气已深,不复当年的英勇。曾国藩只能花大力气建造围剿工事,希望将捻军困死。结果捻军冲破了他的包围圈,曾国藩遭到斥责,李鸿章接替他负责对捻军作战。镇压捻军的失败严重降低了曾国藩的声望,可也不算太坏。一方面,李鸿章接手了烫手山芋,曾国藩解脱了出来;另一方面,它向天下证明湘军日薄西山了,减轻了清廷对曾国藩的猜忌。曾国藩抓住时机,多次奏请朝廷查办自己办捻不善之罪,免去自己本兼各职,允许自己入都陛见。以慈禧为首的朝廷彻底信任了曾国藩,认为他和湘军已不足为患。

皇帝喜欢的就是曾国藩这样的臣子。皇帝还没想好怎么卸去他的威权,他自己给皇帝送上了一个套,还自己钻了进去。投桃报李,清廷高位虚待,很客气地招待曾国藩,加授曾国藩大学士衔,加赏云骑尉世职。慈禧太后频繁召见,皇帝赐宴。在国宴上曾国藩以武英殿大学士排在汉臣首位,真正实现了"位极人臣"。至于之前那些参奏弹劾曾国藩的折子,全部驳回。

曾国藩这样的大臣,部属遍布天下,声望卓越,不是简单摆在花架上就能安置的,必须给他安排点实质工作。曾国藩不久调任直隶总督。直隶在天子脚下，天矮皇帝近，总督的一举一动朝廷都看得见、制约得了，朝廷放心。而曾国藩离开了经营多年的东南地区，孤身北上，朝廷更放心。

如何解决强大的军阀功臣与中央政府的关系，是困扰历朝历代的一大难题。晚清政局没有因曾国藩湘军集团的崛起而造成地方尾大不掉、王朝大权旁落的局面，不是因为朝廷多强大（晚清朝廷很虚弱），也不是因为最高统治阶层手腕高强（清朝权贵早已腐化堕落了），而主要是因为曾国藩和湘军要人们对朝廷始终忠贞不贰。以曾国藩为代表的湘军将官们多是讲求个人修为、入世经世的儒生。他们的志向是澄清天下、弘扬正气，挽救王朝覆亡，怎么可能做王朝的掘墓人呢？

只开风气之先

一

历史并没有让曾国藩只做一个传统王朝的能臣干吏。

曾国藩的政治活动并没有局限在平定太平天国上。太平天国起义和它的平定还停留在中国传统政治的范畴内。曾国藩的思想和行动则超越了传统政治,在动荡的晚清触及了更深远的层次。

早在做京官的时候,曾国藩就遇到了鸦片战争在北京掀起的轩然大波。镇压太平天国期间,曾国藩更是频繁接触西方列强。和所有旧式文人一样,曾国藩也没学过怎么和列强相处,如何处理外交。他的过人之处就是没有继续盲目自大,排斥中外交往,而是从传统儒学的世界观和为人处世的理论出发,看待新的形势。丰富的政治经验和复杂的政治手腕让曾国藩看待和处理外交多了一份务实和现实。儒家色彩和务实处理是曾国藩处理中西方砰然相撞时暴露出来的问题的两个特点。

曾国藩现实地抛弃了天朝上国固步自封的愚昧和迷信,客观看待中西方交往的现实。读圣贤书的同时,曾国藩也阅读了《圣武记》《寰球志略》《考工记》以及西方火轮枪炮方面的著作。随着地位的提高,曾国藩身边聚集了一批具有近代科学知识的人才,曾国藩不耻下问,经常询问他们在外交实践中遇到的问题和对西方的疑问。这让曾国藩对西方的认识既广泛，又有一定的深度。他思考总结了一套完整的"驭夷之道"，认为"夷务本难措置，然根本不外孔子忠、信、笃、敬四字。笃者，厚也。敬者，慎也。信，只不说假话耳，然却极难。吾辈当从此一字下手，今日说定之话，明日勿因小利害而变"。曾国藩的这套方法影响了一代人的外交思想。李鸿章就大赞道："与洋人交际，以吾师（曾国藩）忠、信、笃、敬四字为把握，乃洋人因其忠信，日与缠绕，时来亲近，非鸿章肯先亲之也。"曾国藩的这套方法虽然务实，有一定效果，但根子还是儒家的，希望将外交事务重新归入儒家的世界观和外交体系中，依然没有超出传统王朝处理"夷务"的范畴。这就注定曾国藩不能找到正确的外交方法，只开了风气之先而没法找到救国维权的正确道路。

1862年，清廷上下商讨"借兵助剿"一事。曾国藩上奏力陈利害，典型地反映了他的外交思想。"岛人借助剿为图利之计……而中华之难，中华当之"，中国的事情还得中国来办；但在中国有难列强兵强的现实面前，借师不失为一个务实的选择；洋人的援军来了，只能助剿，不能蹂躏中国。当年年底，华衡芳与徐寿父子试制成功中国第一台蒸汽机，曾国藩见到后在日记中写道："窃喜洋人之智巧，我中国人亦能为之，彼不能傲我以其所不知矣！"西方强大在器物军械上，中国人一旦掌握了它们，迟早能扭转西强中弱的局面。

所以，曾国藩的自强御辱之道首先体现在大造西方器物、掀起洋务运动热潮上。曾国藩进驻安庆后，"分设谷米局及制造火药、子弹各局，委员司之。又设内军械所，广储军实"。安庆军械所是洋务运动早期的重镇，虽然带有实验性质，主要任务也是给湘军修缮军械，但中国的洋务自强道路由此开始了。同治初年，清朝尝试购买英国军舰组建中国第一支近代海军。可惜清廷所用非人，委托的阿斯本一意孤行，试图将清朝舰队建成挂英国国旗、由英国人操纵的舰队。最后舰队解散，清朝白费引资。曾国藩受到刺激，决心在安庆军械所建造轮船。曾国藩收揽了中国当时仅有的技术人才，包括华蘅芳、徐寿等中国第一代西方科学家。1862年朝廷下旨江苏等地"将该各员速行访求咨送曾国藩军营——由该大臣分别酌量奏请录用"。第二年的1月28日，安庆军械所造出我国第一条木壳小火轮。曾国藩登船试航，高兴地命名为"黄鹄号"。在当天的日记中，曾国藩记载该船"约计一个时辰，可行二十五六里，试造此船，将以次放大，续造多矣"。欣喜乐观之情溢于言表。

这些创举无异于给保守沉闷的官场抛入了巨石。遗憾的是，当曾国藩兴高采烈地率领大小官员和幕僚亲随们驾临军械所，再委任各级官员管理的时候，军械所消极的命运就已经决定了。近代西方科技和社会经济不能在曾国藩背后的传统王朝制度之上健康成长。曾国藩没有认识到这一点，依然大造军械所，对轮船等近代器物乐此不疲。在两江总督任上，曾国藩将金陵制造局和李鸿章的上海炮局合并，又购买了美国人的铁厂，增加百多部崭新机器，规划建成了近代赫赫有名的制造企业——江南制造总局。曾国藩对这家洋务企业很上心，拨上海海关银万两加上两万两安徽厘金，供容闳在外采购机器，还每年从海关关税中抽一成供江南制造总局造船之用。除了机器，曾国藩希望其他方面尽量不依赖外国，希望具体操办洋务的丁日昌能做到"煤炭、五金亦可取材于中土"。这又是他天真之处，以为只要大规模采购外国机器，就能建成德国的克房伯或者美国的洛克菲勒企业。曾国藩对江南制造总局不可谓不关心，从征地扩迁到设置人员，都亲自过问，但江南制造总局一直没有得到质的发展。

器物必然和思想文化联系在一起，洋务运动大造西方器物必然要遇到如何处理背后的西方近代科技和思想文化的问题。曾国藩的态度是不评价，闷头推广。推广的方法就是翻译出版西方的科技作品。江南制造总局下面专设了译书馆，翻译出版西方著作；曾国藩还出资编校出版了《几何原本》，由儿子曾纪泽代为作序加以推介。曾国藩主政东南时期，东南地区问世了大量近代科技作品和少量宣传西方社会的图书，开风气之先，奠定了中国许多近代科学的基础，可算是曾国藩的一大政绩。这些图书包括《代数学》《代微积拾级》《格致启蒙》《电学》《光学》《泰西采煤图说》《谈天》《西药大成》《内科理法》等书。百年后的我们在课堂中采用的许多概念和公理都是在这些作品中最早介绍的。

曾国藩在西方科技文化上走得最远的是推开了中国人留学的大门。自古只有蛮夷向化，来华学习礼乐制度，从来没听说过中国人去化外之地学习。推动中国人，尤其是幼童出国留学的困难可想而知。江南制造总局有两个附属学堂，其中之一为广方言馆，主要培养外语人才。为了吸引人来学外语，翻译馆不仅不收钱还给学员付工资、供应生活。1871年，曾国藩和李鸿章两大重臣联衔会奏《选派幼童出国肄习技艺折》，依然遭到了朝野的阻力。1872年，年迈的曾国藩再次领衔上奏，促请尽快落实"派遣留学生一事"，并提出在美国设立"中国留学生事务所"，推荐陈兰彬、容闳为正副委员常驻美国管理。经过妥协让步，幼童留洋一事才得到批准。容闳在下面做了大量细致艰难的工作，清朝才得以派遣了两批赴美留学生，成就了中西交往史上的一段佳话。这群当年的幼童中有民国的第一任总理唐绍仪、中国"铁路之父"詹天佑、清末外务部尚书梁敦彦、清华大学第一任校长唐国安等人。

遗憾的是，军械所也好，学堂也好，赴美留学生也好，身后都拖着一条长长的辫子。曾国藩虽然客观务实地对待汹涌而来的西方，但他恪守的是儒学风范和正襟危坐的官场做派。开风气尚可，扭转风气就无力为之了。

二

曾国藩的西方观没有停留在自娱自乐中，局势让他真真实实地将其用来解决棘手的外交难题。

1870 年，曾国藩被清朝命令处理"天津教案"①。天津教案

---

① 1870 年 6 月 21 日，天津数千名群众因怀疑天主教堂以育婴堂为幌子拐骗人口、虐杀婴儿，群集在法国天主教堂前面。法国领事丰大业认为官方没有认真弹压，持枪在街上碰到天津知县刘杰，因发生争执开枪射击，当场击死刘杰仆人一人。民众激愤之下先杀死了法国驻天津领事丰大业及其秘书西蒙，之后又杀死了十名修女、两名神父，另外两名法国领事馆人员、两名法国侨民、三名俄国侨民和三十多名中国信徒，焚毁了法国领事馆、望海楼天主堂以及当地英美传教士开办的四座基督教堂。事件发生后，英、美、法等国联合提出抗议，并出动军舰逞威。

的发生表面是一场误会引起的，实质上涉及民族感情、宗教冲突和中西方的相互敌视等问题。单单当时天津城内外坚持洋人人皆可杀的强硬态度和西方列强调集军舰兵临天津城下的紧张局势，就足能让处理不当的人身败名裂。曾国藩深知天津城是龙潭虎穴，十分惊恐，赴任前就立下了遗嘱。

曾国藩对天津教案的基本态度是：息事宁人。随着大沽口的外国军舰越来越多，这个事件已经超越了教案本身，成了关系国家安全的大事。中国饱经了战乱，刚刚承受了列强强加的屈辱，曾国藩判定一旦开战中国敌不过列强，为了不给列强动武的借口，让步是必不可免的。所以，曾国藩一到任就发布《谕天津士民》告示，告诫天津士民勿再起事端，随后释放涉案教民和拐犯，引起了天津绅民的不满。曾国藩做好了心理准备："但冀和局之速成，不顾情罪之当否。"法国公使看出了曾国藩妥协的趋势，气势汹汹来见，要求杀天津道员、知府、知县为法领事抵命，并以战争相威胁。这自然也遭到了曾国藩的严词拒绝。曾国藩坚持在程序上不授列强口实，做到依"法"办事。经查，有关天主教堂拐骗人口、虐杀婴儿的传闻是谣言。曾国藩抓住这一点，下令处死二十一人（一说十六人），流放四人，徒罪十七人；将天津知县刘杰革职流放黑龙江；赔银四十九万七千余两，朝廷并决定派崇厚去法国道歉。天津教案就此完结，法国等列强没有出兵天津。曾国藩达到了目的。

但另一方面，这个处理结果引起全国舆论哗然。"自京师及各省皆斥为谬论，坚不肯信"，不少人干脆骂曾国藩是卖国贼，就连湖南同乡也把他在北京湖广会馆夸耀功名的匾额砸烂焚毁。有时候,决策者和老百姓的信息是不对称的,出发点不同,决策者的考虑不一定能被百姓理解。曾国藩也认识到自己"内疚神明,外疚清议",承认"敝处六月二十三日一疏,庇护天主教本乖正理","物论沸腾,至使人不忍闻"。曾国藩沿袭宋明理学修身养性的传统,极重视名节声望。曾国藩处理天津教案问心无愧,结果却成了"谤讥纷纷,举国欲杀"的汉奸、卖国贼,几十年积累的清望声誉扫地。这给曾国藩巨大的精神打击。晚清外交专家李扬帆认为:"曾国藩实际上死于处理天津教案(1870年)导致的精神打击。在如履薄冰的对外关系处理中,他的忠、信、笃、敬四字秘诀,未能挽救自己的声名乃至生命。"

也就在1870年,两江总督马新贻被平民张汶祥刺杀于总督府。东南局势不稳。朝廷命曾国藩回任两江总督,前往南京审理该案。曾国藩这才怏怏离开天津。

三

同治十一年(1872年)二月初四,曾国藩在南京两江总督府病逝。

曾国藩死讯传到北京后,同治皇帝辍朝三日,下令追赠其太傅,照大学士例赐恤,予谥"文正",入祀京师昭忠祠贤良祠,并于其湖南原籍、江宁省城等地建立专祠。同治皇帝亲自为曾国藩撰写了祭文和碑文。祭文称:"原任大学士两江总督一等毅勇侯赠太傅曾国藩,赋性忠诚,砥躬清正……奇功历著于江淮,大名永光于玉帛。"碑文称："曾国藩，秉性忠纯，持躬刚正，阐程朱之精蕴，学茂儒宗。"祭文和碑文对曾国藩的学问和功绩都做了高度肯定。成书于民国的《清史稿·曾国藩传》则评价他："公诚之心，尤足格众。其治军行政，务求蹈实。凡规画天下事，久无不验，世皆称之，至谓汉之诸葛亮、唐之裴度、明之王守仁，殆无以过，何其盛欤！"可见曾国藩在清末民初评价不断提升，直到民国初年被称为"诸葛亮第二"。

实际上，此时有关曾国藩的评价起了争执。主要是在辛亥革命时有人斥责曾国藩剿灭太平天国，又斥责曾国藩杀人太多，是"曾剃头"。除却人们在镇压太平天国运动问题上的争论外，曾国藩仅仅作为一位正直人物，无疑是成功的。从梁启超、蔡锷到蒋介石都对曾国藩推崇备至。民国许多豪杰都仔细研读曾国藩的生平事迹，抄录他的著作书信，追捧他的图书。新中国成立后，有关曾国藩的评价又起了争执。正如章太炎总结的，曾国藩这个人"誉之则为圣相，谳之则为元凶"。

悍匪与儒臣

一

曾国藩一生南征北战,当朝廷的灭火队员,同时还是一个出色的人事经理,帮朝廷物色、培养了一大批人才。曾国藩亲自举荐的人才数以千计,官至总督巡抚者就有四十多人。这些人中包括左宗棠、李鸿章、刘铭传等近代名人。他们组成了曾国藩势力的一部分。

曾国荃既是这些名人中的一分子,也是曾国藩的亲弟弟。他是曾家势力的重要组成分子。

曾国荃比曾国藩小十三岁,生于道光四年(1824年)。

与曾国藩的儒臣宗师形象完全不同,曾国荃给人的印象就是一个凶悍的武人。曾国荃为什么会给人这样的印象呢?首先,曾国荃善于啃硬骨头,打硬仗。破吉安、围安庆、陷天京,一系列的硬仗曾国荃都亲力亲为,提着脑袋染红了顶戴。攻城时,曾国荃都以挖壕围城取胜,因此落了个"曾铁桶"的外号。其次,曾国荃所部湘军凶狠残忍,每攻下城池曾国荃都大开杀戒三日,任凭兵勇烧杀抢掠。一方面曾国荃所部战斗力强,打起仗来奋不顾身;另一方面名声不好,引起朝野非议。许多人都将曾部看作"匪"。如果说曾国荃仅仅是打仗时奋不顾身,还能落个英勇善战的声名。可惜他每次大仗过后或者升官了，都要请假回乡，在老家修房子买地，摆出一副衣锦还乡、夸耀功名的样子。在传统士大夫眼中，曾国荃的言行显然就是一个凶悍的匪首。

其实，世人多少误会曾国荃这个人了。他是地地道道的儒生出身，学问还相当不错。十六岁时，曾国荃就被送到北京，跟哥哥曾国藩学习儒家经典。成年后曾国荃返回原籍，曾国藩送他到卢沟桥，写诗送别："辰君平、午君奇，屈指老沅真白眉。""辰君""午君""老沅"分别指曾国藩的三个弟弟曾国潢、曾国华和曾国荃，白眉指三国时期荆州马家最有才气的马良。曾国藩这是在称赞曾国荃是弟弟中才华最好的。曾国藩对己对人的要求都很高，曾国荃能够得到曾国藩这样的夸奖，可见他的学问做得并不差。回乡后，曾国荃以府试第一的成绩进入县学，不久举优贡。他曾在山西为官，现在太原地区的许多晋商大院还留有曾国荃的墨宝。可见曾国荃的书法也相当不错。但是与大哥的内敛谨慎不同，曾国荃生性骄横，"少年奇气，调搅不群"。虽然也饱读诗书，但曾国荃一直没有修炼出曾国藩的气质来。他的气质摇摆在悍匪和儒臣之间，很矛盾。而人们说起曾国荃，则总是把他和曾国藩来对比，一比就更显出曾国荃的粗俗残暴和不学无术了。如果没有曾国藩，没有后来的大起大落，曾国荃按部就班，也能在传统社会中混个功名和官位，戴着官帽可能也有一番儒臣雅士的风范。

和曾国藩一样，曾国荃也是被历史大势成就和塑造的人物。我们看到的曾国荃是历史遗迹层层叠叠后的模样。

二

成就曾国荃不凡人生的历史事件就是太平天国起义。曾国荃因成功镇压太平天国起义而扬名发达，也因此受了一生的牵累。

安庆战役末期，曾国荃将安庆城围得如同铁桶一般。太平军弹尽粮绝，依靠长江上的一些外国商船获取粮食。曾国荃于是扼守住长江航道，遇到外国商船，就以高于太平军的价格收购粮食，彻底断绝太平军的供应。内外交困的安庆城最后被曾国荃挖地道埋炸药轰破了，城内太平军一万多人投降。占领安庆后，曾国荃竟然下令将投降的太平军分成一百人一批，轮流去"领路费"。湘军花了整整一天一夜，才将投降的太平军杀完。从此，曾国荃得到了和曾国藩一样的绰号——曾剃头。声名虽然坏了，但曾国藩扫除了进军天京的最大障碍，因功赏加布政使衔，并赏穿黄马褂。曾国藩也因此对弟弟曾国荃更加重视，将他的部队当作湘军嫡系。进攻天京的主攻任务自然落在了曾国荃的身上。不用曾国藩布置，曾国荃早就按捺不住，在攻占安庆后就擅自率军急进，直逼天京城。曾国荃所部处于孤军深入的险境。曾国藩写信劝他暂时后退，稳扎稳打。曾国荃立功心切，拒绝退兵，还谢绝了李鸿章所部和列强"常胜军"的援助。不幸又遇到了江南瘟疫盛行，曾国荃军中也开始蔓延，元气大伤。曾国荃依然督促湘军殊死拼杀，逐步夺取天京城外的战略据点，到1864年年初将天京合围。但曾国荃部队的情况相当艰难，孤立无援而且伤病缠身，处境危险。好在太平天国最后阶段举止失措，外地太平军各自为政，曾国荃所部并没有遇到激烈的抵抗。七月十九日午后，曾国荃所部故技重演，挖地道在天京城墙下埋了三万斤火药，点燃炸城，"但闻地中隐隐若雷声，约一点钟之久。忽闻霹雳砰訇，如天崩地坼之声。墙垣二十余丈随烟直上……"，天京陷落。

曾国荃是第一个杀入天京的功臣，抓获了众多的要犯，包括幼天王和忠王李秀成，还挖出洪秀全的尸体。这是曾国荃最大的政治资本、最得意的人生经历。天大的功劳刺激了曾国荃心内的骄横和轻狂，也埋下了后半生坎坷的根源。太平天国平定后，曾国荃并没有得到梦想的称誉和封赏，相反遭到了朝野上下的非议。朝野抓住曾国荃破城后在天京大肆抢劫杀戮的罪行不放，追究所谓的"圣库宝藏"的下落。同时曾国荃破城时并没有将所有太平军都消灭了，部分太平军残余突围而出。一些人把这个责任也推到了曾国荃的头上。加上曾国荃之前的把柄很多，小问题不少，现在也沉渣泛起，一并秋后算账。这固然有"枪打出头鸟"的原因，也有曾国荃自身疏忽的原因。其他人抓住曾国荃不放，意在打压湘军不断膨胀的势力。曾国荃却我行我素，组织修订《湘军记》，夸耀湘军的"赫赫战功"，对他人的指责嗤之以鼻。曾国藩比曾国荃要深思熟虑，更谙熟官场之道。他不管曾国荃同意不同意，就以病情严重为由，强迫让曾国荃开缺回籍。刚立下汗马功劳却被免官，曾国荃满肚子的不快。曾国藩其实是以退为进保全曾国荃，曾国荃却理解不了兄长的良苦用心，牢骚满腹。曾国藩风风光光进驻南京那天，曾国荃当众口出怨言，让兄长狼狈不堪。

曾国荃在老家"养病"没养好，反倒大病一场。1866年，风头过了，曾国荃才出任湖北巡抚，重新步入官场。

曾国荃再出江湖，一点没改脾气禀性。时任湖广总督是满族人官文，曾国荃这个巡抚是他的下级，两人都驻扎在武汉。曾国荃对官文这个顶头上司极其厌恶。

官文恰好是出了名的庸碌无为，政事听由仆从干预。门丁、厨子等人狐假虎威，气焰嚣张，把持了总督府事务。官文还怕小老婆，大小政事都屈服于枕边风。前任湖北巡抚胡林翼刻意笼络官文，收买他的小老婆，勉强保持了督抚相安无事。官文之所以能在朝廷挺立不倒，恰恰是因为朝廷看中他"掺沙子"的作用。官文能在湘军势力膨胀的湖广地区扎下根来，就便于朝廷监视牵制湘军。官文和湘军矛盾很大，常常在给养、军功等问题上给湘军小鞋穿。曾国荃早对官文不满了，一点都不给官文好脸色，满腹的不屑和不满都写在了脸上。

曾国荃到任没几天，官文先发制人，以捻军威胁湖北为由，奏请由曾国荃"帮办军务"，调离武昌去前线剿匪。曾国荃撕破脸皮，专折参劾官文。官文的问题很多，曾国荃抓的是一个可大可小的问题——贪庸骄蹇。曾国藩之前对官文和和气气，事先没能阻止曾国荃弹劾官文，事发后上密折保官文，请朝廷不要深究官文之罪。督抚失和是大事，朝廷不得不"严肃处理"。一番调查后，官文果然有"动用捐款"的罪行，但"诏念前劳，原其尚非贪污欺罔"，仅将官文罢去湖广总督职务，召还北京管理刑部兼正白旗蒙古都统，不久出任了地位更重要的直隶总督。曾国荃起初以为自己打赢了官司，不想第二年年初就因镇压捻军不力，称病辞职了。曾国荃仅做了一年巡抚就第二次罢官，真正输掉了官司。

两起两落，曾国荃已过不惑之年，脾气柔和了许多，火气大不如前。湘军也日益势弱，不再成为紫禁城的心腹大患。曾国荃这才迎来了复出的机会，出任陕西巡抚，开始了最后二十多年的宦游生活。这一时期，曾国荃留下了不少案牍文章，注意总结个人政治经验。他曾说："为官治民，不论贫富，只当问其犯法不犯法，不必吹求其铿吝，方为公允。"他思想中平等相待和自然而治的成分，扎根于传统儒家。曾国荃能总结出这样的经验可见政治素质不错。

晚期曾国荃最值得称道的是在山西巡抚任上赈灾。光绪三年（1877年），曾国荃出任山西巡抚。此时光绪二年开始的"丁丑奇荒"还在华北肆虐，华北九省多达两亿人口受灾，有约一千三百万人死于饥饿或瘟疫。其中山西省死亡五百万人，另有百万人口流失外地，而山西全省人口才一千六百万人。部分州县还出现了人吃人的现象。曾国荃接手烂摊子后，先争取朝廷对赈灾的支持。清政府已经允许各省开设捐局，卖官卖粮。曾国荃从户部拿到了两千张空白的委任状，可以大展拳脚地卖官鬻爵。朝廷还一次性拨付给山西二十万两赈灾银，令曾国荃采买粮食。到任后，曾国荃多方借款筹粮，竭尽全力赈济灾民。山西吏治之坏，曾国荃到任前就早有耳闻。为了扫除赈灾障碍，不让腐坏的吏治添乱，曾国荃发挥了果敢刚毅的一面，雷厉风行亲自处置大小贪官污吏四十余人。比如，山西吉州知府段鼎耀私自扣留赈银，并以办赈为名敲诈勒索；署荣和县知县王性存以罚捐赈为名，侵吞白银一千两，被曾国荃请旨"一并革职"，"以重赈务而儆官邪"。山西灾情大为缓解，百姓对曾国荃感恩戴德，曾专门修建生祠以资纪念。

曾国荃历经道光、咸丰、同治、光绪四朝，先后任多省巡抚和总督、通商大臣、礼部尚书等职，两次加封太子太保。1890年曾国荃在两江总督的任上病逝于南京，时年六十七岁，谥"忠襄"。

虽然和曾国藩难以相提并论，曾国荃一生依然为曾家的权势增色不少。重要的是，曾国荃是个少有的官场性情中人，是近代跌宕起伏的局势和湘军的崛起成就了他。

一口英语与一场谈判

一

曾国藩家族也许是清朝家教最严格、最成功的政治世家。曾家后代没有出现败家子,都受到了良好的教育,人才辈出,至今声名斐然。曾国藩因为摸索出了系统的家庭教育理论和方法,受到后人的追捧。

曾国藩身居高位,却始终保持了平常心,从一个人应该具有的优秀品质出发教育家人。他曾在日记中记载:"家中修整富厚堂屋宇,用钱七千串之多,深为骇异,因叹大官之子弟无不骄奢淫逸。"即便小小县令修房子,也不止用七千串铜钱,但曾国藩却牢记"今小民皆食草根,官员亦多穷困"的现实,责备家人太铺张浪费了,并且自责"吾居高位,骄奢若此,且盗廉俭之虚名,惭愧何地!以后当于此等处痛下针砭"。曾国藩经常告诫子弟要有真本事:"古人谓无实而享大名者,必有奇祸。吾常常以此儆惧,故不能不详告贤弟,尤望贤弟时时教戒吾子吾侄也。"怎么样才能掌握真才实学呢?曾国藩从理学的修身养性出发,教导子侄辈须以敬恕二字为人处世,不要娇气、不要怠惰,要宽容大方,要勤奋刻苦。因此迅速崛起的曾家养成了淳朴而奋进的家风。这是曾家保持权势和声誉的重要原因。

曾国藩一共生了三个儿子，长子两岁就夭折了，长大成人的儿子分别是曾纪泽和曾纪鸿。曾国藩时刻没有放松对两个儿子的教育。他长年征战，戎马倥偬，和儿子远隔千里，还挤出时间来过问儿子的读书写字情况，不厌其烦地写信回家询问，甚至在战争中，在深夜里挑灯为儿子批改作业。曾国藩"不愿（子孙）为大官，但愿为读书明理之君子"，制订了严格的学习计划。他规定曾纪泽兄弟每天必须做四件事：看、读、写、作。看书、读书要五页以上，写字不能低于一百个，逢三逢八日要作一文一诗。曾纪泽兄弟开始懂事时，正是曾国藩权势日重、湘军势力飞黄腾达的时候。曾国藩没有教导两个儿子政治手腕，也没有教导他们继承权力，而是谆谆教诲要居安思危："吾家现虽鼎盛，不可忘寒士家风味，子弟力戒傲惰。戒傲以不大声骂仆从为首，戒惰以不晏起为首。吾则不忘蒋市街卖菜篮情景，弟则不忘竹山坳拖碑车风景。昔日苦况，安知异日不再尝之？"

小儿子曾纪鸿在家乡认真读书，十六岁时第一次参加长沙府的乡试。清末科举舞弊丛生，考试场外条子横行。曾纪鸿没有塞条子走后门，正常考试、匿名评审，结果名落孙山。之后曾纪鸿多次参加科举，终身只得了一个"胜录附贡生"的"安慰奖"。二儿子曾纪泽也参加过科举，终身没有获得科举功名。但哥俩的能力和学问都还不错。曾纪鸿自学成才，著有《对数评解》《圆率考真图解》《粟布演草》等数学专著，是近代著名的数学家。可惜英年早逝，终年三十三岁。凭着曾家的权势，不要说递条子开后门，就是随便亮一下家父的名号，湖南官府也会给两兄弟秀才功名。然而曾家兄弟的可贵之处就在于在特权盛行的封建官场，曾纪泽和曾纪鸿坚持不搞特殊化，凭真才实学打拼。这也是曾国藩管教有方、严格督导的结果。

二儿子曾纪泽出生于鸦片战争即将爆发的1839年，自幼受到曾国藩的良好教导，熟读传统的儒家经典。这使得曾纪泽接受了儒家仁义道德、忠君爱国的为人处世原则，带上了中国传统的底子。同时曾国藩又给曾纪泽创造环境，聘请教师，让儿子广泛阅读了中外书籍，学习了西方近代科学，包括中外纪闻、西方史地、自然科学、国际法等。曾纪泽身上因而带上了广博而鲜明的西方学问色彩。

曾纪泽三十二岁时，父亲曾国藩逝世。他继承了父亲的爵位。在为曾国藩守灵期间，曾纪泽开始自学英语。湖南乡间既没有英语教材，更没有英语老师，曾纪泽在毫无基础和教学条件的困境中，仅靠一本英汉词典和教会制的《圣经》，摸索着学习。不会发音，曾纪泽就用汉语形声训诂之学和"泰西字母切音之法"进行比较研究，守灵期间掌握了英语基础。之后，曾纪泽几乎每天都要花大量时间学习英语，反复阅读《英话正音》《英语初学编》《英语韵编》《英国话规》《英语集全》等英语学习书籍。几年之后，曾纪泽已能自如阅读英文书籍，还能和北京城里的洋人交谈了。掌握英语为曾纪泽推开了全面了解西方、深入研究外交和西方社会的大门。他结识了同文馆总教习丁韪良、医生德约翰等外国朋友，能够通过原始教材进一步学习西方科技和文化。曾纪泽还常常核对中国翻译所译的各种中外文件、章程。在满朝大臣离了翻译寸步难行、除了跟着洋人说"也是"之外一无所知的时代,满口英语的曾纪泽表现十分抢眼。

北京城称曾纪泽是"第一个懂得外语的中国外交官"。伦敦博物馆现存有一把曾纪泽的"中西合璧诗扇"。曾纪泽在上面题诗,并翻译成英文诗抄写在上面。他身上学贯中西、沟通内外的特质通过这个文物表现得特别明显。正如曾纪泽说的"中国声名文物,彝伦道义,先圣昔贤六经典籍之教"必须辅以"海国人士深思格物,实事求是之学"才能够发扬光大。曾纪泽找到的救国道路也是中西结合的,只是以中国传统学问为主、为根基,以西方科学文化为次、为辅料。

二

时势造英雄。晚清时势造就了曾国藩,也造就了曾纪泽。如果没有中西碰撞的千年变局,曾纪泽最多是北京城里一个到处找洋人练习英语的年轻侯爵。正是中外急剧博弈的近代时局,让曾纪泽塑造了惊人的外交成就,名垂青史。

曾纪泽在京时,清王朝建立了派驻外交使节制度。第一任驻英国公使就是湖南人、曾国藩的老朋友郭嵩焘。郭嵩焘眼界开阔,吸收近代思想,积极为清朝开拓国际空间。可惜他洋化太多,做得太超前了,出使经年就遭人弹劾,灰头土脸地被罢官回国。曾纪泽"有幸"被挑选为第二任中国驻英公使。

曾纪泽是郭嵩焘的同路人。但深厚的儒学修养让他做事更灵活,而且家族的庇护让他的地位相对稳固。尽管如此,曾纪泽依然抱着"办事之人不怕骂"的态度欣然接受了任命。他考虑的不仅是"不怕骂",还要如何不辱使命。他写道:"奉旨以来于此二者(指道路遥远和风涛凶险)尚不甚措意。所惧者,事任艰巨,非菲材之所堪称。现任名望,海外闻知,偶有失误,上累前徽。郭药仙(指郭嵩焘)长在欧洲甚得西人敬重,承乏其后,深恐相形见绌。夙夜兢兢,实在于此。"

曾纪泽公使就是一路想着家族和自己的声名,一路考虑如何不辱使命,像郭嵩焘一样处理好艰苦的外交任务。1879年1月4日,曾纪泽跨越重洋经巴黎抵达伦敦,开始了驻外公使生涯。

中国驻英使馆处于草创时期,整个中国的外交制度和驻外机构都很不成熟。清朝官府的奢侈浪费和尸位素餐也转移到了伦敦使馆中。清朝官员有什么事情向国内发报都是把口述稿一字不漏地发回上海,一句二十几个字的话就需要白银六七十两,浪费很大。国际通行惯例是将完整意思编号,用代码发报,既规范又节省费用。曾纪泽在出使途中就考虑自编电报代码,"思电报如此昂贵,拟撰集简明句法,分类编列,以省字数,略具腹稿"。他仿照西方,组织编写了电报代码本,将成语分门编辑,列号备查,规定公牍私函都照此发报。

公费医疗是清朝使馆的第二个弊端,而且享受公费医疗的范围还很大,除了使馆工作人员外还有留学生。不花钱的药用起来不心疼,使馆用药巨大,有些人身体好好的却领了大量补药,大补特补,造成使馆巨大的财政负担。曾纪泽制定了《使馆医药章程》,

规定所有的药都需要病人自费购买，同时限制用药数量。为了解决真正病人的医疗问题，使馆的药价普遍低廉，让病人承担得起。如此一来，使馆负担减轻了，病人也得到了治疗。

完善使馆制度的同时，曾纪泽积极展开对英国的外交，是我国外交的先驱。满口流利的英语让他和外国外交官、学者、对中国感兴趣的普通民众都保持联系。他出入剧院、博物馆、图书馆、私人宴会等场合，向欧洲人介绍中国。曾纪泽是第一个用个人名义、用英文公开发表文章的中国外交官。《中国先睡后醒论》（China, the Sleep and the Awakening）在伦敦《亚洲季刊》1887年1月号上发表，曾纪泽阐述了对殖民的看法，谈了中国必将崛起的意见。借助广泛的联系和不错的声望，曾纪泽在鸦片贸易问题上为中国争取了权益。19世纪80年代，英国兴起了禁烟运动，清政府也想提高输华鸦片税收。曾纪泽借助英国禁烟运动的声势，与禁烟协会保持密切联系，终于在1885年迫使英国政府同意鸦片税在原来每箱三十两的基础上加征厘金八十两，税厘并征一百一十两。

因为成绩显著，曾纪泽在1878年至1885年间先后出任驻英兼驻法、俄等国公使，是欧洲人最熟悉的中国外交官。

但是曾纪泽并没有遇到真正的难题，成绩多半是在办公室动动嘴皮子、写写规章制度取得的。和曾纪泽在许多政见上意见相左的海关总税务司赫德就认为他"只是从他能干的父亲那里继承下一个伟大的名声而已"，未必能处理好棘手的难题。曾纪泽真的是这样的人吗？1880年，考验终于来了。当年，朝廷权贵崇厚出使沙俄，和俄罗斯人谈判收回伊犁问题。结果伊犁城是收回来了，却只是一座空城，什么都没有，而且崇厚还私自将新疆数万平方公里的土地割给了沙俄，另外赔给沙俄五百万卢布。崇厚竟然将一切都写入了《里瓦几亚条约》，白纸黑字。他一回来就被朝廷革职逮捕。朝廷不承认《里瓦几亚条约》，决定另派使臣去谈判收回伊犁。如果说崇厚是去虎口夺食，那么新人就要去与虎谋皮了。朝廷上下无不认为再次谈判"其责倍重，其势尤难"，"其难较崇厚十倍"。

任务如此艰巨，派谁去呢？大清朝也在为人选的问题犯愁。之前去虎口夺食时，就有人提议让曾纪泽去，但因曾纪泽资历太浅被否决了，改派了资历很深的盛京将军崇厚。现在崇厚明显不行，曾纪泽又成了头号人选。

曾纪泽在巴黎接到圣旨，总理衙门正式照会俄国已正式任命曾纪泽兼任驻俄二等公使；曾纪泽将赴俄都重谈伊犁问题。

临危受命，曾纪泽当然深知，崇厚签约在先，自己受命改约在后，此行是欲障川流而挽即逝之波，探虎口而索已投之食，事之难成已可逆睹。沙俄会有什么动作，难以预料，一旦谈崩了兵戎相见，对大清国更加不利。使命艰巨，曾纪泽临行前甚至给叔叔曾国荃写信，安排了自己一旦殉国后的后事。他留下一句被后人反复引用的诗句"仓卒珠盘玉敦间，待凭口舌巩河山"后，慨然前往圣彼得堡。

三

曾纪泽到达圣彼得堡就展开了紧张的谈判准备。国内左宗棠已经率军收复新疆大部，准备进军伊犁地区。曾纪泽致信左宗棠，希望他在前线积极备战，同时将沙俄的军队情况和伊犁情况及时反馈到圣彼得堡。崇厚谈判时，连伊犁地形都不知道，现在曾纪泽能及时掌握前线敌我情况，做到了知己知彼。

与俄罗斯人的谈判，曾纪泽遭遇了巨大的困难。他经历四个回合的艰苦谈判，最终扭转了形势。

第一个回合是，曾纪泽在圣彼得堡立足未稳，沙俄外交部不等他说明来意，就断然拒绝对伊犁一事重新磋商。不仅坚持《里瓦几亚条约》有效，还叫嚣要对中国开战。

曾纪泽冷静分析俄方强硬态度所反映的背后情形。沙皇俄国在1873到1876年爆发了经济危机，在1877年、1878年的俄土战争中又元气大伤，1879年又赶上了大灾荒，国内矛盾激化。二三十年来，沙俄财政一直拮据，曾纪泽判断他们也想早日结束和中国的纠纷，更不会和中国开战。有了这个基本判断后，曾纪泽谈判的脚步坚定了许多，对前景乐观了不少。曾纪泽还判断，俄国的竞争对手英国并不愿意看到俄国增长在中亚和中国的势力。英国等西方列强更不愿意看到战争在中国爆发。所以，沙俄现在的反应是典型的外强中干，他们只是制造战争舆论，想拖延时间而已，希望能把《里瓦几亚条约》拖成既成条约。

于是，曾纪泽平静地来到俄外交部，询问俄国拒绝谈判的原因。俄国外交部推说曾纪泽并不是谈判的中方全权代表，不具备谈判伊犁问题的资格。而且，崇厚是一等公使，曾纪泽是二等公使。一等公使签订的条约清朝尚且不批准，与二等公使签订的条约能有效吗？这些借口对毫无外交常识的门外汉或许有用，但曾纪泽不是门外汉。他据理反驳说，公使不分一等二等，都是国家的全权代表，都有权代表本国政府谈判。任何外交代表和其他国家签订的条约，都要经过本国政府的批准才能生效。既然清朝政府没有批准《里瓦几亚条约》，这个条约就是一堆废纸。沙俄要想解决这个问题，就要和曾纪泽重开谈判。

沙俄无言以对，又受到国际舆论压力，不得不在1880年8月3日重新坐到伊犁问题的谈判桌上。曾纪泽取得了第一回合的胜利。

第二个回合的较量刚开始，曾纪泽就提出了修改《里瓦几亚条约》的意见，坚持俄国必须交还伊犁全境、边界照过去的中俄条约办理、俄国可以得到若干商务利益但需要再谈。他的要求几乎全盘否定了《里瓦几亚条约》，俄国人毫不退步地提出了反要求，坚持《里瓦几亚条约》的基本条款，清朝答应割的地还是要割，而且要增加赔款金额。作为回报，沙俄同意对若干不甚重要的条款再开谈判。沙俄代表甚至搬出俄国与之前侵占新疆的阿古柏政权的条约，坚持赖在伊犁，拒绝撤退。曾纪泽反驳说阿古柏是入侵者，政权是不合法的，况且已被消灭，俄国与阿古柏政权的所有条约都是非法的。沙俄又称俄军"代管"伊犁消耗了大量的人力物力财力，不能撤军。曾纪泽说既然你们承认伊犁是清朝领土，那么"代管"已经越权，赖着不走就是侵略了。

在第二回合中，双方争执不下，没有达成任何共识。

在第三个回合开始，专门回国处理伊犁问题的沙俄驻华公使布策是个中国通。他说，曾纪泽难缠，但是总理衙门好打交道。布策建议直接向清朝政府施加压力，先用武力恫吓慈禧太后和总理衙门，清朝国内屈服后自然会给曾纪泽施加压力，最终达到迫使曾纪泽在谈判桌上让步的目的。

于是，沙皇亚历山大二世下令俄国舰队向中国靠拢，布策返回中国依仗战舰逼总理衙门妥协。沙俄代表则照会曾纪泽，俄国拒绝就伊犁问题与曾纪泽继续磋商，谈判地点将改在大清国的首都北京，俄国已派出首席谈判代表布策带着舰船起程，直接和总理衙门举行会谈。

这一招对总理衙门很管用。总理衙门的大臣们听到俄军来到中国沿海便慌作一团，果然电令曾纪泽与俄国外交部交涉，就布策进京一事"设法转圜"，"从容商议"。只要布策不来北京，中国可以让步。

这一招对曾纪泽却不管用。曾纪泽收到总理衙门的电报就洞察了俄国的把戏。他临危不乱，立马回信国内，稳住总理衙门，同时致信新疆左宗棠，建议清军加强戒备，兵逼伊犁，做出准备随时武力收复伊犁全境的姿态，为谈判增加筹码。然后，曾纪泽闯入俄国外交部，开门见山质问："布策去中国干什么？"俄方答复说布策去同总理衙门磋商伊犁问题。曾纪泽再问："既然是'磋商'为什么要带着军舰？难道是要开战？"接着，曾纪泽严正宣布代表大清朝正式通知沙俄政府，希望沙俄将布策召回，仍在圣彼得堡进行磋商。如果俄国坚持要让布策去北京谈判伊犁问题，曾纪泽就马上起程去北京与布策谈判。不论是在圣彼得堡还是北京，布策都必须和曾纪泽谈判，而且绝对不能带军舰进谈判场。为了增强语气，曾纪泽还"假传圣旨"，威胁如果沙俄军舰进入清军海防区域，清朝舰队必将其击沉。沙俄政府没有想到清朝会不顾战争威胁，以战争相威胁，态度立刻软了下来。

几天后，清朝公使馆就接到俄外交部照会。沙俄宣布召回布策，重开磋商。

曾纪泽的冒险让中方在第三回合中取得大胜。为什么说冒险呢？首先，因为总理衙门已经决定妥协，而且指令曾纪泽让步了。但是曾纪泽置之不理，执意强硬。一旦把俄罗斯人激怒了，战争真的爆发了，曾纪泽就是罪魁祸首了。其次，曾纪泽反过来以战争相威胁，但是国内大炮连弹药都不够，根本打不赢战争。曾纪泽出使英法时，曾经就采购弹药的事情与列强磋商过，对国内军事力量的薄弱一清二楚。但他的强硬对沙俄这样的"纸老虎"起效了。

第四个回合，沙俄鉴于曾纪泽在领土问题上寸步不让，决定同意将伊犁全境归还清朝。但提出了两个附加条件：第一，清朝从黑龙江或者从乌苏里江领域划一地给俄国，补偿沙俄从崇厚手里得到的割地；第二，清朝赔偿俄国"代管"伊犁付出的两亿卢布。曾纪泽指出，清朝断无割地之意，愿意将伊犁西边之地在修界时酌让若干，已到极限，拒绝其他割地要求；至于赔款两亿卢布，万万不会答应。俄国见要求被拒，由海军部出面再次叫嚣，要派海军舰队去北京找清朝皇帝谈判，用大炮让清朝批准《里瓦几亚条约》。曾纪泽反过来威胁，如果俄海军进入中国海防范围，清军一定予以痛击！

俄军这次不怕威胁。亚历山大二世真的下令海军军舰向中国沿海靠拢。

总理衙门再次慌作一团。他们知道曾纪泽不听话，就绕过曾纪泽直接与俄国人交涉，达成意向性妥协。总理衙门同意将伊犁西边若干领土割让给沙俄，同意赔偿一千二百万卢布，并且在通商和领事事务上给予沙俄更多特权。李鸿章亲自致电曾纪泽，能够和沙俄达成妥协避免战争，已经是大幸了，要求曾纪泽按照达成的妥协签约。

俄国人满意了，觉得曾纪泽没有办法强硬了，于是兴高采烈地重开谈判，要求曾纪泽在俄方拟订的条约上签字。

曾纪泽很愤怒，很无助，可依然斩钉截铁地拒绝签约。曾纪泽坚持，伊犁地区必须回归中国，同意将伊犁西边若干土地割让是底线。曾纪泽既然是全权代表，就是钦差大臣，没有他同意伊犁问题就算没完。至于赔款，曾纪泽也亮出底线：只能出九百万卢布，多一分则无！沙俄代表大吃一惊，曾纪泽既然顶风拒绝，推翻了总理衙门达成的妥协。他们最后一次威胁曾纪泽："难道就不怕沙俄军队的枪炮吗？"曾纪泽答道："我的态度也是最后态度，不可再让！如果俄国一意开衅，中国奉陪到底！"顿时，中俄双方参谈人员全都傻了眼。谈判正式破裂了。

一连几天，俄方没有任何动静，总理衙门却连连催促曾纪泽尽快完结谈判。慈禧太后甚至发来懿旨，要求曾纪泽按总理衙门达成的妥协签约。曾纪泽全都顶住不办。

这是他生命中最艰难的时刻，曾纪泽承受了巨大的压力。直到一天，曾纪泽收到了一封急电。当把电文看完后，曾纪泽突然有如释重负之感。原来当天，沙皇亚历山大二世在阅兵时遭炸弹袭击身亡！曾纪泽相信沙俄内政将急剧恶化，政局不稳，没有在谈判桌上强硬的资本了。真是山重水复疑无路,柳暗花明又一村。

曾纪泽马上起身,借口向新皇帝递交国书去皇宫探探外交风声。不久,但曾纪泽就收到了沙俄外交部的答复,同意伊犁问题按曾纪泽提出的条件签约,并且建议第二天午后就签字。

1881年2月的一天午后,中俄终于签订了《中俄伊犁条约》。清朝除接管伊犁九城外,还争回了原来崇厚私自割让的伊犁南面两万多平方公里的领土。虽然条约依然割让了部分土地给沙俄,还增多了对沙俄的赔款,并在商务方面做了让步,但曾纪泽毕竟为国家争回了大片土地,遏制了沙俄在中国西北扩张的势头。这是晚清外交少有的大胜利。

条约一公布,世界舆论顿时哗然。英国驻俄国公使德佛椤当日向英国外交部电告此事时称:"奇迹!中国的曾纪泽已迫使俄国做出了它未做过的事,把业已吞下去的领土又吐了出来!"法国驻俄公使商西也用"奇迹"评价曾纪泽的表现:"无论从哪方面看,中国的曾纪泽创造的都是一个奇迹!"国内更是一片赞扬之声。大学者、乾嘉学派的重要代表人物俞樾用了十六个字来评价曾纪泽的这次外交功绩:"公踵其后,十易八九,折冲樽俎,夺肉虎口。"

四

时势造英雄,晚清最大的时势是西强东弱,清朝国力越来越弱,在屈辱的深渊中越陷越深。曾纪泽个人能力再强,也受到弱国外交的限制。人们常说,弱国无外交。曾纪泽的表现证明,弱国更需要外交，需要用好外交规则和国际舆论，在现存的游戏规则下面尽可能维护本国利益。这就要求外交官要具备卓越的外交能力和高超的外交技巧。

曾纪泽一生的悲剧在于，他自己是弱国的强外交官，但国内的衮衮诸公浑浑噩噩，不能支持他的外交作为，老是拆台。1883年至1884年，曾纪泽在巴黎就越南局势与法国政府进行谈判，立场强硬、为国争利。但朝廷上层一意主和，决心妥协。结果，曾纪泽被解除驻法公使的职务，并在1885年6月卸任驻英俄公使职务，被召回国。曾纪泽离开了外交舞台，只能沉溺于国内保守迷信、蝇营狗苟的官场。一个人最大的悲哀就是命运把他放到与他个性能力完全相悖的环境中，人不能尽其才，心中定会郁闷无助。曾纪泽回国后先后任户部、刑部、吏部等部侍郎，也担任过总理衙门的外交大臣等职务。他的观念遭到了许多人（包括在外交事务中与曾纪泽不对付的赫德）的反对，他的举措遭到了他们的阻挠。朝政整体腐败，曾纪泽归国后无甚作为，不满五十二岁便郁郁而终，谥号"惠敏"。

曾纪泽留有一子，继承世袭侯爵后不久逝世，没有子嗣。最后从曾纪鸿孙子中过继一子世袭了曾祖父曾国藩留下的侯爵。

曾家子孙在清末和民国时期都声名显赫。曾家后代多数从事教育文化行业，许多人有留学经历。这与曾国藩重视家教，曾家家风勤俭奋进有关。现在曾家子孙散布各地，人们还会提起曾国藩家族，翻看曾国藩的图书。但人们关注的不是曾国藩的功业和长长的官爵，而是看他的自我修行和育儿经验。

后记

权力传承的秘密

感谢阅读本书。

这是一本描写中国古代政治世家的图书。所谓的政治世家，指的是那些别人往他家里扔块板砖就能砸到一个尚书、两个侍郎、三个巡抚外加一堆知府、郎中的人家，这样的人家办个生日宴会能办成朝野官员大联欢，上朝议政光和亲戚朋友打招呼就要花小半个时辰，好不容易忙里偷闲想到京城外面散散心结果引来七个县令请安、八个将军带兵护卫。[①] 我们后人对这些拿着顶戴花翎当玩具的大家族、大人物津津乐道，除了羡慕其中的荣华富贵、风光无限外，更重要的是对权力的传承过程感到好奇。

权力是怎么在少数家族内部世代相传的呢？

权力操作遵循一定的规律。权力之所以能够在家族内代代相传，首要的原因是人事制度不完善，不成熟，给政治世家提供了在官场"近亲繁殖"的机会。中国五千年历史中的近四千年时间里，当官是不需要经过任何考试的。有人说你行，你就行，收拾行囊准备当官去。在隋文帝杨坚发

[①] 严格来说，皇室是首屈一指、当之无愧的头号政治世家。皇室命运关系王朝兴衰，但皇室的权力传承和官民家族的权力传承大不相同，故剔除在政治世家之外。本书讨论的也仅是七个大家耳熟能详的政治家族，更多家族因为篇幅有限没有列入。

后记

明用科举考试录取官员之前，选择官员的标准主要是道德、声望、人缘等虚的东西。而垄断这些虚头巴脑内容评定的是官员阶层本身，所以"公认"的品德高尚、声望卓著的人都是官宦子弟。上品无寒门，下品无士族。中国历史上门阀士族势力最强盛的是魏晋南北朝时期。这要拜曹魏王朝推行的"九品中正制"所赐。各地的人才由本地的中正官评定能力等级，按照评级高低出任相应的职位。结果，官宦子弟只要长了胡子、不是白痴弱智再会写几个字，就都被在位的亲戚任命为官了。琅琊王氏、陈郡谢氏都是在这种制度保障下迅速崛起的。等到唐朝完善了科举取士制度，世族势力就失去了在官场"近亲繁殖"的沃土，不可避免地走向了衰落。

第二个原因是世家子弟有前辈政治势力和影响的庇护。朝中有人好办事。相同能力或者资历的人竞争某个官职，上级官员肯定选择那个自己熟悉的人。如果这个人是自己的亲戚或者儿子，那就更要照顾录取了，即使候选人是烂泥也要把他扶上墙。这是人性的弱点决定的。即使父辈不幸早死，那也不会对子孙的政治前途造成太大的影响。有权授予你官职的人可能是你父亲若干年前的同僚或下属，或者曾经加入的某个官员俱乐部的朋友，或者你父亲在某次年终考核的时候帮他作过弊……这样的渊源可比你费尽心机，给高官的太太送一轿子的高级胭脂要管用得多。在中国社会环境中，政治世家形成的时间越长，在官场蔓延的人脉关系就越广、越有用，子孙后辈能去找的"世伯""世叔"就越多。它比人事制度更有用。

现在的权势是由前几代人的努力奋斗累积而成的。家族影响着后代的职业选择，也塑造了后代的能力品性。

除了人情和制度保障外，政治世家垄断权力的第三个有利因素是主观性的，更隐蔽，也可能更重要。那就是家族环境容易熏陶出高素质的子孙。

西晋末年，有人去太尉王衍家拜访，正巧赶上王敦、王导、王戎等太尉的堂兄弟们都在。出来后，客人感叹道："我在王家看到满堂琳琅珠玉啊！"这句话多少有点奉承的意思，但并不全是浮夸。王衍是太尉，虽然官当得不好，名声不好，但也是开玄学风气之先河的人物；王导、王敦这两个日后东晋的风云人物就不用多说了，连末尾的王戎都是"竹林七贤"之一。如果再算上子侄辈的王羲之等人，王家真是人才辈出，每代人的素质都不错。这和王家家风严谨，注重子孙教育有关。政治世家的家族教育，除了基础的知识教育外，主要还是执政理念、政治实践、为人处世和王朝历史的教育。如此熏陶，结果是家族子弟往往政治早熟，而且理论联系实际，政治素质远高于一般子弟。

不管你接受与否，世家子弟有着独特的气质和较高的素质。一个家族在政坛摸爬滚打几代人，总会沉淀一些经验教训，把不足为外人道的秘诀传给后人。如果这个家族还特别重视子孙的教育与培养，那么子弟的素质更可能比一般人家的子弟要高。政治世家的孩子，没有谁生下来就是纨绔子弟，就是白痴弱智，绝大多数也想好好学习，超越父辈，让家族一代比一代兴旺发达。所以，世家子弟具有较高的素质是高概率的事件，即使刨除制度保障和家族影响，他们也会在权力场上取得更大的成就。

一些读者可能不赞同这最重要的第三点原因，觉得世家子弟大多是花花公子、绣花枕头。就如近代作家张恨水在《水浒人物论赞·高衙内》中指出的，官宦子弟常由以下三大原因而堕落，一代不如一代："做官人家有钱，广置田产，使子孙习于懒惰，一也。做官人家有势，使子孙骄傲成性，目空一切，二也。做官人家必多宵小趋奉，不得主人而趋奉之，则趋奉幼主。官之子孙易仗财使势，无恶不作，三也。有此三因，做官后代，安得而不堕落乎？"这样的世家子弟的确存在，但没有成为这个群体的主流。多数世家子弟低调地学习、继承家族的权势，只有少数世家子弟在群众闪光灯的照耀下"高调"地花天酒地、辱没门楣。我们过分关注政治世家就会在眼睛中出现了"盲点"，对那些高素质的、成功的世家子弟漠然不见，全部注意力几乎都被那些坏小子给吸引了。

综上所述，政治制度的保障、中国特色的人情关系网以及高素质、高能力的子孙后代是权力家族留住权势的三大法宝。令人眼红的权势不是平白无故地停留在那些权力家族的。

一个家族需要几代人的努力，才能把持权势？法国贵族的例子似乎能回答此问题。在法国，一个贵族的产生起码需要三代人的努力。第一代是平民。他的任务是努力赚钱，为子孙积蓄财富；第二代人利用父辈的财富置办武器装备，最好是能武装一批人，去战场上博取功绩和声誉。如果运气好，在第二代就能得到王室和显贵赏识，开始进入贵族圈子——但还不是贵族；第三代人的任务是在祖父辈的基础上，频繁地出入王宫，表现自己，受封爵位。那样，这第三代人勉强可以称作贵族了，尽管会被世族大家看作是暴发户。这还是最快、最理想的情况，每一个环节都不能出现差错。如果哪代人不幸出现了问题，这户人家要想晋升到贵族阶层就要更长的时间。可见，权力家族的产生，既需要制度的保障、人情世故的烘托，更离不开对每代人实实在在的高要求。

谈完权力家族传承权力的秘密，接下来，我"坦白交代"一下为什么要写作本书。

在曾国藩家书中，曾国藩反复提及韩信、霍光、诸葛恪、和珅等人的兴衰，警示自己子孙教育的重要性。我们重读王侯将相的荣辱兴亡，也要以史为鉴，温故知新，从具体的案例中吸取经验教训。历史案例都是前人用心血汗水甚至生命，在那时的社会背景中画出的人生轨迹。我们可以从西汉卫霍家族的案例中懂得政治崇尚丛林法则，两强相遇必有一伤。强盛的权力家族和强权的专制君主，在同一个时间内只能存在一个，不可能和睦相处、分享权力。这就是卫青家族在汉武帝时代受到猜忌的大道理。

王羲之的故事表明，艺术需要物质基础和政治支持。中国古代的艺术家、思想家一般出身官宦人家，因为只有大家族才能提供艺术家需要的物质基础，思想家需要的教育和思想基础。普通人家也能出艺术家和思想家，但作品的胸襟、气度和思想的宽度、深度和前一类人相比还是有距离的。

曾国藩家族的崛起表明在人事制度非常成熟、王朝政治对权势家族的限制越来越多的情况下，一个家族的崛起必须依靠实干苦干，干出成绩来，并且代代都要有真功夫，真业绩。历史越往后走，政治世家产生和维持的成本就越高，存在的概率就越少。从唐朝以后，中国历史上就很少出现子孙世代高官显贵的家族。东汉汝南袁家四世三公，门生故吏满天下的情形成了遥远的历史回响，"富不过三代"的观念开始被人们接受。

本书附录的"参考文献举要"基本囊括了文献参考情况。我按照写作的先后顺序，列举了参考图书和文章。附录的文献都是大陆地区的实体出版物，恕不一一列举。历史是一门成熟的学科，积淀深厚，文献浩繁。徜徉在浩如烟海的资料中时，我真切感觉到了个人的渺小和后来者的谦恭。感谢所有的前人和他们的研究成果。

张程

2023 年 8 月

参考文献举要

图书：

郭建：《古代官场》，东方出版中心2008年版。

谭伯牛：《战天京》，中国工人出版社2004年版。

梅毅：《华丽血时代：两晋南北朝的另类历史》，朝华出版社2005年版。

吴东平：《追寻古代名人的后代》，湖北人民出版社2006年版。

萧华荣：《华丽家族：两晋南朝陈郡谢氏传奇》，生活·读书·新知三联书店1994年版。

张程：《三国大外交》，重庆出版社2007年版。

文章：

吕锡生：《略论卫青的出身、战功、将才》，载于《浙江师范学院学报（社会科学版）》1982年第4期。

苏瑞卿：《略论霍光灭族之祸》，载于《烟台师范学院学报（哲社版）》1995年第4期。

沈潜：《霍光现象的警示》，载于《炎黄春秋》2001年第3期。

陈晓光：《权奴霍光》，载于《半月选读》2008年第7期。

吴鉎鉎：《豪门政治在南方的移植——王导的"愦愦之政"》，载于《福建师范大学学报（哲学社会科学版）》1992年第2期。

王继平：《论湘军集团与晚清政局》，载于《湘潭大学社会科学学报》1999年第8期。

朱东安：《曾国藩权臣安身之道揭秘》，载于《政府法制》2008年第5期。

马啸：《试论曾国藩的自强御侮之道》，载于《安徽史学》2002年第4期。

罗玉明、肖芳林：《曾国藩与中国教育近代化》，载于《求索》2007年第6期。

温海清：《北魏、北周、唐时期追祖李陵现象述论——以"拓跋鲜卑系李陵之后"为中心》，载于《民族研究》2007年第3期。

王永平：《论诸葛恪》，载于《青岛大学师范学院学报》2004年第3期。

杨宁宁：《从汉匈战争中认识真实的李广》，载于《中央民族大学学报（哲学社会科学版）》2005年第5期。

贾江伟、李静：《司马迁笔下的李广家族》，载于《石家庄联合技术职业学院学术研究》2006年第2期。

熊峰：《湘军悍将曾国荃》，载于《贵阳文史》2007年第5期。

刘薇：《从书籍阅读看曾纪泽思想的形成》，载于《湘南学院学报》2006年第6期。

袁南生：《曾纪泽：弱国外交的杰出代表》，载于《湘潮》2006年第4期。

朱子彦：《论陆逊》，载于《史学月刊》2007年第7期。

李文海：《清代社会如何看待"官宦子弟"》，载于《清史参考》2012年第13期。